Politik entdecken

Band 1

Sozialkunde

Thüringen

mit Beiträgen von

Dr. Thomas Berger-von der Heide
Christoph Breithack
Nadine Di Pardo
Andrea Drescher
Dietmar Falk
Sabine Held
Karl-Heinz Holstein
Winfried Kneip
Frank Neumann
Dr. Dieter Potente
Lothar Schwandt
Birgit Skörries
Reinhard Stachwitz
Thomas Zimmermann

in Zusammenarbeit
mit der Verlagsredaktion

Cornelsen

Redaktion David Harvie, Dr. Carola Wuttke

Bildassistenz Svea Schade, Dagmar Schmidt

Umschlaggestaltung Klein & Halm Grafikdesign, Berlin

Layout Buchgestaltung+, Berlin

Technische Umsetzung Klein & Halm Grafikdesign, Berlin

www.cornelsen.de

Die Links zu externen Webseiten Dritter, die in diesem Lehrwerk angegeben sind, wurden vor Drucklegung sorgfältig auf ihre Aktualität geprüft. Der Verlag übernimmt keine Gewähr für die Aktualität und den Inhalt dieser Seiten oder solcher, die mit ihnen verlinkt sind.

1. Auflage, 1. Druck 2012

Alle Drucke dieser Auflage sind inhaltlich unverändert und können im Unterricht nebeneinander verwendet werden.

Druck Stürtz GmbH, Würzburg

ISBN 978-3-06-064356-1

Inhalt gedruckt auf säurefreiem Papier aus nachhaltiger Forstwirtschaft.

Inhalt

Anhang

Liebe Schülerin, lieber Schüler,

diese Doppelseite soll dir einen Einstieg zur Arbeit mit dem Buch geben.

Methode

Hier geht es um die Methoden des Faches Sozialkunde. Anhand eines Beispiels lernst du kennen, wie das Wissen für dieses Fach zustande kommt. Außerdem bekommst du Hilfestellungen, sodass du die Methoden auch praktisch anwenden kannst. Die Methoden des Faches Sozialkunde sind z. B. Umfragen, Erkundungen oder Auswerten von Daten und Texten.

METHODE

Medien im Alltag – eine Umfrage durchführen (2)

…mfrage zum Fernsehkonsum von Schülern, Plakat der 7 a

Was denken Erwachsene über den Fernsehkonsum von Kindern? Eine weitere Gruppe der Klasse 7 a befragte in der Einkaufspassage Passanten zu diesem Thema. Die Antworten wurden mit einem MP3-Player aufgenommen und auf einem Plakat dokumentiert (M 5).

Eine Umfrage durchführen

Wenn ihr auch genauer wissen möchtet, welche Bedeutung Medien für euch oder für andere haben, könnt ihr das durch eine Umfrage herausfinden. Dazu müsst ihr euch eine Personengruppe aussuchen, die vermutlich viel zum Thema sagen kann. Das kann eure Klasse sein, Schülerinnen und Schüler an eurer Schule oder Menschen aus eurer Gemeinde.

4 Mit Medien umgehen

80

Nachrichten werden gemacht!?

Jeden Abend um 20.00 Uhr beginnt im Ersten Programm die Tagesschau. Die Sendung, die zu den bekanntesten Nachrichtensendungen im deutschen Fernsehen gehört, dauert etwa 15 Minuten und informiert über das aktuelle Tagesgeschehen. Mithilfe der Grafik auf dieser Doppelseite könnt ihr erarbeiten, wie eine Meldung zu einer Nachricht in der Tagesschau wird, auf welchem Weg diese ins Fernsehen gelangt und welche Menschen dabei mitwirken.

Abstimmung im Bundestag

Vom Ereignis zur Nachricht

1 Eingang der Nachricht
2 Recherche
3 Redaktionskonferenz
4 Kontaktaufnahme mit Korrespondenten
5 Produktion des Beitrags
6 Bildabnahme durch den CvD
7 Einspielung
8 Moderation

Wer macht was?

94 4 Mit Medien umgehen

Auftakt

Die blauen Auftaktseiten markieren jeweils den Beginn eines Kapitels. Auf diesen Seiten findest du erste Anregungen, dich mit einem Thema zu beschäftigen. Unter dem Button „Am Ende dieses Kapitels kannst du“ findest du einen Überblick über die Kompetenzen, die du auf den Folgeseiten erwerben kannst.

KOMPETENZ-Trainer

In jedem der acht Kapitel kannst du dein Wissen und deine Kompetenzen in unterschiedlichen Themengebieten erweitern und vertiefen. Am Ende jedes Kapitels kannst du deine neu erworbenen Kompetenzen überprüfen und trainieren.

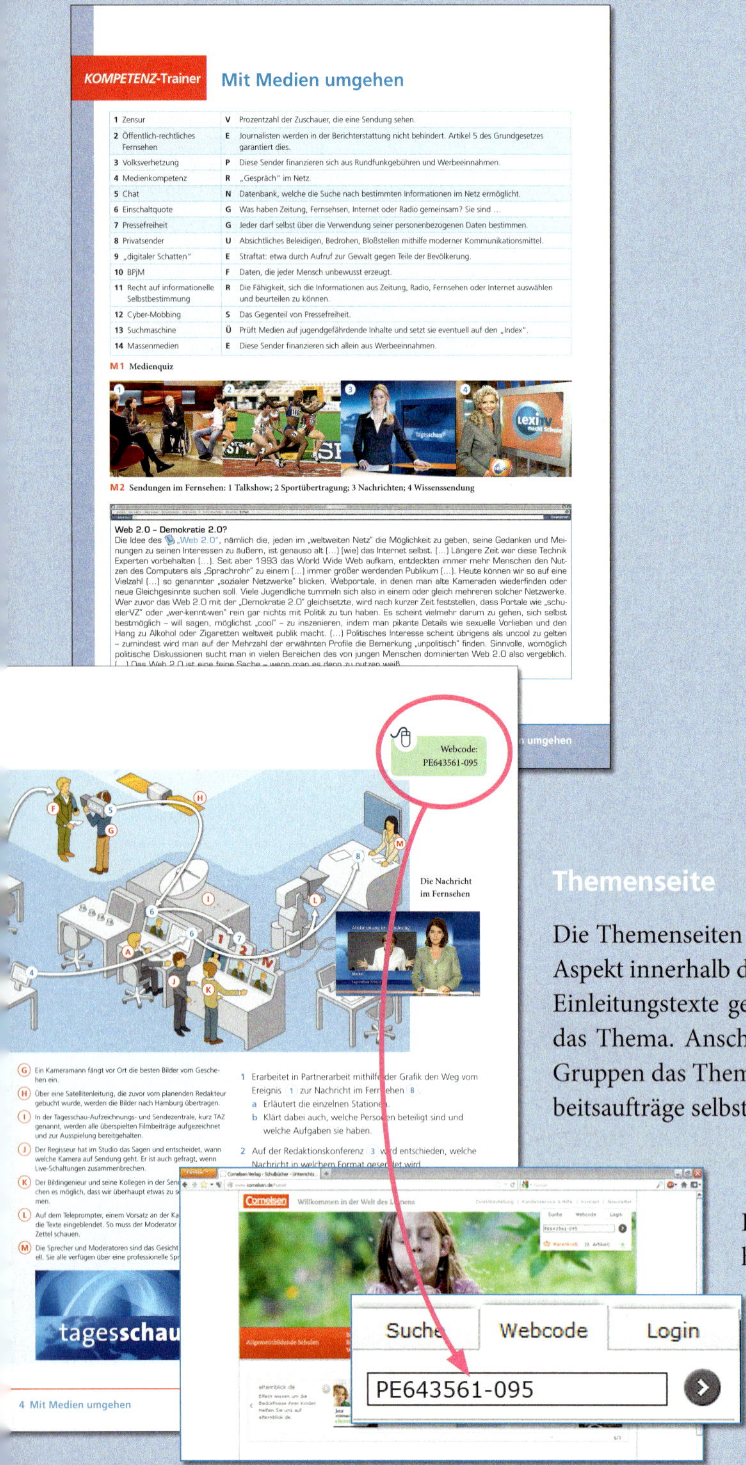

Anhang

Innerhalb der Kapitel dieses Buches wirst du immer wieder auf die unten aufgeführten Symbole stoßen. Wie ein Link im Internet sollen sie dich auf Seiten im Anhang dieses Buches führen. Dabei unterscheiden wir drei Anhangteile:
Lexikon, Arbeitstechniken, und Arbeitsformen.

In den ersten drei Teilen findest du jeweils alphabetisch sortiert nähere Angaben zu den gekennzeichneten Begriffen.
Zusätzlich findest du im Anhang Auszüge aus ausgewählten Gesetzestexten.

Themenseite

Die Themenseiten beleuchten jeweils einen zentralen Aspekt innerhalb des Kapitels.
Einleitungstexte geben dir eine kurze Einführung in das Thema. Anschließend kannst du alleine oder in Gruppen das Thema mithilfe der Materialien und Arbeitsaufträge selbstständig erschließen.

Die Webcodes weisen dich auf Internetseiten hin, auf denen du aktuelle und weitere interessante Informationen findest. Gib den Webcode auf der Internetseite www.cornelsen.de im Fenster oben rechts ein und klicke auf den Pfeil rechts.

1 Politik entdecken

Hat das Bermudadreieck sie verschlungen?

Kreuzfahrtschiff im Hurrikan verschollen

Über 2000 Personen an Bord. Alle tot?

Nachdem der Hurrikan Michael überraschend seine Richtung verändert hat, ist das große Kreuzfahrtschiff „Traum der Karibik“ offenbar vom Orkan voll erfasst worden. Seit dem Notruf des Kapitäns fehlt von dem Schiff jede Spur. Mit dem Schlimmsten muss gerechnet werden.

Am Ende dieses Kapitels kannst du

- den Begriff „Politik" an eigenen Beispielen erklären.
- beschreiben, wie ein Jugendparlament arbeitet. Außerdem kannst du Möglichkeiten nennen, wie du deine Interessen demokratisch vertrittst.
- beschreiben, wie eine Gemeinde, als kleinste politische Einheit des Staates, organisiert ist. Du kannst die Aufgaben einer Gemeinde an Beispielen erklären.
- an einem Fallbeispiel zeigen, wie in einer Demokratie trotz unterschiedlicher Interessen Lösungen gefunden werden.

Simulation: Ordnung tut Not – Überleben in Gemeinschaften

Teilt euch in Gruppen auf und bearbeitet das folgende Projekt.
Stell dir vor, du hast dich mit einer Gruppe von 25 Personen auf eine Insel retten können. Gehe davon aus, dass eine baldige Rettung unwahrscheinlich ist. Du musst zusammen mit den anderen Überlebenden euer Zusammenleben organisieren. Nimm dafür als Voraussetzung an, dass es auf der Insel trinkbares Wasser, Früchte, auch Fische und Vögel gibt. Über irgendwelche Gefahren ist dir nichts bekannt.
Diskutiert die rechts aufgeführten Fragen. Überlegt genau und bedenkt die Folgen. Schreibt dann die Entscheidungen, Gesetze und Vereinbarungen auf Kartonbögen und präsentiert euer Ergebnis der Klasse.

Insel der Gesetzlosen?

Bei eurer Ankunft seid ihr auf der Insel ohne Gesetze und Regeln. Wie werden bei euch Gesetze gemacht? Wie regelt ihr die Arbeitsaufteilung und die Freizeit? Welche Regeln gelten für Männer, Frauen und Kinder? Wem gehört was? Was ist Privatbesitz, was gehört allen? Welche Rechte haben die Menschen auf eurem Inselabschnitt? Welche Gesetze gelten für die Umwelt (Wasser, Luft, Pflanzen, Tiere)?

Insel der Einsiedler?

Die Insel ist dünn besiedelt und es stellt sich die Frage, ob ihr anderen Inselbewohnern die Mitgliedschaft in eurer Inselgruppe ermöglichen wollt. Wer darf herein? Welche Voraussetzungen muss sie oder er erfüllen? Beachtet bei der Beantwortung dieser Fragen auch eure bisherigen Gesetze und Vereinbarungen.

Insel der Könige?

Als ihr auf die Insel gekommen seid, gab es hier niemanden, der das Sagen hatte. Wie regelt ihr das in Zukunft auf eurer Insel? Soll es niemanden geben, der entscheidet und bestimmt? Sollen es alle gemeinsam oder jeder für sich machen? Soll es einen König oder eine andere Herrschaftsform geben?

Insel der Geldlosen?

Auf eurer Insel gibt es kein Geld. Perlen könnten als Währung zum Bezahlen von Waren und Arbeit dienen. Muscheln als Geld? Ist das möglich? Wer verwaltet das neue Geld? Wie viel Arbeitsentgelt bzw. Lohn wird bezahlt? Was kostet ein Stück Holz, was kostet ein Fisch?

Was bedeutet Politik?

M 1 A: Debatte im Deutschen Bundestag. B: Müllentsorgung auf einer Deponie. C: Kinder auf einer Kundgebung gegen Schulschließungen im Jahre 2009. D: Der Familienrat tagt. Foto E: In zahlreichen Bundesländern wurde seit 2004 per Gesetz ein totales Rauchverbot an den Schulen verhängt, das für Schüler und Lehrer gilt. F: Feier in Dublin anlässlich der Einführung des Euro am 1.1.2002.

M2 **Politik ist …**

Politik = Streit?

Wo viele Menschen zusammenleben, müssen sie nicht nur viele Aufgaben bewältigen, sie müssen auch Regeln und eine Ordnung für ihr Zusammenleben festlegen. Warum? Ganz einfach: Die Menschen wollen im Zusammenleben mit anderen ganz unterschiedliche Dinge. Den Einzelnen wäre es am liebsten, wenn das, was ihnen wichtig ist, für alle gültig wäre. Deshalb geraten sie in eine Auseinandersetzung mit Gruppen, die gegensätzliche Ziele haben und diese ebenfalls durchsetzen wollen. Damit das Zusammenleben der Menschen aber funktioniert, werden für alle verbindliche Vereinbarungen und Umgangsformen benötigt. Diese herzustellen ist die Aufgabe der Politik. In ihr entwickeln die Menschen Regeln (Verträge, Gesetze, Ordnungen), die für die Beteiligten – trotz ihrer gegensätzlichen Interessen – verbindlich sind.

Ich würde dafür sorgen, dass es mehr Spielplätze gibt und die auch in Ordnung gehalten werden, nicht so kaputt sind.

Frederike (7)

Ich würde Häuser bauen, damit die Leute, die als Obdachlose auf der Straße leben, auch ein Zuhause haben.

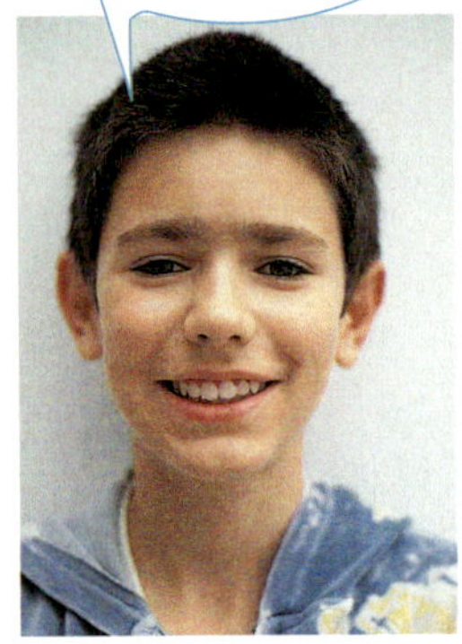

Thilo (11)

Wegen der Umwelt würde ich schauen, dass die Leute mehr Bus und U-Bahn fahren.

Charlotte (10)

Alexandra (11)

Ich würde dafür sorgen, dass Kinder, die zu Hause geschlagen werden, ein neues Zuhause bekommen, wo es ihnen besser geht.

Celina (11)

Ich würde versuchen, die Stadt und die Gefängnisse sicherer zu machen. Für Kinderschänder würde ich härtere Strafen einführen.

M3 **Wenn ich Politiker wäre …**

1. Bei welchen Fotos denkst du sofort an Politik? Warum? (M 1)
2. Auch die anderen Fotos haben jeweils mit Politik zu tun. Erkläre den Zusammenhang. (M 1)
3. Welche Aussage in M 2 drückt deiner Meinung nach am besten aus, was Politik ist? Begründe.
4. Was würdest du tun, wenn du Politiker/Politikerin wärest? Sammelt weitere Beispiele an der Tafel. (M 3)

Kinder- und Jugendparlamente: Das Beispiel Gotha

M 1 Mitglieder des Kinder- und Jugendparlaments Gotha 2012

Webcode: PE643561-012

Politik = Kindersache?

Politik ist keine Angelegenheit, die die Erwachsenen allein unter sich ausmachen sollten. Du kannst in diesem Buch viele Möglichkeiten entdecken, selbst politisch aktiv zu werden, z. B. als Umweltschützer(in), als Klassensprecher(in) oder als Mitglied einer Gemeinde. Es gibt in Thüringen z. B. Städte und Gemeinden, in denen Kinder- und Jugendparlamente eingerichtet worden sind. Hier vertreten Kinder und Jugendliche ihre Interessen gegenüber den Politikern. Wie das funktioniert, kannst du am Beispiel des Kinder- und Jugendparlaments Gotha sehen..

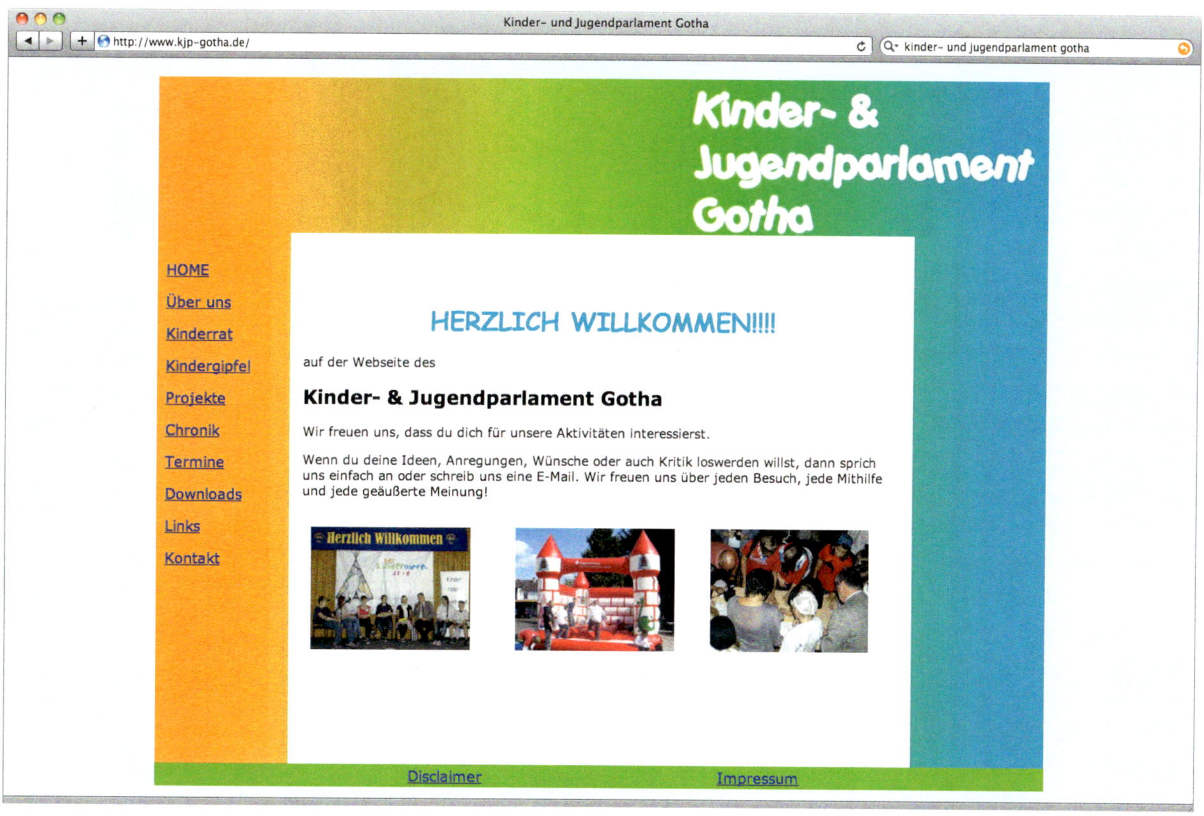

M 2 Begrüßung auf der Homepage des Kinder- und Jugendparlaments Gotha

M3 Gründung und Aufgaben

Das Kinder- und Jugendparlament der Stadt Gotha besteht seit 2005. Am 9. November dieses Jahres schlossen sich in einem Gothaer Jugendclub engagierte Mädchen und Jungen zusammen, um sich für die Interessen und Rechte von Kindern und Jugendlichen aus ihrer Umgebung einzusetzen.

Das Jugendparlament bietet den jungen Menschen die Möglichkeit, sich aktiv an der Kommunalpolitik zu beteiligen, das bedeutet einerseits Forderungen zu stellen, aber andererseits auch Selbstverpflichtungen einzugehen.

nach: http://www.kjp-gotha.de/sites/ueberuns.html, Abruf am 27.10.2012

M4 Kindergipfel

Unter dem Motto „Kinder reden – Erwachsene hören zu“ wird alle zwei Jahre ein Kindergipfel veranstaltet. Hierbei werden die Anliegen der Kinder und Jugendlichen diskutiert und bearbeitet. Die Auswahl der Themen und Moderation der Workshops geschieht durch den sogenannten Kinderrat, der momentan aus 12 Mitgliedern besteht.

Zum Kindergipfel werden Experten aus der Erwachsenenwelt und Politiker eingeladen und befragt. Am Ende der Veranstaltung wird mit dem entsprechenden Landrat ein Zukunftsvertrag geschlossen.

nach: http://www.kjp-gotha.de, Abruf am 27.10.2012

M5 Podiumsdiskussion mit dem Landrat auf dem Kindergipfel 2012

Dieser Zukunftsvertrag enthält beschlossene Forderungen sowie Selbstverpflichtungen und wurde als Ergebnis des 6. lokalen Kindergipfels 2012 vom Landrat und dem Kinderrat unterzeichnet.

Hier kannst du am Beispiel des Workshops „Schulbedingungen – jeder hat ein Recht auf Sicherheit“ nachlesen, was davon im Zukunftsvertrag 2012 festgehalten wurde:

Forderungen:

- Wir fordern, dass jede Schule jährlich technische Hilfsmittel (z. B. Luftspione zur Bestimmung des CO_2-Gehaltes in der Luft) zur Verfügung gestellt bekommt.
- Wir fordern, dass jede Schule Fußabtreter erhält und diese nach Bedarf wechselt.
- Wir fordern, dass sich stärker mit den Themen Sozialtraining, Teambildung und Mobbingprävention auseinandergesetzt wird, AGs zu diesen Themen gegründet werden und Projekttage bzw. -wochen durchgeführt werden.

Selbstverpflichtungen:

- Wir verpflichten uns, die Klassenräume regelmäßig zu lüften und einen Fensterdienst einzuführen.
- Wir verpflichten uns, die Fußabtreter zu benutzen und bei erhöhter Verschmutzung die Verantwortlichen auf die Reinigung hinzuweisen.
- Wir verpflichten uns, aktiv in den AGs zum Sozialtraining, Mobbing und Teambildung mitzuwirken.

http://www.kjp-gotha.de/downloads/Zukunftsvertrag12.pdf, Abruf am 27.10.2012

M6 Ausschnitt aus dem Zukunftsvertrag 2012

1 Recherchiere im Internet (Webcode), welche weiteren Forderungen und Selbstverpflichtungen im Zukunftsvertrag 2012 festgehalten sind. Informiere dich außerdem zu aktuellen Projekten des Kinder- und Jugendparlaments Gotha.

2 Diskutiert anhand der Themen und Aufgaben des KJP in Gotha, wie es als Interessenvertretung wirksam wird. Wie könnte die praktische Umsetzung der Zukunftsverträge überprüft werden?

Politik vor Ort

M 1 Schwimmbad

M 3 Winterdienst

M 2 Julias Montagmorgen

6.30 Uhr	Julia steht auf. Der Montagmorgen im November ist trüb und kalt. Julia schaltet alle Lichter an und geht unter die Dusche.
6.45 Uhr	Auf dem Frühstückstisch liegt ein Zettel von Mutti: „Abfall nicht vergessen." – Julia nimmt schnell noch den Stapel Altpapier und schiebt die blaue Tonne vor das Hoftor.
7.10 Uhr	Nach dem Frühstück ist es höchste Zeit. Eilig packt Julia noch zwei Schulbücher ein.
7.15 Uhr	Julia schiebt ihr Rad aus der Garage und macht sich auf den Weg in die Schule. Seit der neue Fahrradweg gebaut ist, braucht sie nur 10 Minuten für ihren Schulweg.
7.20 Uhr	Ihr Weg führt an der Stadtbücherei vorbei. Beim Feuerwehrhaus um die Ecke wäre sie beinahe mit Herrn Müller vom Bauhof zusammengestoßen, der gerade die großen Blumentöpfe winterfest macht.
7.25 Uhr	Julia stellt ihr Fahrrad ab. Ihre Freundinnen kommen mit dem Schulbus an.
7.30 Uhr	Julia und Iris besprechen, dass sie am Nachmittag ihre Kinderausweise, die sie für die Klassenfahrt brauchen, abholen werden.

M 4 Aufgaben einer Gemeinde

Verkehrswesen
Straßen, Radwege

Bildung, Volkshochschule
Schulen, Kindergärten

Öffentliche Sicherheit
Feuerschutz, Gewerbeaufsicht, Baupolizei

Sozialhilfe
Sozialfürsorge, Altersheime, Obdachlosenasyle

Kultur
Bücherei, Theater, Orchester, Museen

Versorgung, Wohnungswesen
Wasser, Strom, Gas, Wohnungsbau, Stadtplanung, Wirtschaftsförderung, Abfallentsorgung, Kanalisation, Grünanlagen, Friedhöfe

Gesundheits- und Jugendpflege
Naherholung, Krankenhäuser, Spielplätze, Sportstätten

Weitere Aufgaben und Ämter
Standesamtswesen, Lebensmittelkontrollen (u. a. des Fleischbestandes), Einwohnermeldewesen, statistische Arbeiten

M5 Wegweiser im Rathaus

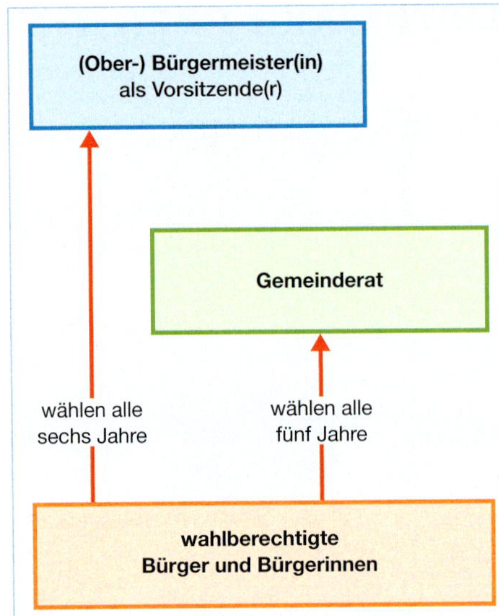

M6 Wahl der Gemeindevertretung

M7
Stichwörter für einen Gemeindesteckbrief
- Bürgermeister, Gemeinderatsmitglieder
- Einwohnerzahl
- Verkehrsverbindungen
- Einrichtungen am Ort (z. B. Kindergarten, Jugendtreff, Feuerwehr)
- Schulwesen
- Freizeitangebote, Vereine
- Kirchen
- Betriebe, Unternehmen
- Einkaufsmöglichkeiten und Gesundheitsvorsorge

In Gemeinden leben

Die Bezeichnung **Gemeinde** wird für Dörfer oder Städte gebraucht. Das Wort selbst stammt von „gemein" ab und das bedeutet in diesem Zusammenhang „auf die Allgemeinheit bezogen". Wenn in deiner Stadt z. B. ein neues Schwimmbad gebaut oder ein neue Straße geplant wird, dann ist das eine Entscheidung der Gemeinde. Gemeinden sind die kleinsten politischen Einheiten des Staates. Hier werden Entscheidungen getroffen, die den Bürger/die Bürgerin unmittelbar betreffen. Dabei unterscheidet man zwischen den **Pflichtaufgaben** einer Gemeinde (z. B. Feuerwehr, Abwasserversorgung) und den **freiwilligen Aufgaben** einer Gemeinde, die dazu dienen, den Einwohnern einer Gemeinde durch verschiedene Einrichtungen das Leben angenehm zu gestalten (z. B. Schwimmbäder, Bolzplätze, Jugendzentren).
Die 2,2 Millionen Menschen in Thüringen leben in 709 politisch selbstständigen Städten und Gemeinden (2012). Dazu zählen Großstädte wie Erfurt mit etwa 205 000 Einwohnern oder Gera mit über 99 000, aber auch kleine Gemeinden ,wie Ottendorf mit 416 oder Volkerode mit 245 Einwohnern. An der Spitze einer Gemeinde steht der **Bürgermeister** oder die **Bürgermeisterin**. Als Chef oder Chefin der Gemeindeverwaltung leiten sie im Rathaus die Ämter der Verwaltung. Und umgekehrt wenden sich die Bürger und Bürgerinnen mit ihren Wünschen an die örtlichen Einrichtungen, die Stadtverwaltung und den Bürgermeister. Dabei gilt es, nicht nur die unterschiedlichen Interessen der Gemeindemitglieder zu beachten, der Rat muss auch prüfen, ob es genügend Geld im Gemeindehaushalt gibt, mit dem diese Wünsche bezahlt werden können.

1 Nenne alle Aufgaben einer Gemeinde, die in der Beschreibung von Julias Montagmorgen enthalten sind. (M2, M4)

2 Geht einzeln oder zu zweit am Nachmittag in das Stadtverwaltungsgebäude/das Rathaus eures Ortes und stellt fest, welche Einrichtungen es gibt (M5). Versucht herauszufinden, welche Aufgaben einzelne Ämter übernehmen (z. B. „Das Ordnungsamt hat die Aufgabe …", „Das Amt für Ausländerangelegenheiten …"). Berichtet in der Klasse.

3 Überlege, welche Gründe zu der Unterteilung in Pflichtaufgaben und freiwillige Aufgaben geführt haben (Text). Welche der in M4 genannten Aufgaben sind vermutlich Pflichtaufgaben der Gemeinde?

4 Beschreibe M6.

5 Erstelle einen Steckbrief deiner Gemeinde (M6, Internet).

Darf Okka nach Y-Stadt?

M 1 **Aufregung in Y-Stadt – seitdem der Möbelfabrikant Okka sein Interesse an einer Filiale in Y-Stadt angemeldet hat, wird in Y-Stadt darüber intensiv diskutiert.**

M 2 **Uneinigkeit in Y-Stadt**

Y-Stadt soll eine neue Attraktion bekommen. Das Möbelhaus Okka hat angekündigt, eine neue Filiale mit ungefähr 150 Mitarbeitern in Y-Stadt eröffnen zu wollen. Da die Möbel der Firma in Deutschland seit Jahren gerne gekauft werden, scheint dies für Y-Stadt ein Glücksfall zu sein. Dennoch gibt es auch einige Gegner dieser Ansiedlung.

Die Befürworter einer Okka-Filiale in Y-Stadt argumentieren, dass eine Ansiedlung von Okka die Attraktivität der gesamten Stadt erhöhen könne. Politiker von CDU und SPD verweisen darauf, dass Menschen aus dem Umland durch Okka nach Y-Stadt gelockt werden könnten. Diese würden dann auch in anderen Geschäften einkaufen, was für die gesamte Stadt höhere Einnahmen erbrächte. Das wird auch vom Finanzausschuss der Stadt positiv hervorgehoben.

Problematisch ist hierbei lediglich der Ort der genauen Ansiedlung einer Okka-Filiale. So sollen bisher bestehende Industriegebiete keine Nachteile haben. Auch der Oberbürgermeister der Stadt spricht sich für eine Ansiedlung aus, will jedoch auch den bisherigen Einzelhandel der Stadt nicht verärgern.

Deutlich kritischer sehen dies die Gegner einer Ansiedlung. Einzelne Geschäftsinhaber haben eine Initiative gegründet, die sich „Einzelhandels-Perspektiven“ nennt. Ihr Ziel ist es, den Möbelkonzern nicht nach Y-Stadt zu lassen. Ihr wichtigstes Argument besteht darin, den bisherigen Einzelhandel in der Stadt schützen zu wollen. Sie begründen dies damit, dass eine Okka-Filiale in den Außenbezirken der Stadt dazu führe, dass kaum noch Leute in die Innenstadt fahren. Andere Möbelhäuser müssten dann schließen und Arbeitsplätze würden verloren gehen. Unterstützt werden sie hierbei vom Verband der Einzelhändler, der „Pro City“.

Zusammengestellt und verändert aus Informationen von „Göttinger Tageblatt“ und „Blick“

Wer entscheidet über die Ansiedlung von Okka?

Die meisten Fragen, die in einem Gemeinderat oder einem Stadtrat entschieden werden müssen, werden in kleinen Arbeitsgruppen diskutiert, die **Ausschüsse** heißen. Hier kommt nur ein kleiner Teil der Mitglieder des Gemeinderates zusammen, die Experten für den Arbeitsbereich ihres Ausschusses sind. So gibt es beispielsweise einen Kulturausschuss, einen Umweltausschuss, einen Finanzausschuss und einen Schulausschuss. Hier können die Mitglieder des Ausschusses auch andere Experten einladen, die aus ihrer Sicht über ein bestimmtes Thema berichten.

Am Ende der Diskussion im Ausschuss steht meist ein **Vorschlag**, den der Ausschuss an den Gemeinderat oder den Stadtrat weiterreicht. Dieser muss jedoch nicht beschlossen werden, sondern ist lediglich eine Empfehlung.

Der Bauausschuss

Alle wichtigen Bauprojekte, für die Y-Stadt eine Erlaubnis geben muss, werden, wie in anderen Gemeinden und Städten auch, im **Bauausschuss** diskutiert und beraten. Hier sitzen Experten der Parteien. Die Anzahl der Mitglieder eines Ausschusses richtet sich danach, wie viele Mitglieder einer Partei in den Gemeinderat gewählt worden sind.

Im Hinblick auf eine mögliche Entscheidung von Y-Stadt für oder gegen Okka diskutieren die Mitglieder des Bauausschusses alle wesentlichen Vor- und Nachteile. Sie laden Experten zu Vorträgen ein, die ihnen helfen sollen, eine gute Entscheidung zu treffen.

Zusätzlich sollen unabhängige Experten in einem **Gutachten** untersuchen, welche Folgen die Ansiedlung von Okka für Y-Stadt insgesamt und den Einzelhandel hat.

Eine Bürgerstunde findet statt

Die Entscheidung über die Okka-Ansiedlung in Y-Stadt zieht sich hin und viele Bürger möchten sich über die Vor- und Nachteile dieser Entscheidung informieren. Deshalb findet in Y-Stadt eine **Bürgerstunde** statt.

Bürgerstunden haben das Ziel, die Einwohner einer Stadt über politische Entscheidungen und die unterschiedlichen Positionen genauer zu informieren. So können sich die Bürger zu einer wichtigen Frage eine eigene Meinung bilden und direkt Nachfragen in der Bürgerstunde stellen.

Geladen sind in der Bürgerstunde ein Mitglied des Bauausschusses, ein Mitglied des Finanzausschusses, der Oberbürgermeister der Stadt, ein Inhaber eines Möbelgeschäftes aus der Innenstadt und die Vorsitzende der Initiative „Einzelhandels-Perspektiven“.

Mitglied im Bauausschuss

Mitglied im Finanzausschuss

Oberbürgermeister

Inhaber eines Möbelgeschäfts

Vorsitzende der Initiative „Einzelhandels-Perspektiven"

1 Teilt euch in der Klasse passend zu den fünf Teilnehmern der Bürgerstunde in fünf Gruppen auf.
- **a** Formuliert mithilfe von M 2 Standpunkte zu der Person, die ihr in der Bürgerstunde vertretet. Begründet diese.
- **b** Führt eine Bürgerstunde zum Thema „Okka-Ansiedlung" in der Klasse durch. Bestimmt jeweils einen aus eurer Gruppe, der an dieser Diskussion teilnimmt.
- **c** Wertet die Diskussion gemeinsam aus. Fasst die wichtigsten Argumente in einer Pro-und-Kontra-Tabelle zusammen.

2
- **a** Stimmt in der Klasse darüber ab, ob Okka nach Y-Stadt kommen sollte. Diskutiert euer Abstimmungsergebnis.
- **b** Begründet, ob der Stadtrat eurer Meinung nach der Ansiedlung von Okka in Y-Stadt zustimmen wird. Welche Argumente sind euch bei eurer Entscheidung besonders wichtig?

3 Erläutert, warum die Arbeit in Ausschüssen für politische Entscheidungen in der Gemeinde eine sehr wichtige Rolle spielt.

Geht Politik jeden an?

		++	+	0	–	– –
1.	Politik ist ein schmutziges Geschäft!					
2.	Die da oben machen doch nur, was sie wollen!					
3.	Politik geht jeden an!					
4.	Politik ist wichtig, damit man seine Rechte und Interessen durchsetzen kann!					
5.	Die Bürgerinnen und Bürger haben viel zu hohe Ansprüche an die Politiker!					
6.	Es ist ein Nachteil in der Demokratie, dass jeder glaubt, mitreden zu können!					
7.	In der Politik wird viel zu viel gestritten.					
8.	Die Politiker sind doch nur auf Stimmenfang aus!					
9.	Die Unzufriedenen sollten sich stärker in der Politik engagieren!					
10.	Die Regierung sollte mehr Macht haben, damit die ewige Streiterei aufhört!					
11.	Die Demokratie ist die beste aller Staatsformen.					
12.	Wenn ich will, kann ich mich einmischen – und das ist mir wichtig!					

++ = stimme der Ansicht sehr zu, + = stimme im Großen und Ganzen zu, 0 = ich bin unentschieden,
– = lehne die Ansicht im Großen und Ganzen ab, –– = lehne die Ansicht entschieden ab.

M 1 Politik – ein Streitthema. Material für eine Umfrage

- Nur 39 % der Jugendlichen bezeichnen sich als politisch interessiert.
- Die eindeutige Mehrheit der Jugendlichen hält die Demokratie in Deutschland für eine gute Staatsform.
- Die grundlegenden „Spielregeln“ der Demokratie (z. B. Meinungsfreiheit/freie Meinungsäußerung, Regierung und Opposition, Kompromissfähigkeit, freie Wahlen) sind von den Jugendlichen anerkannt und unumstritten.
- Das geringste Vertrauen wird dagegen den politischen Parteien entgegengebracht.
- Erhöhtes Vertrauen genießen Justiz und Polizei.
- Als vertrauenswürdig werden außerdem Menschenrechts- oder Umweltschutzgruppen eingeschätzt.
- Bürgerinitiativen und auch die Gewerkschaften genießen nur ein durchschnittliches Vertrauen, wenn auch etwas höher ausgeprägt als für die Regierung.
- 33 % der Jugendlichen geben an, „oft“, und weitere 42 %, „gelegentlich“ für soziale oder gesellschaftliche Zwecke in ihrer Freizeit aktiv zu sein. Typische Räume für Aktivitäten stellen die Vereine sowie die Schulen und Hochschulen dar. Hinzu kommen Kirchengemeinden oder Jugendorganisationen, wie die Rettungsdienste oder die freiwillige Feuerwehr

(Nach: Shell-Jugendstudie 2006, Bonn 2007)

M 2 Ergebnisse der Shell-Studie 2006

M 3 Voraussetzungen für jugendliches Engagement

1. Es darf keine Chefs geben, keine Altfunktionäre, die das Sagen haben.
2. Jugendliche wollen „Spaß haben“, auch bei der Beschäftigung mit ernsten Angelegenheiten. Sie sind nicht bereit, ihre Freizeit für Termine zu opfern, die sie als „Stress“ empfinden.
3. Wenn sie sich schon engagieren, wollen sie Gelegenheit haben, auch Freundschaften zu schließen.
4. Sie sind nicht bereit, lange zu taktieren und über Kompromisse zu reden, sondern bevorzugen eindeutige, punktgenaue, zeitlich begrenzte Interessengruppen.
5. Action ist angesagt, keine lange Schulung.
6. Jugendliche setzen sich für konkrete Dinge ein, z. B. Rücknahme einer Abschiebungsverfügung (...)
7. Man muss jederzeit wieder aussteigen können, wenn das Weitermachen nicht mehr sinnvoll und spannend erscheint.

M4 Möglichkeiten politischer Beteiligung

Politik – wen geht das was an?

„Politisch sein ist heute nicht unmittelbar in“, stellen die Autoren der 15. Shell-Jugendstudie 2006 fest. Das politische Interesse von Jugendlichen ist seit vielen Jahren rückläufig. Hatten 1991 noch 57 Prozent der befragten Jugendlichen im Alter zwischen zwölf und fünfundzwanzig Jahren Interesse an Politik bekundet, so waren es 2006 nur noch 39 Prozent. Und wie ist euer Verhältnis zur Politik? Die Materialien auf dieser Doppelseite sollen euch helfen, eure eigenen Meinungen zu äußern, sie zu ordnen und so einen Überblick zu bekommen, wie das Meinungsbild in eurer Klasse aussieht.

1 In M1 findest du verschiedene Aussagen über Politik. Überlege, wie du dazu stehst. Bewerte auf einem Blatt in der dargestellten Weise. Diskutiert die Ergebnisse in der Klasse.

2 Nimm Stellung zu den Ergebnissen der Shell-Studie (M2). Wo stellst du Gemeinsamkeiten, wo Unterschiede zu deinen Ergebnissen aus Aufgabe 1 fest?

3 Versuche, die Ergebnisse der Shell-Studie (M2) mit den Aussagen von M3 zu erklären. Ergänze die Liste M3 um weitere Voraussetzungen.

4 a Klärt, was die in M4 dargestellten Beispiele politischer Beteiligung im Einzelnen bedeuten und welche Möglichkeiten auch Jugendlichen offenstehen.
b Besprecht, bei welchen dieser Beispiele ihr euch ein Mitmachen vorstellen könntet.

Miteinander, füreinander: Vereine und Verbände

AWO

caritas

DER PARITÄTISCHE
GESAMTVERBAND

DEUTSCHES ROTES KREUZ

Diakonie

ZWST

Die 6 Spitzenverbände der Liga der Freien Wohlfahrtspflege in Thüringen e. V.

Die freie Wohlfahrtspflege in der BRD

„Freie Wohlfahrtspflege" ist die Gesamtheit aller sozialen Hilfen, die in organisierter Form auf verbandlicher und freigemeinnütziger Grundlage geleistet werden. Die Träger [...] haben sich in den sechs Spitzenverbänden der Freien Wohlfahrtspflege zusammenge-schlossen. ...

Die Spitzenverbände ... sind aufgrund ihrer Leistungen für das Gemeinwesen ein wichtiger Bestandteil des Sozialstaates. Das soziale Netz würde zerreißen, gäbe es ihre Arbeit nicht: Die Freie Wohlfahrtspflege beschäftigt rund 1,4 Millionen hauptamtliche Mitarbeiterinnen und Mitarbeiter. Zudem leisten schätzungsweise 2,5 bis 3 Millionen ehrenamtlich Engagierte Hilfe in Initiativen, Hilfswerken und Selbsthilfegruppen der Freien Wohlfahrtspflege.

aus: LIGA der Freien Wohlfahrtspflege in Thüringen e. V.; http://www.liga-thueringen.de/124.0.html?layout=&style=; Abruf am 30.03.2012

Aus der Rede der Thüringer Ministerin für Soziales, Familie und Gesundheit im Thüringer Landtag am 9. Juli 2008

In Thüringen sind nach neuesten Schätzungen über 750000 Bürgerinnen und Bürger ehrenamtlich tätig. Dies entspricht einem Anteil von über 33 % der Gesamtbevölkerung. Damit liegt Thüringen im Vergleich zu anderen Ländern an der Spitze. Nahezu kein Bereich im staatlichen und gesellschaftlichen Leben Thüringens kommt ohne die ehrenamtliche Arbeit von Frauen und Männern aus.

... Der Staat ist auf die Leistungen ehrenamtlicher Helfer und Vereine angewiesen. ...

Nunmehr soll die Marktplatz-Methode ... etabliert werden. ... Ziel ist es, die Zusammenarbeit von gemeinnützigen Organisationen und Wirtschaftsunternehmen weiter auszubauen ... und zur Weiterentwicklung eines funktionierenden Gemeinwesens nachhaltig beizutragen. ...

aus: http://www.thueringen.de/de/tmsfg/aktuell/reden/33961/uindex.html, Abruf am 30.03.2012

M 1 Bürger helfen sich selbst

M 2 Staatliches Sparkonzept und Wohlfahrtsverbände

M3 Beispiel 1: Die Tafel – Hilfe für Arme

Tafel ist die Bezeichnung für eine gemeinnützige Hilfsorganisation, die einwandfreie Lebensmittel, die sonst nicht mehr verwendet würden, an Hilfebedürftige austeilt. Spender sind z. B. Gaststätten, Bäckereien, Supermärkte, Metzgereien und Großmärkte. Bei einem Teil der Tafeln gibt es Suppenküchen, die kostenlos warmes Essen ausgeben. Die Verteilung erfolgt durch ehrenamtlich tätige Personen. Im Jahre 2007 wurden regelmäßig 700 000 Personen einmal in der Woche von 32 000 Helfern mit Lebensmitteln versorgt.

aus: http://www.mdr.de/unter-uns/gaeste/5426575-hintergrund-5426700.html (16. 5. 2008)

M5 Ausgabestelle der Blankenhainer Tafel

M4 Beispiel 2: KAHUZA– Verein für Kinder und Jugendliche

Tina Witkowski (44) aus Halle engagiert sich ehrenamtlich und gründete vor zwei Jahren KAHUZA. In der Einrichtung (…) erhalten die jungen Leute aus sozial schwachen Familien ein warmes Mittagessen, Betreuung bei den Hausaufgaben und notfalls sogar Kleidung. Möglich wird dies durch Spenden, ehrenamtliche Mitarbeit und vor allem durch Tina Witkowskis Mut und Engagement: Sie überzeugt Firmen und Behörden, Gutes zu tun – stellt dafür fast täglich ihren Fuß in die Türen zahlreicher Büros, um hier mutig aufzutreten und für ihr Ziel zu kämpfen. Einen Fleischer aus Halle „belagerte" sie beispielsweise monatelang. Schließlich lud sie ihn zu einem ihrer Wohltätigkeitsnachmittage ein – und traf damit sozusagen in das Herz des Mannes. Seitdem liefert er täglich Fleisch und Wurst kostenlos an den Verein. (…) „Die Kinder und Jugendlichen, denen wir jetzt nicht helfen, werden unsere zukünftigen Arbeitslosen und Sozialhilfeempfänger sein."

aus: http://www.mdr.de/unter-uns/gaeste/5426575-hintergrund-5426700.html (16. 5. 2008)

M6 Die Gründerin des Kinder- und Jugendhilfevereins KAHUZA, Tina Witkowski (r.), freut sich am Dienstag (3. 6. 2008) in München im Beisein von Bundesfamilienministerin Ursula von der Leyen (CDU, l.) über ihre Auszeichnung „Prix Courage 2007".

1 Werte die Karikatur M 2 mithilfe von M 1 aus.

2 Stelle die Argumente für bürgerschaftliches Engagement (M 1) in Stichworten zusammen und prüfe, ob sie auf die Beispiele in M 3 und M 4 zutreffen.

3 „Die Kinder und Jugendlichen, denen wir jetzt nicht helfen, werden unsere zukünftigen Arbeitslosen und Sozialhilfeempfänger sein." (M 4). Erkläre, welcher Teufelskreis hier durchbrochen werden soll.

4 a Sieh nach, ob es in deiner Gemeinde bzw. Stadt eine Tafel gibt: http://www.tafel.de/
  b Wie könnte eure Klasse sich sozial engagieren? Sammelt Ideen.

5 „Die Menschen dürfen gar nicht erst auf Tafeln oder ähnliche Hilfsorganisationen angewiesen sein. Ich finde, der Staat drückt sich vor seiner sozialen Verantwortung." Nimm kritisch Stellung zu dieser Aussage.

In der Freizeit freiwillig tätig?

M 1 Formen der Freizeitgestaltung

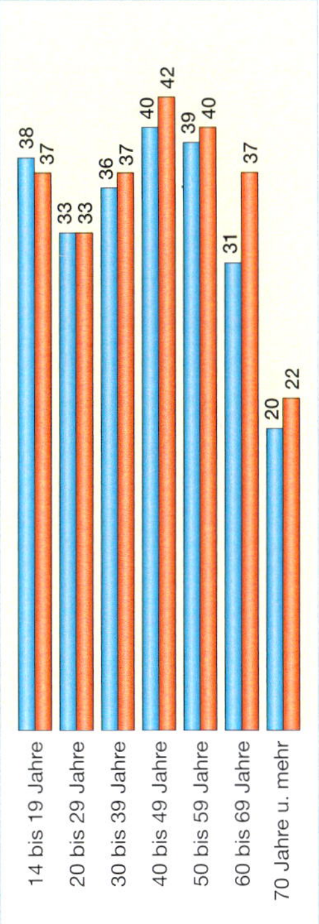

M 2 Freiwillig Engagierte nach Altersgruppen (1999/2004), Bevölkerung ab 14 Jahren in %, Studie im Auftrag des Bundesministeriums für Familie, Senioren, Frauen und Jugend

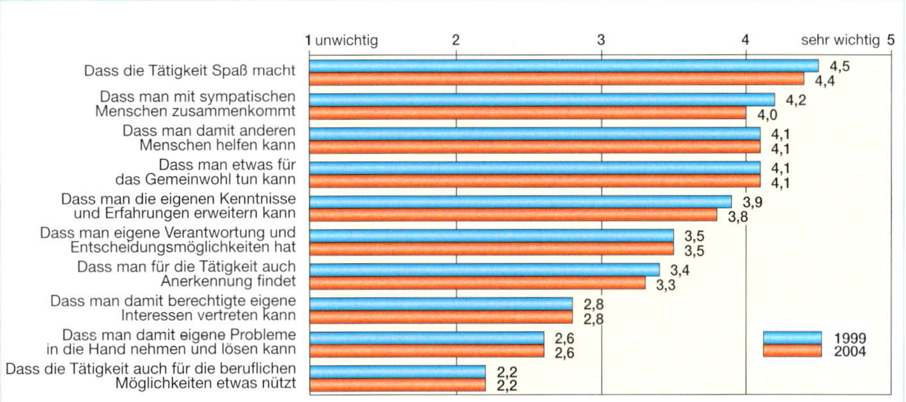

M 3 Erwartungen an die freiwillige Tätigkeit (1999/2004) (Mittelwerte), Studie im Auftrag des Bundesministeriums für Familie, Senioren, Frauen und Jugend

M4 Ehrenamt

Wer etwas ehrenamtlich tut, leistet eine Arbeit zugunsten des Allgemeinwohls. Dies geschieht freiwillig und nicht von Berufs wegen. Er oder sie bekommt dafür kein Geld, sondern höchstens eine Aufwandsentschädigung für entstandene Kosten. Ehrenamtlich tätig sind z. B. Beisitzer beim Gericht oder Menschen, die Nachbarschaftshilfe für kranke oder ältere Menschen leisten. Auch Jugendliche bekleiden Ehrenämter, etwa als Klassensprecher, Trainer im Sportverein oder Gruppenbetreuer.

In Deutschland sind etwa 23 Millionen Menschen ehrenamtlich – neudeutsch: bürgerschaftlich – aktiv, besonders im Vereinssport und sozialen Bereich. Jugendliche engagieren sich vielfach in Jugendverbänden, z. B. den Pfadfindern, der Jugendfeuerwehr oder dem Jugendrotkreuz.

„Bürgerschaftliches Engagement hält die Gesellschaft zusammen", wirbt das Bundesfamilienministerium, und der Deutsche Bundestag vergibt jährlich am 5. Dezember, am Tag des Ehrenamtes, Preise an freiwillig Engagierte.

M5 jugend@ehrenamt

Seit 2010 wird in Thüringen der Förderpreis „jugend(at)ehrenamt" vergeben. Damit soll das Engagement junger Menschen im Ehrenamt gewürdigt und unterstützt werden. Der Preis ist mit insgesamt 2000 € dotiert. Jeder, der sich ehrenamtlich für andere Menschen oder das Gemeinwesen einsetzt – sportlich, kulturell, schulisch, musisch, sozial oder ökologisch, kann sich bis zu seinem zwanzigsten Lebensjahr bewerben.

Von den 2011 eingereichten 40 Bewerbungen wurden 7 Projekte öffentlich vorgestellt. Als Sieger wurde der 19-jährige Dennis Micheel ausgezeichnet. Er engagiert sich schon seit vielen Jahren für den Naturspielplatz in Apolda.

AWO Arbeiterwohlfahrt Landesverband Thüringen e.V.

3. Schülerfreiwilligentag: 450 Schüler engagieren sich in AWO Einrichtungen

07.06.2010/15:42. Rund 450 Thüringer Schüler sind zum dritten Schülerfreiwilligentag allein in den Einrichtungen der AWO Thüringen unterwegs. Landesweit werden es circa 3200 werden. Einen ganzen Tag lang organisieren sie Veranstaltungen für Senioren, führen kleinere Renovierungsarbeiten in sozialen Einrichtungen aus, arbeiten mit behinderten Kindern oder kümmern sich um soziale Projekte.

„Der Tag ist eine wertvolle Erfahrung für die beteiligten Schüler", sagt der AWO Landesvorsitzende Werner Griese. Auch für die Einrichtungen der AWO sind die Schüler eine willkommene Hilfe. Denn ehrenamtliches Engagement ist ein wichtiger Pfeiler in sozialen Einrichtungen. „Viele zusätzliche Angebote wären ohne ehrenamtliche Mitarbeiter überhaupt nicht denkbar. ... Das große Interesse der Schüler zeigt, dass sich auch junge Menschen entgegen allen Unkenrufen durchaus engagieren wollen", sagt Griese. „Wir müssen ihnen nur die Möglichkeit dazu geben."

M6 *aus: Der Merkur, Nachrichten direkt. http://www.dermerkur.de/artikel/3_schuelerfreiwilligentag_450_schueler_engagieren_sich_in_awo_einrichtungen/24553/533/17; Abruf am 30.03.2012*

Webcode: PE643561-023

1 a Werte M1 aus. Finde jeweils Oberbegriffe für die Interessen und Aufgaben der Jugendlichen und ordne sie den Kategorien der Tabelle zu. Übertrage die Tabelle dazu in dein Heft.

Spaß haben	Verantwortung übernehmen
Zeitvertreib	politische Mitbestimmung
...	...

b Ergänze: Welche Interessen und Aufgaben spielen in deinem Leben eine Rolle?

2 Erkläre folgende Aussage: „Bürgerschaftliches Engagement hält die Gesellschaft zusammen." (M4)

3 Sammelt Beispiele für ehrenamtliche Tätigkeiten von Jugendlichen in eurer Gemeinde/Stadt (mögliche Bereiche: Kultur, Politik, soziales Leben, Sport, Ökologie).

4 Informiert euch im Internet (Webcode) über Projekte und Initiativen, die von Thüringer Jugendlichen ehrenamtlich gestaltet wurden bzw. werden. Verständigt euch dann über Formen der Würdigung freiwilliger Tätigkeit (M5).

KOMPETENZ-Trainer

Politik entdecken

M1 Politik?

M3 Besuch im Bürgermeisteramt

M2 Buchstabensalat

G	E	S	E	T	Z	E	M	P
E	F	D	K	D	A	P	E	L
M	W	X	I	G	U	F	H	R
E	S	L	N	E	O	L	R	L
I	K	A	T	E	T	I	H	A
N	K	S	E	N	E	C	E	N
D	F	H	R	S	T	H	I	E
E	A	S	E	U	P	T	T	S
R	A	C	S	E	O	A	N	T
A	U	S	S	C	H	U	S	S
T	F	S	E	G	K	F	Z	D
S	G	T	N	N	W	G	U	J
Z	R	D	O	G	S	A	S	P
W	O	G	P	W	N	B	I	Q
P	A	R	L	A	M	E	N	T
N	C	P	C	N	W	N	R	U

1. Gesetze
In Gesetzen halten die Menschen Vereinbarungen fest, die sie sich für das Zusammenleben gegeben haben. Diese Regeln sind dann für alle verbindlich.
2. ...

In der Klasse 7b wird über die Ausstattung der Schule mit Computern diskutiert. Für Multimedia-Räume, Internetzugänge und die Rechner ist viel Geld erforderlich. Woher kommen z. B. die Gelder für schulische Anschaffungen? Wer bestimmt darüber? Wer verteilt sie? Im Laufe der Diskussion fällt das Stichwort Gemeinderat.

Ein Schüler schlägt vor, dass in der Klasse ein Brief an das Bürgermeisteramt geschrieben werden soll. Die Klasse will wissen, wie die Kommune Geldeinnahmen und -ausgaben überwacht.

„Wir laden einfach die Oberbürgermeisterin ein", lautet eine andere Idee einer Schülerin.

„Noch besser", meinen zwei Jungen, „wir machen einen Besuch bei der Oberbürgermeisterin."

Ein solches Vorhaben muss gut geplant, abgesprochen und vorbereitet sein.

M4 Erlebniskarte

M5

Sachwissen und Analysekompetenz

1 Finde die sieben Begriffe im Buchstabensalat (M2) und erläutere sie. Tipp: Die Begriffe sind senkrecht und waagerecht versteckt.

2 Erkläre, was die Abbildungen in M1 mit Politik zu tun haben.

3 Berichte über Aufgaben und Arbeitsweise eines Kinder- und Jugendparlaments.

4 Gib M5 eine treffende Bildunterschrift. Erläutere, wozu die Abbildung aufruft.

Methodenkompetenz

5 Bereitet einen Besuch im Bürgermeisteramt vor. (M3)
Ein Interview durchführen

Urteils- und Handlungskompetenz

6 a Schaut euch M4 an und zeichnet eure eigene Erlebniskarte. Verwendet die gleichen Farben wie in M4 (vgl. Kartenlegende).
b Stellt eure gezeichneten Karten in der Klasse aus und erklärt sie euch gegenseitig.
c Überlegt, welche Probleme als Erstes abgestellt werden müssten. Diskutiert, was ihr tun könnt und wie es zu machen wäre. Wer könnte euch einen Rat geben, wer könnte helfen?

2 Zusammenleben in der Schule

Am Ende dieses Kapitels kannst du

- Möglichkeiten nennen, wie du deine Interessen als Schülerin oder Schüler in der Klasse und in der Schule vertrittst.
- beschreiben, wie die Schülervertretung an einer Schule Thüringens organisiert ist.
- an einem Beispiel erklären, wie Konflikte in der Schule entstehen. Außerdem bist du in der Lage, solche Konflikte zu entschärfen.

Nach der Grundschulzeit seid ihr in eine neue Schule mit neuen Lehrerinnen und Lehrern sowie neuen Schülerinnen und Schülern gekommen. Dort lernt ihr nicht nur gemeinsam, sondern lebt auch mit vielen anderen Kindern zusammen.
In dieser Gruppe musstet ihr euch erst zurechtfinden. Neue Erwartungen sind an euch gestellt worden und ihr hattet Erwartungen gegenüber den neuen Mitschülerinnen und Mitschülern.

1 Sprecht über die Erfahrungen, die ihr selbst nach der Grundschule in der neuen Schule gemacht habt.

2 Formuliert fünf Tipps für Grundschüler, die an eure Schule wechseln.

3 Führt ein **Brainstorming** zum Thema Traumschule durch.

Zusammenleben in der Klasse

M 1 Das Regelplakat einer Schulklasse

Die meiste Zeit in der Schule verbringt ihr gemeinsam im Klassenraum. Wenn sich Menschen an einem Ort häufig zusammen aufhalten, sollten sie sich dort wohlfühlen. Auf dieser Seite erhaltet ihr Anregungen, wie ihr dies unterstützen könnt. So könnt ihr zum einen gemeinsame Klassenregeln festlegen und zum anderen Klassenämter für unterschiedliche Verantwortungsbereiche einteilen.

M 2 Regeln für unsere Klasse

A) Überlegt zunächst in Einzelarbeit acht Regeln, die euch wichtig sind.

B) Vergleicht eure Ergebnisse mit einem Partner und einigt euch auf sechs Übereinstimmungen.

C) Tauscht euer Egebnis mit einer anderen Zweiergruppe aus und haltet die für euch fünf wichtigsten Regeln fest.

D) Stellt eure Gruppenergebnisse der Klasse vor.

E) Erarbeitet im Klassengespräch eure Klassenordnung. Stellt dabei lieber wenige Regeln auf und haltet sie dafür ein.

Webcode:
PE643561-028

Anregungen für Klassenregeln findet ihr auch im Internet.

M 3 Mit Wortkarten Wichtiges hervorheben

Gute Bedingungen schaffen

Es ist sinnvoll, in eurem Klassenraum angenehme Bedingungen zu schaffen, die ein erfolgreiches Lernen unterstützen. Neben der Sitzordnung betrifft dies auch die Pflege des Klassenraums. Sammelt zunächst gemeinsam einige solcher Bedingungen.

Die Klassenämter

Sind die gewünschten Bedingungen benannt, müssen sich einzelne Schüler bereit erklären, Verantwortung dafür zu tragen. Sie übernehmen ein Klassenamt. Klassenämter sind mal mehr und mal weniger zeitaufwändig. Wie regelt man nun am besten die Besetzung von Klassenämtern?

M5 Kein schöner Anblick

1. Die Anzahl der notwendigen Klassenämter wird benannt und ihr Umfang beschrieben. Die Tätigkeiten, die mit der Aufgabe verbunden sind, genau festzulegen, kann Sinn machen. Erst wenn die Tätigkeiten beschrieben sind, kann festgestellt werden, ob jemand seine Aufgaben gut oder schlecht erfüllt hat.
2. Das Verfahren zur Besetzung der Aufgaben wird festgelegt. Auch hier gibt es mehrere Möglichkeiten: Nur auf der Grundlage der Freiwilligkeit werden Aufgaben vergeben. Oder die Aufgaben werden in einer bestimmten zeitlichen Abfolge von Schülerinnen und Schülern übernommen. Zum Beispiel nehmen alle Schülerinnen und Schüler einer Klasse eine Aufgabe im Wechsel von 14 Tagen wahr. Mit anderen Worten: Im Verlauf eines Schuljahres wird jeder einmal mit einer bestimmten Aufgabe betraut werden. Oder aber die Verteilung der Aufgaben wird durch die Klassenlehrerin oder den Klassenlehrer bestimmt.
3. Wichtig ist, dass alle den gefundenen Regeln zustimmen. Nur so kann sichergestellt werden, dass das verabredete Verfahren dann auch von allen mitgetragen wird.
4. Nicht vergessen sollte man den Fall, dass sich doch nicht alle an die Vereinbarung halten. Wie wird dann verfahren? Auch hier sollten vorab Absprachen getroffen werden.

M4 Verfahren zur Vergabe von Klassenämtern

Damit sich die Schülerinnen und Schüler in ihrer Klasse wohlfühlen, gibt es Verantwortliche für verschiedene Aufgaben: die Klassenämter.

1 Erklärt den Unterschied zwischen grundsätzlichen Regeln (Rechten) und Wünschen im Umgang miteinander.

2 Erarbeitet mithilfe von M2 eine Klassenordnung.

3 Gestaltet ein Lernplakat mit euren Klassenregeln.

4 a Gebt den Inhalt von M4 mit eigenen Worten wieder.
b Beurteilt die Aussage in Absatz 3.

In der Schule mitbestimmen

? gute Noten !
hilfsbereit laute Stimme mutig
wortgewandt groß und stark
vermittelnd zuverlässig
gut aussehend zurückhaltend
begeisterungsfähig lustig ehrlich
empfindlich durchsetzungsfähig
cool freundlich rechthaberisch

M 1 Welche Voraussetzungen soll ein Klassensprecher haben?

Die Klasse 7 a im Wahlkampffieber

Gleich elf Schülerinnen und Schüler haben sich als Kandidaten für das Amt des Klassensprechers aufstellen lassen: Nicole, Tobias, Olga, Martin, Ömer, Franz, Andi, Maria, Songül, Jessica und Maike. Einige Schüler wissen noch nicht, wen sie wählen sollen, und diskutieren:

Sabrina: „Ich wähle Songül. Die ist immer aufmerksam und fleißig. Sie hat mir schon vieles erklärt."

Ayshe: „Und sie hat letztes Jahr der Lehrerin mutig gesagt, dass diese den Dieter ungerecht behandelt hat."

Kevin: „Mag ja sein! Aber der Tobias ist viel stärker und kann sich besser durchsetzen!"

Claudia: „Der Franz hat gesagt, er wird es uns schon zeigen, wenn wir ihn nicht wählen."

Thomas: „Am besten wähle ich niemanden. Dann kann mir auch keiner etwas vorwerfen."

Chris: „Ich finde, es sollten nur die wählen, die letztes Jahr schon in unserer Klasse waren."

M 2 **Thüringer Schulordnung**
Zweiter Abschnitt / Schülermitwirkung
Zweiter Unterabschnitt / Schülermitwirkung in der Regelschule, im Gymnasium, in der Gemeinschaftsschule und in der Gesamtschule

§ 10 Klassen- oder Kurssprecher

(1) In der Regel während der ersten drei Unterrichtswochen nach Schuljahresbeginn wählen die Schüler jeder Klasse und jedes Stammkurses für das laufende Schuljahr aus ihrer Mitte in geheimer Wahl einen Klassen- oder Kurssprecher und dessen Stellvertreter. Wird ein Wahlleiter nicht gewählt, so nimmt der Klassenlehrer oder der Stammkursleiter die Aufgabe des Wahlleiters wahr. Dem Klassen- oder Kurssprecher obliegen die Aufgaben der Schülermitwirkung für seine Klasse oder seinen Stammkurs.

(2) Jeder Wahlberechtigte hat eine Stimme, die nicht übertragbar ist. Gewählt ist, wer im ersten Wahlgang mehr als die Hälfte der abgegebenen gültigen Stimmen erhält. Wird diese Mehrheit nicht erreicht, so findet eine Stichwahl unter den beiden Bewerbern mit den höchsten Stimmenzahlen statt. In diesem Fall entscheidet die einfache Mehrheit. Bei Stimmengleichheit entscheidet das Los.

(3) Scheidet ein Klassen- oder Kurssprecher oder dessen Stellvertreter aus seinem Amt aus, so findet für den Rest der Amtszeit eine Neuwahl statt. …

Thüringer Schulordnung vom 20. Januar 1994, zuletzt geändert durch Verordnung vom 7. Juli 2011

Der erste Wahlgang

Nachdem noch eine Weile in der Klasse beraten wurde, geben alle 28 Schülerinnen und Schüler ihre Stimmen ab. Thomas und Ayshe haben sich zum Auszählen der Stimmzettel gemeldet. Das Ergebnis wird an der Tafel festgehalten:

Nicole	2	Andi	2
Tobias	7	Maria	1
Olga	2	Songül	7
Martin	2	Jessica	1
Ömer	2	Maike	1
Franz	1		

Songül und Tobias haben in diesem Wahlgang gewonnen. Sie haben die meisten Stimmen im Vergleich zu den anderen. Eine solche Mehrheit wird **„relative Mehrheit“** genannt.

Stichwahl

„Jetzt gibts ein Stechen“, ruft Kevin aufgeregt in die Klasse. Und nach einer kurzen Bedenkzeit geben die Schülerinnen und Schüler erneut ihre Stimmzettel ab. Sie mussten sich nun entscheiden zwischen Tobias und Songül.
Thomas und Ayshe geben das Ergebnis des zweiten Wahlgangs bekannt:

Tobias	15	Songül	13

Damit ist Tobias mit mehr als der Hälfte der Stimmen zum neuen Klassensprecher der 7a gewählt. Er hat die **„absolute Mehrheit“** (mehr als die Hälfte der Stimmen) erreicht. Songül ist seine Stellvertreterin.

Webcode:
PE643561-031

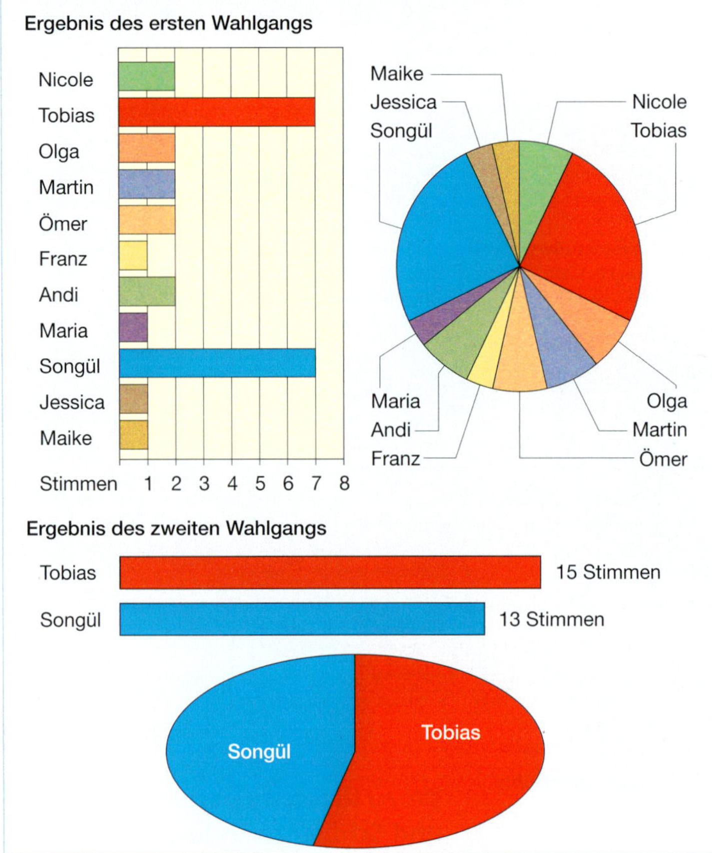

M3 Grafische Darstellungen von Abstimmungsergebnissen

1 a Bestimmt mithilfe einer Gruppenhitliste fünf Eigenschaften, die ein Klassensprecher haben sollte (M1).
  b Tragt eure Gruppenentscheidung der Klasse vor und begründet diese.
  c Stimmt abschließend über die wichtigsten drei Merkmale ab.

2 Die Klasse 7a ist im Wahlkampffieber: Gib an, welcher Meinung aus dem Text du dich anschließen würdest.

3 Überlege, was passieren würde, wenn jeder so denkt wie Thomas.

4 Legt ausgehend von Paragraf 10 Absatz 1 und 2 der Thüringer Schulordnung (M2) fest, wie euer Klassen- oder Kurssprecher und sein Stellvertreter gewählt werden sollen. Klärt dabei folgende Fragen:
„Hat jeder nur eine Stimme oder zwei?“
„Wird offen oder geheim gewählt?“
„Müssen ein Mädchen und eine Junge gewählt werden?“

5 Erkläre die Begriffe „relative Mehrheit“ und „absolute Mehrheit“. Ordne die Schaubilder in M3 den Begriffen zu und begründe.

6 Nenne Wahlen, die außerhalb der Schule stattfinden.

Schülervertretung

Land	**Landesschülersprecher** und ihre Stellvertreter (Landesschülervertretung)	werden für jede Schulart (ausgenommen die Grundschule) aus der Mitte der Kreisschülersprecher und ihrer Stellvertreter in getrennten und geheimen Wahlgängen gewählt	erfolgt auf Einladung des Bildungsministeriums
Kreis	**Kreisschülersprecher** und ihre Stellvertreter (Kreisschülervertretung)	werden aus der Mitte der Schülersprecher der verschiedenen Schularten und ihrer Stellvertreter geheim und für die Schularten getrennt gewählt	erfolgt auf Einladung der fünf (neuen) Schulämter
Schule	**Schulkonferenz**	bestehen aus je drei Vertretern der Lehrer, der Eltern und der Schüler; diese werden in der Lehrerkonferenz, die Schulelternvertretung und die Schülervertretung gewählt	erfolgt auf Einladung des Schulleiters, der auch moderiert
	Klassensprecherversammlung	besteht aus den Klassen- oder Kurssprechern und ihren Stellvertretern sowie den Schülersprechern und ihren Stellvertretern	wird bei Bedarf vom Schülersprecher einberufen und geleitet
	Schülersprecher und 2 Stellvertreter	werden von allen Schülern der Schule in geheimer Wahl direkt gewählt	
Klasse	**Klassen- oder Kurssprecher** und 2 Stellvertreter	werden von allen Schülern der Klasse in geheimer Wahl gewählt	

M 1 Schülermitwirkung in Thüringen

Webcode: PE643561-032

Wozu Klassensprecher und Schülervertretung?

„In den Ferien hat mir mein Cousin einmal sein Schulgelände gezeigt. Da gab es in einer Ecke des Schulhofs einen richtigen Pizzaofen. Er erzählte, dass die Schüler hier manchmal selber Pizza backen. Eine Malwand, Tischtennisplatten und ein Streetball-Korb sind da", berichtet Michael seinen Freunden Achmed und Max.
„So etwas müsste es bei uns auch geben, dann wäre es in den Pausen nicht so langweilig", entgegnet Achmed und wendet sich an Max: „Kannst du da nichts versuchen? Du bist doch unser Klassensprecher!" „Na gut", sagt Max, „ich werde das Thema bei der nächsten Sitzung im Schülerrat vorschlagen. Die SV kann mehr erreichen als ein Einzelner." „Die SMV? – hab ich nie nicht gehört. Was ist denn das?", will Franz wissen. Songül weiß Genaueres: „Das heißt SV. SV steht für Schülervertretung. Alle Klassensprecher und ihre Stellvertreter wirken daran mit.
Die SV kann das Schulleben mitgestalten. Sie kann

- Schülersprecher und Verbindungslehrer wählen,
- mit Lehrern und Eltern in der Gesamtkonferenz Schulthemen besprechen,
- Schulveranstaltungen anregen,
- zur Ordnung an der Schule beitragen,
- Interessen der Schüler vertreten, z. B. eine Umgestaltung des Pausenhofes."

M 2 Aus dem Schulgesetz und der Schulordnung Thüringens

§ 28 Mitwirkung der Schüler

(1) Die Schüler wirken durch gewählte Schülervertretungen entsprechend ihrem Alter und ihrer Verant-wortungsfähigkeit am schulischen Leben mit. Schülervertretungen werden für die Klasse oder den Stammkurs (Klassen- oder Kurssprecher), die Schule (Schülersprecher), für jede Schulart auf der Ebene des zuständigen Schulamtes (Kreisschülersprecher) und des Landes (Landesschülersprecher) gewählt. Auf der Ebene der Schule besteht als zusätzliches Mitwirkungsgremium die Klassensprecherversammlung. (…)

Thüringer Schulgesetz vom 6. August in der Fassung der Bekanntmachung vom 30.04.2003, zuletzt geändert durch Artikel 1 des Gesetzes vom 20.12.2010

§ 9 Schülermitwirkung

(1) Zu den Rechten der Schülermitwirkung gehört es,

1. in allen sie betreffenden Angelegenheiten durch die Schule informiert zu werden (Informationsrecht),
2. Wünsche und Anregungen der Schüler an die Lehrer, den Schulleiter und die Schulelternvertretung zu übermitteln (Anhörungs- und Vorschlagsrecht),
3. auf Antrag eines betroffenen Schülers

ihre Hilfe und Vermittlung einzusetzen (Vermittlungsrecht),

4. Beschwerden allgemeiner Art bei Lehrern, beim Schulleiter und in der Schulkonferenz vorzubringen (Beschwerderecht),
5. bei der Aufstellung und Durchführung der Hausordnung und der Organisation und Betreuung von besonderen Veranstaltungen sowie
6. zur Gestaltung von Kursen und Schulveranstaltungen und im Rahmen der Lehrpläne Anregungen zu geben und Vorschläge zu unterbreiten.

Thüringer Schulordnung vom 20.01.1994, zuletzt geändert durch Verordnung vom 07.07.2011

M3 20 Jahre Landesschülervertretung 20 Jahre LSV

(…) 20 Jahre aktive Arbeit der Landesschüler-vertretung heißt: rund 150 Vorstands-mitglieder sämtlicher Schularten haben in unserem Freistaat aktiv an der Umsetzung der Demokratie mitgewirkt. In über 50 Schülersprecher-Seminaren konnten rund 1000 engagierte Schülerinnen und Schüler für Demokratie begeistert werden.

Grundlagen der Mitwirkung waren der Auf- und Ausbau von effektiven Schülervertretungen. (…)

Im Dialog mit den für Bildung Verantwort-lichen konnten neben der Erprobung der Direktwahl des Schülersprechers auch Anhörungen zu Gesetzesvorlagen angeregt werden. In der jüngeren Vergangenheit wurde die Landesschülervertretung als Partner u. a. zum Lehrerbildungsgesetz, der Reform der gymnasialen Oberstufe und der Sekundarstufe I sowie als Partner der Regelschule aktiv in die Diskussionen der Bildungspolitik mit eingebunden. (…)

Seit ihrer Gründung 1998 findet mittlerweile auf der dritten Homepage der Landesschülervertretung ein reger Austausch statt. Neben öffentlichen Foren, Galerien und frei zugängigen Newslettern findet darüber hinaus ein besonders intensiver Austausch mit engagierten Schülerinnen und Schülern durch Mail und SMS statt. (…) Auf zahlreichen Workshops oder öffentlichkeitswirksamen Podien, die von der Landesschülervertretung begleitet und gestaltet wurden, konnten neben einem anspruchsvollen Kulturprogramm auch viele Anregungen zur besseren Ausgestaltung des demokratischen Schullebens weitergegeben werden. (…)

Erstellt am 24.02.2012 von Paul Muschio; http://www.lsv-thueringen.de/?p=74; Abruf am 02.04.2012

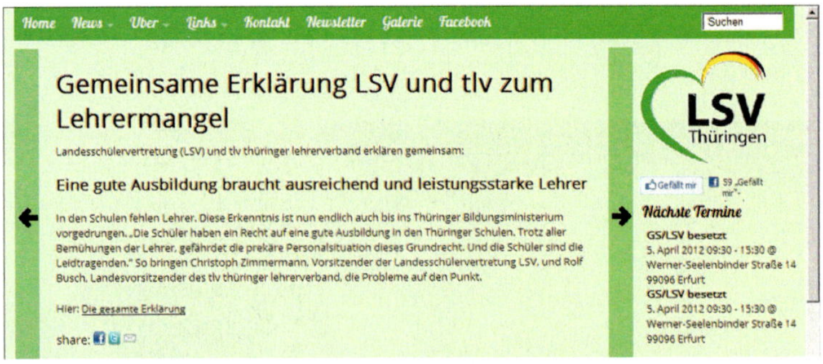

M4 **Die Vorsitzenden der LSV und des „thüringer lehrerverbands" unterzeichneten am 5. März 2012 eine gemeinsame Erklärung, in der sie die politisch Verantwortlichen auffordern, das Sparen bei der Bildung in Thüringen sofort zu beenden.**

1 Ladet eure Schülersprecher zum Gespräch ein. Sie sollen euch über ihre Aufgaben, Rechte, Pflichten und Vorhaben informieren. Bereitet euch darauf vor, indem ihr Fragen sammelt und notiert.
Interview

2 Beschreibt mithilfe von M1 und M2 die Zusammensetzung der Klassensprecherversammlung und recherchiert im Internet (Webcode), bei welchen Fragen sie einberufen wird.

3 Überlegt, wie vorgegangen werden muss, wenn Schüler einer Klasse sich wünschen, dass in der Schule am Nachmittag warme Getränke angeboten werden sollen.

4 Erklärt ausgehend von M1 und M3 die Bedeutung der Landesschülervertretung.

5 Unterscheidet anhand von M1 und M3, wessen Interessen die Schülersprecher und die Landesschülersprecher vertreten.

Schule früher

M 1 Knabenklasse mit Lehrer um 1900

M 2 Mädchengymnastik in der Volksschule um 1900

M 3 Bestrafung im Unterricht (1950er-Jahre)

1. Die Kinder haben pünktlich zur bestimmten Zeit, an Körper und Kleidung reinlich und anständig, mit den erforderlichen Schulsachen versehen, in dem Schulzimmer zu erscheinen, sich sofort an ihre Plätze zu setzen und alles zum Unterricht Nötige in Bereitschaft zu legen.

…

3. Während des Unterrichts sollen die Schüler still, ruhig, in gerader und anständiger Haltung auf ihren Plätzen sitzen, mit den Händen nicht spielen und mit den Füßen sich ruhig auf dem Boden verhalten. Alles, was den Unterricht hemmt oder stört, wie Essen, Spielen, Scharren oder Stampfen mit den Füßen, Schwätzen, Lachen, eigenmächtiges Verlassen des Platzes, ist untersagt. Hat das Kind während des Unterrichts dem Lehrer etwas zu sagen, so gibt es, bevor es spricht, ein Zeichen mit dem Finger.
4. Beim Eintritt des Lehrers in das Schulzimmer haben die Kinder denselben durch Aufstehen zu begrüßen. Ebenso werden die Geistlichen und die Schulvorgesetzten bei ihrem Eintritt begrüßt.
5. Die Schüler sollen ihre volle Aufmerksamkeit dem Lehrer oder bei unmittelbarem Unterricht ihren schriftlichen Arbeiten zuwenden. Beim Aufsagen, Lesen und Singen sollen sie aufrecht stehen.

…

14. Untereinander sollen die Kinder verträglich, friedfertig und freundlich sein. Das Beschmutzen oder Beschädigen der Schulsachen eines Mitschülers, das Schimpfen, Schreien, Schlagen der Schüler untereinander ist strenge untersagt …

M 4
Aus einer Schulordnung von 1910

Schulpflicht und all ge mein bildende Schulen

Jedes Kind im Alter von sechs Jahren hat die Pflicht (und das Recht), in die Schule zu gehen. Genauer gesagt, die Eltern müssen dafür sorgen, dass ihr Kind in die Schule geht. Das war nicht immer so, denn diese allgemeine Schulpflicht und allgemeinbildende Schulen haben sich in Europa erst im 19. Jahrhundert allmählich durchgesetzt. Vorher hatten nur die Kinder reicher Eltern die Möglichkeit, entweder von Privatlehrern oder in Kloster- und Fürstenschulen das Rechnen und Schreiben zu lernen. Mit der Schulpflicht war sicher ge stellt, dass alle Kinder, ob arm oder reich, Mädchen oder Jungen, zumindest eine Grundausbildung bekommen.

1 a Beschreibe die Fotos M 1 und M 2 und vergleiche sie mit deiner Klasse. Welche Gemeinsamkeiten, welche Unterschiede stellst du fest?
b Überlege, ob eine Situation wie auf dem Foto M 3 auch in deiner Klasse vorkommen könnte.

2 Werte die Schulordnung aus dem Jahr 1910 aus (M 4).
a Welche Bestimmungen sind heute nicht mehr passend?
b Welche Bestimmungen gelten deiner Meinung nach heute immer noch?

3 Befragt eure Eltern und Großeltern zum Thema „Schule früher“. Berichtet in der Klasse.

4 Wertet eure Schulordnung aus.
a Welche Bereiche werden darin geregelt?
b Was sollte deiner Meinung nach geändert oder ergänzt werden? Begründe.

Schuluniform – ja oder nein?

M 1 Schülerinnen und Schüler einer fünften Klasse in einheitlicher Schulkleidung

M 2 Englische Kinder in Schuluniform

M 3 Schuluniformen statt Markendruck

Coole Klamotten will fast jeder haben – aber was ist, wenn sie einfach zu teuer sind? Viele Schülerinnen und Schüler leiden darunter, dass sie nicht „in" sind. Um diesen Markendruck an Schulen zu verhindern, hatten einige deutsche Schulen die Idee, Schuluniformen einzuführen.

In vielen Ländern kennen die Schüler das gar nicht anders. Ob in England, Japan oder Australien – für die meisten Schüler dort ist die Schuluniform an der Tagesordnung. In den letzten Jahren haben auch einige Schulen in Deutschland erste Versuche gestartet.

Einzelne Klassen beschlossen, eine Zeit lang Schuluniformen zu tragen. Wichtig war ihnen nur, dass die Schuluniformen nicht zu spießig sind: also nicht Krawatten für Jungs und Röcke für Mädchen, sondern einheitliche Hosen, T-Shirts oder Sweatshirts.

Autorin: Anne Roepke (www.kindernetz.de) 4.4.2008

Julia begann die Diskussion am 06.11.05 (19:18) mit folgendem Beitrag:
Hallo, ich habe dieses neue Thema angefangen, da es sehr gerne und lange diskutiert wird bei uns Schülern. Es gibt so viele Meinungen dafür und dagegen, was mich jetzt interessiert, ist, was ihr darüber denkt. Also wäre es wirklich toll, wenn ihr eure Meinungen dazu äußert ...
Liebe Grüße Julia

Vengeance antwortete am 07.11.05 (11:23):
Tja, ich als Halb-Engländerin habe da natürlich eine spezielle Meinung zu! ;-)
Es wird oft behauptet, dass Schuluniformen besser seien, weil dann nicht diese Markenklamotten-Mentalität entstehen würde. Im Moment ist es an deutschen Schulen ja so, dass man gleich der Buhmann ist, wenn man keine tollen Markenklamotten trägt. Es ist leider so, dass manche Eltern es sich nicht leisten können, teure Markenklamotten zu kaufen. So werden Kinder aus sozial schwachen Verhältnissen benachteiligt.
Dieses Argument hat aber einen großen Haken: Schauen wir uns die Schulen in England an. Trotz der Uniformen werden „ärmere“ Kinder von den anderen fertiggemacht. (...) Auch Schuluniformen müssen gekauft werden. Es gibt hierfür spezielle Geschäfte und auch die bieten teuere und billigere Ausfertigungen an. (...)
Kisses Veri

von socks-in-sandals 10.05.06, 16:48 Uhr
Ich bin gegen Schuluniformen. Es kann ja richtig sein, wenn man sagt, dass Schuluniformen den Marken-Streit und das Mobbing einschränken,aber seien wir mal ehrlich: Diese Mobbing-Probleme kann man mit Schuluniformen nicht aus der Welt schaffen. Es findet sich immer ein Grund, eine Person herabzusetzen. Mit Schuluniformen würden sich die Fragen nur verlagern. Z. B.: „Wer hat die coolsten/teuersten Schuhe“ (...)

von Fake 10.05.06, 16:16 Uhr
Ich bin eher dagegen. Die eigenen Klamotten zeigen in etwa den Charakter und sind ein Persönlichkeitsmerkmal, das man uns nicht nehmen sollte. Jeder hat seinen eigenen Stil und es wäre wohl nie jeder mit der vorgeschriebenen Schuluniform zufrieden. (...) Man sollte die Schüler, die ja schließlich davon betroffen sind, abstimmen lassen, aber höchstwahrscheinlich regeln die Politiker das sowieso alleine.

von Conny 19.05.06, 16:55 Uhr
Ich fänds cool. Alle wären gleich! Niemand würde mehr bevorzugt behandelt werden, nur weil seine Eltern dick die Kohle haben. Man bräuchte auch keine Angst mehr davor zu haben, dass einen die anderen blöd anmachen, nur weil man keine Markenpullis trägt. Dann zählen wirklich nur noch die inneren Werte!
KG Conny

von Grabbe 20.05.06, 12.22
Hey, wär doch geil. Hätte man bestimmt viel mehr Zusammenhalt in der Schule. Die Klamotten müssten natürlich auch bisschen nach was aussehen! ;-) Vielleicht könnte jede Klasse ne andere Farbe kriegen.

M4 Aus dem Forum der Internetseite www.kindernetz.de, *Abruf: 4.4.2008*

Pro	Kontra
- Gemeinschaftsgefühl	- Schuluniformen kosten zusätzlich Geld
- ...	- ...
- ...	- ...

M5 Pro-und-Kontra-Tabelle zum Thema Schuluniform

1 Vergleicht die Schulkleidung in M1 und M2. Welche Art der Schulkleidung haltet ihr für sinnvoller? Begründet.

2 In M3 und M4 findest du einige Meinungen zum Thema Schuluniform. Schreibe sie heraus und ordne sie in einer Pro-und-Kontra-Tabelle (M5). Findet weitere Meinungen.

3 „Fake“ (M4) befürchtet, dass die Politiker über die Schuluniformen entscheiden werden. Wer sollte eurer Meinung nach alles an der Entscheidung beteiligt werden? Begründet.

4 Diskutiert das Thema in der Klasse. Nehmt eure Tabelle als Hilfe.

Gewalt in der Schule: Wenn Konflikte eskalieren

M 1 Rangelei in der Schule

„Pass bloß auf, sonst …“ Drohungen wie diese habt ihr in eurer Schulzeit sicher schon erlebt. Meistens kommt es dabei nicht gleich zur gewaltsamen Auseinandersetzung. Der Konflikt kann oft friedlich beigelegt werden. Bestimmt habt ihr aber schon Raufereien auf dem Schulhof beobachten können oder wart selbst daran beteiligt. Im Jahr 2009 führten solche Raufereien in Deutschland immerhin zu 42 593 Fällen, in denen eine Schülerin oder ein Schüler ärztlich versorgt werden musste. Kleinere Auseinandersetzungen sind hier nicht mitgezählt. Wie kann es zu solchen Situationen kommen?

Die Eskalation von Konflikten

Gewalt ist häufig die Folge eines ungelösten Konflikts, der immer weiter eskaliert, also an Schärfe zunimmt. Sobald ein Konflikt eskaliert, entwickelt er eine innere Dynamik, die ihn stetig weiter treibt. Er wird sich so lange verschärfen, bis die Spirale unterbrochen wird.

M 2 Beispiel: Ein Konflikt eskaliert

Sandras Beziehung zu Kalli ist schon länger gestört, sie traut sich aber nicht, Schluss zu machen. Als sie Lucas kennen und lieben lernt, nutzt sie die Gelegenheit und teilt Kalli ihre Entscheidung mit.

1 Kalli glaubt, dass Lucas, der in seiner Parallelklasse ist, ihm Sandra ausgespannt hat. Lucas hält Kalli aufgrund von Sandras Erzählungen für einen Angeber und Schwachkopf.

2 Lucas erfährt von Philipp, dass Kalli ihn vor anderen beleidigt hat. In der Pause passt er Kalli ab und nennt ihn einen Spinner. Bald beschimpfen beide sich gegenseitig so heftig, dass ein Lehrer die beiden trennen muss.

3 Kalli lässt Lucas über Freunde übermitteln, er solle sich ja nicht alleine auf der Straße blicken lassen. Lucas holt sich bei Dirk aus der 9. Klasse die Zusage, Kalli platt zu machen, falls der ihm auflauern sollte. Kalli, der von Lucas' Allianz gehört hat, gewinnt die Unterstützung von Yanis, der Karatesportler ist.

4 Jeder der beiden beginnt, in seiner Clique den anderen mies zu machen. Kalli erzählt seinen Freunden, Lucas habe bei Sandra schon seit einiger Zeit „rumgebaggert". Dabei hätte ihm dessen Exfreundin erzählt, Lucas könne überhaupt nicht küssen. Als Kalli auf dem Schulhof beim Rauchen erwischt wird, heißt es in Lucas' Clique, Kalli sei ein Dealer und stehe kurz vor einer Einweisung in ein Heim. Auf dem Schulhof scharen beide ihre Freunde um sich. Immer wieder werden über Dritte Beleidigungen zwischen den Parteien gestreut.

5 In der Pause tritt Lucas einen Tennisball weg – und trifft Kalli am Kopf. Kalli stürzt sich auf Lucas und beginnt wild auf ihn einzuschlagen. Lucas wehrt sich und bald liegen beide blutend und ineinander verbissen auf dem Boden, bis sie von zwei Lehrern gewaltsam getrennt werden.

M3 **Von der Internetseite** www.aktion-tu-was.de *(Stand: 16.9.2012)*. **Eine Initiative der Polizei zur Gewaltprävention**

1 Berichtet über gewaltsame Konflikte, die ihr beobachtet habt.

2 Beschreibt die Abbildung M1. Beurteilt das Verhalten der Schülerinnen und Schüler.

3 M2 beschreibt einen eskalierenden Konflikt. Ordne den einzelnen Konfliktstufen (1–5) die passende Abbildung von Seite 31 zu.

4 Erarbeitet in Gruppen Lösungsmöglichkeiten für die verschiedenen Stufen der Eskalation.

5 Erklärt, in welchem Zusammenhang M3 mit gewaltsamen Konflikten steht.

METHODE

Konflikte erkennen und lösen

Nicht alle Schüler haben die gleichen Wünsche und Bedürfnisse. – So können schnell Streitigkeiten und Probleme entstehen. Auch wenn zwei verschiedene Meinungen aufeinandertreffen, kann es zu Konflikten kommen. Meist geht es darum, dass eine Seite ihren Willen durchsetzen will oder Recht behalten möchte. Konflikte können aber auch aufgrund von Vorurteilen entstehen.
An vielen Schulen gibt es Hilfen beim Umgang mit Konflikten.

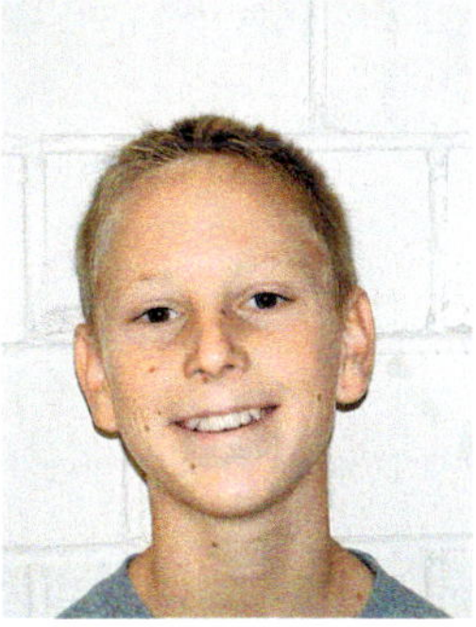

M1 Das meint Anton (14):
„Wer ein großes Problem mit einer anderen Person aus der Schule hat, kann sich an unsere Streitschlichter wenden. Das sind besonders geschulte ältere Mitschüler, die zu bestimmten Zeiten im Streitschlichterzimmer anzutreffen sind. Im gemeinsamen Gespräch mit den Beteiligten versuchen sie bei der Problemlösung zu helfen."

M2 Das sagt Anna (13):
„Wenn es bei uns in der Klasse kracht, halten wir eine Klassenkonferenz ab. Unter der Leitung der Lehrerin wird das Problem ausführlich besprochen. Dabei müssen festgelegte Gesprächsregeln eingehalten werden. Danach wird nach einer Lösung gesucht, die für alle Beteiligten akzeptabel ist."

Webcode:
PE643561-040

M3 Tipps zur Entschärfung von Konflikten

Dem anderen ganz genau zuhören …

Den anderen …

Man darf auch sagen, …

… und Beleidigungen vermeiden.

Den eigenen Standpunkt nachdrücklich vertreten, …

… in Ruhe ausreden lassen.

Nicht sofort beleidigt sein …

… und Unwahres behaupten.

… um Missverständnisse zu vermeiden.

Wirklich an einer Lösung interessiert sein und …

… aber nicht so, dass der andere sich zwangsläufig bedrängt fühlt.

Dem Gegenüber nichts unterstellen …

… dass man enttäuscht ist.

… einen fairen Kompromiss anstreben.

Anne-Frank-Schule

Florian

hat mit Erfolg an der

Streithelfer-Ausbildung

in der Anne-Frank-Schule teilgenommen.

In 40 Ausbildungsstunden hast Du gelernt, was ein Konflikt ist, wie Du Dich selber im Konflikt verhältst und wie Du Dich in einem Konflikt behaupten kannst.

Du hast die vier verschiedenen Phasen eines Streitschlichtungs-Gespräches kennen gelernt.

Dabei ging es darum, aktiv zuzuhören, das Gehörte zusammen zu fassen, die Gefühle der Streitenden wahr zu nehmen und Lösungsvorschläge zu finden, so dass die Streitenden sich fair einigen können.

M4 Streitschlichter-Zeugnis

M5 Logos von Streitschlichter-AGs

M6 Krissi in Not

Als Krissi zehn Minuten später die Treppe runterkommt, steht dort Henny. Scheiße, denkt er. Er will schnell zurück. Aber Herr Winkler hat den Werkraum schon abgeschlossen.

„Das ist ja eine Überraschung!", ruft Henny und baut sich grinsend vor ihm auf.
Er kriegt Angst. Was soll ich tun?, fragt sich Krissi. Er kann keinen anderen Weg gehen, also versucht er freundlich an ihr vorbeizukommen. Er hält sein Flugzeug hinter den Rücken.
Jetzt tauchen auch Bossy und Peter aus dem Hintergrund auf. Sie grinsen genauso gemein wie Henny.
„Jetzt zeig doch mal, was du da Schönes hast." Henny reißt ihm das Flugzeug aus der Hand und zerbricht es vor seinen Augen in der Luft. „Pech gehabt, Kleiner", sagt sie.
„Sorry", sagt Bossy, packt ihn an der Schulter und schiebt ihn hinten in den Hof, wo kein Lehrer hinkommt. „Wir wollen uns mal einen Augenblick unterhalten, ja, Kleiner?"

Elisabeth Zöller: Und wenn ich zurückhaue?, S. 51 f., Thienemann Taschenbuch bei Omnibus, Stuttgart-Wien, 2000

Mobbing und Bullying

Man spricht von Mobbing, wenn ein Einzelner oder eine Gruppe immer wieder jemanden belästigt oder bedroht. Kommt es zu regelmäßigen gewalttätigen Übergriffen bezeichnet man dies als Bullying.

M7 Was man tun kann, wenn man Betroffenen helfen will.

1. So tun, als ob man nichts mitbekommen hätte.
2. Dem Mobber aus dem Weg gehen.
3. Sich einmischen und den Mobber angreifen.
4. Tun, was der Mobber verlangt.
5. Die Lehrer informieren.
6. Eltern/Erwachsene um Rat bitten.
7. Freunde informieren und versuchen, eine Gegenwehr aufzustellen.
8. Versuchen, mit dem Mobber vernünftig zu sprechen.

Was ihr noch tun könnt:

„Nummer gegen Kummer"
(0 800) 1 11 03 33
(gebührenfrei)
Mo–Fr 15.00–19.00 Uhr
Kinderschutzbund

Buchtipps
Elisabeth Honey:
Die Wombats – Bitte nicht streicheln!, Weinheim 2000
Celia Rees: Klassenspiel, Hamburg, 2005
Andreas Steinhöfel:
Paul Vier und die Schröders, Hamburg 2006
Elisabeth Zöller: Ich knall ihr eine! Emma wehrt sich, München 2005

1 Informiert euch über das Hilfsangebot an eurer Schule (siehe auch M 1, M 2 und M 4).

2 Formuliere sinnvolle Tipps zur Entschärfung von Konflikten und schreibe sie in dein Heft (M 3).

3 Beschreibt, welche Konflikte es in eurer Klasse gibt.

4 Wählt einige Konflikte aus und erarbeitet in Gruppen Lösungsvorschläge.

5 Stellt eure Ergebnisse der Klasse vor und diskutiert sie.

6 Spielt die im Text M 6 dargestellte Szene nach (Rollenspiel). Berichtet, wie ihr euch in den Rollen gefühlt habt.

7 Versetzt euch in die Lage von Krissi und den „Schlägerkids". Überlegt, wie es zu dieser Situation gekommen sein kann.

8 Besprecht, wie diese Szene weitergehen könnte.

9 Diskutiert die verschiedenen Möglichkeiten, Hilfe zu leisten (M 7), und findet weitere.

10 Entscheide, welche Möglichkeiten für dich infrage kommen.

11 Denkt euch in Gruppen Lösungsmöglichkeiten für das Textbeispiel aus und stellt sie der Klasse vor.

KOMPETENZ-Trainer

Zusammenleben in der Schule

Schulpflicht	Schulordnung	getroffene Absprachen	gewalttätiger Übergriff
Klassengemeinschaft	Verbindungslehrer/-in	demokratisch gewählte/-r Interessenvertreter/-in	Lehrer/-in des Vertrauens
Regeln	Kompromiss	Auseinandersetzung, Streit	Lerngruppe
Klassensprecher/-in	Konflikt	Übereinkunft	vorgefasste Meinung
Vorurteil	Bullying	Recht auf Bildung	Gebote und Verbote für das Zusammenleben

M 1 Begriffspaare

Land	**Landesschülersprecher** und ihre Stellvertreter (Landesschülervertretung)	werden für jede Schulart (ausgenommen die Grundschule) aus der Mitte der Schülersprecher aller Schulen Thüringens in getrennten und geheimen Wahlgängen gewählt	erfolgt auf Einladung des Bildungsministeriums
Kreis	**Kreisschülersprecher** und ihre Stellvertreter (Kreisschülervertretung)	werden aus der Mitte der Schülersprecher der verschiedenen Schularten und ihrer Stellvertreter geheim und für die Schularten getrennt gewählt	erfolgt auf Einladung der fünf (neuen) Schulämter
Schule	**Schulkonferenz**	bestehen aus je drei Vertretern der Lehrer, der Eltern und der Schüler; diese werden in der Lehrerkonferenz, die Schulelternvertretung und die Schülervertretung gewählt	erfolgt auf Einladung des Schulleiters, der auch moderiert
	Klassensprecherversammlung	besteht aus den Klassen- oder Kurssprechern und ihren Stellvertretern sowie den Schülersprechern und ihren Stellvertretern	wird von den Klassen- oder Schülersprechern einmal im Schulhalbjahr einberufen
	Schülersprecher und 2 Stellvertreter	werden von allen Klassensprechern der Schule in offener Wahl direkt gewählt	
Klasse	**Klassen- oder Kurssprecher** und 2 Stellvertreter	werden von allen Schülern der Klasse in geheimer Wahl gewählt	

M 2 So stimmt einiges nicht

M3 Wohin mit dem Geld? Diskussion in der 7c

M4 Ist das demokratisch?

Das Schulfest des Goethe-Gymnasiums war ein großer Erfolg. Alle Besucher waren begeistert von den Angeboten, die die Schülerinnen und Schüler ihnen bereiteten. Auch die 7c hatte sich an dem Fest beteiligt. Sie hat die Cafeteria organisiert. In der nächsten SV-Stunde der 7c berichtet Anke, die Klassensprecherin, dass die Cafeteria einen Reingewinn von 700 Euro erbrachte. Schnell ist sich die Klasse einig, das Geld für die Klassenfahrt nach Norderney zu verwenden. Da steht Herr Schulze, der Klassenlehrer, auf und erklärt: „Das kommt überhaupt nicht infrage! Das Geld wird benötigt zur Anschaffung von Trikots für die Fußballmannschaft unserer Schule!" Es ist plötzlich ganz still in der Klasse geworden, aber dann beginnt der Protest: „Dafür haben wir den ganzen Tag geschuftet?", fragt Lars. „Wenn ich das gewusst hätte, wäre ich lieber gleich zu Hause geblieben", meint Bernd und Anne nörgelt: „Der kann einem jeden Spaß verderben!" Aber Herr Schulze bleibt dabei: „Die Entscheidung steht fest und jetzt ist Schluss der Diskussion!" Da fragt Marion: „Ist das denn demokratisch?" In der Pause beschließt die Klasse, die Entscheidung nicht so einfach hinzunehmen.

durchsetzungsfähig stark verständnisvoll gerecht einfühlsam geduldig verantwortungsvoll zuhören können fair nicht verletzend neutral verschwiegen bei allen beliebt respektvoll gut aussehend witzig gute Noten

M5 So sollte ein Streitschlichter sein …?!

Sachwissen

1 Ordne die Memorykärtchen richtig einander zu (M1).

2 In der Übersicht M2 zur Schülermitbestimmung in Thüringen sind Fehler aufgetreten. Vergleiche mit M1 auf S. 32 und korrigiere sie.

Urteilskompetenz

3 Sucht je vier Eigenschaften aus M5 heraus und formuliert Aussagen:
  a Ein Streitschlichter sollte … sein, weil …
  b Ein Streitschlichter sollte/muss nicht … sein, weil …

Urteils- und Handlungskompetenz

4 Fallbeispiel: Was passiert mit dem Geld der 7c? (M3, M4)
  a Nennt Möglichkeiten, wie eine konfliktfreie Lösung möglich gewesen wäre.
  b Formuliert Vorschläge, was die Schülerinnen und Schüler nun tun können. An wen können sie sich wenden?
  c Stellt euch vor, ihr werdet um Hilfe gebeten. Welche Lösung schlagt ihr vor?

5 Erklärt folgende Aussage: Ein Streitschlichter soll schlichten statt richten.

3 In Familien leben

Am Ende dieses Kapitels kannst du

- beschreiben, wie sich Familie als Form des Zusammenlebens gewandelt hat.
- deine Rechte und deine Pflichten in der Familie nennen.
- an einem Beispiel zeigen, wie es zu Konflikten in Familien kommen kann. Außerdem kennst du eine Methode, mit der du die eigentlichen Ursachen solcher Konflikte besser erforschen kannst.
- beschreiben, wie sich die Erziehung von Kindern verändert hat. Du kannst erklären, welche Mittel der Erziehung verboten sind und warum.
- an Beispielen zeigen, wie der Staat Familien unterstützt.

M 1 Cluster

1 Beschreibt die Fotos dieser Doppelseite zum Thema Familie. Nennt Unterschiede und Gemeinsamkeiten.

2 Familie hat viele Bedeutungen. Ordnet sie in einem Cluster (M 1).

Familie hat viele Gesichter

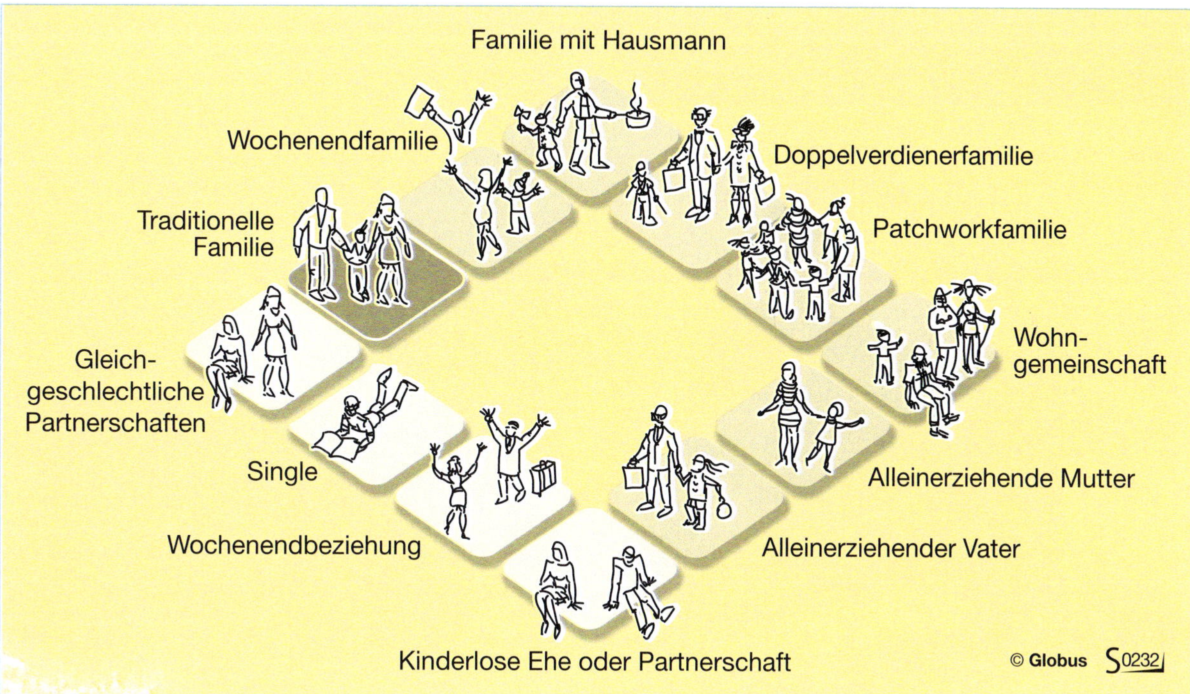

M 1 Vielfältige Lebensformen

Jetzt sind wir eine Familie.
Unsere Mama hat geheiratet
Johanne und Michael Kielmann
Es freuen sich
Melanie und Miriam Müller

Wir haben geheiratet
Stefanie Geneva
Markus Hesse
Hollunderweg 3
44869 Bochum

Florian 2770g, 50 cm
Ich freue mich über die Geburt meines Sohnes.
Gabriela Kellerbeck
Mein besonderer Dank gilt dem Ärzteteam
und den Schwestern des Krankenhauses Ost
für die hervorragende ärztliche Betreuung.

Wir freuen uns über die Geburt
unserer Tochter
Nora
3320 g / 54 cm
Natalie Meier und Rudi Bumann
Heinsbergstraße 11, 50674 Köln

M 2 Zeitungsanzeigen

Webcode:
PE643561-046

M 3 Kinder sprechen über ihre Familie

RONJA: Ich wohne bei meiner Mama und Frank, das ist ihr Lebenspartner. Mein Papa hat seit zwei Jahren eine neue Familie. Meinen Geburtstag feiern wir aber alle miteinander. Dann kommen auch die beiden Kinder der Freundin meines Papas aus ihrer vorherigen Ehe und natürlich das süße Baby von meinem Papa und ihr.

KEREM: Da hast du es gut. Unsere Großeltern sehen wir immer nur im Urlaub. Nur Mama, Papa und meine zwei Geschwister leben hier in Deutschland. Als meine Großeltern vor drei Jahren Rentner wurden, zogen sie wieder in die Türkei.

LILIANE: Ihr habt wenigstens viele Menschen um euch. Seit meine Mama und mein Papa getrennt leben, sehe ich meinen Papa nur zweimal im Monat. Und gemeinsame Familienfeste sind bei uns nicht drin, wenn mein Papa mich abholt, gibt es oft Streit zwischen den beiden. Gerne hätte ich noch eine Schwester oder einen Bruder.

SANDRA: Mein Bruder ärgert mich nur. Ist das dann besser? Jedenfalls fühle ich mich manchmal trotzdem allein, obwohl ich Mama, Papa und einen Bruder habe.

IRMA: Du hast es noch besser als ich. Mein Vater ist Lkw-Fahrer und die ganze Woche in Europa unterwegs. Ich sehe ihn meist nur am Wochenende. Unter der Woche sind meine Mutter und ich alleine.

Familie im Wandel

Früher bestand eine Familie meist aus Vater, Mutter und Kindern, oft lebten auch Großeltern, Tante oder Onkel mit im Haushalt und bildeten eine **Großfamilie**. Heute ist es nicht mehr möglich, von der typischen Familie zu sprechen. Neben alleinerziehenden Müttern und Vätern gibt es auch Wohngemeinschaften mit mehreren Familien. Viele Paare leben zusammen, ohne verheiratet zu sein. Zugleich hat die Zahl der Scheidungen erheblich zugenommen. Nach einer Scheidung leben die Eltern häufig mit einem neuen Partner zusammen. In diesen **Patchworkfamilien** (englisch: patchwork = Flickenteppich) sind dann vielleicht Kinder aus früheren Beziehungen der Eltern und Kinder aus der neuen Beziehung.

M4 Eheschließungen – immer später?

Mit der Eheschließung warten junge Menschen immer länger. Seit Mitte der 1970er-Jahre ist in Deutschland das durchschnittliche Heiratsalter ständig gestiegen. Im Jahr 2008 waren ledige Männer bei der Hochzeit im Durchschnitt 33 Jahre alt. Frauen, die zum ersten Mal heirateten, waren im Schnitt 30 Jahre alt. (Stand: 2010)

M5 Lebensformen in der Zukunft

Der Wissenschaftler Ulrich Beck schreibt über Formen des Zusammenlebens:

Es ist nicht mehr klar, ob man heiratet, wann man heiratet, ob man zusammenlebt und nicht heiratet, heiratet und nicht zusammenlebt, ob man ein Kind innerhalb oder außerhalb einer Familie bekommt oder aufzieht.

Ulrich Beck: Riskante Freiheiten. Frankfurt a. M., 1994, S. 14

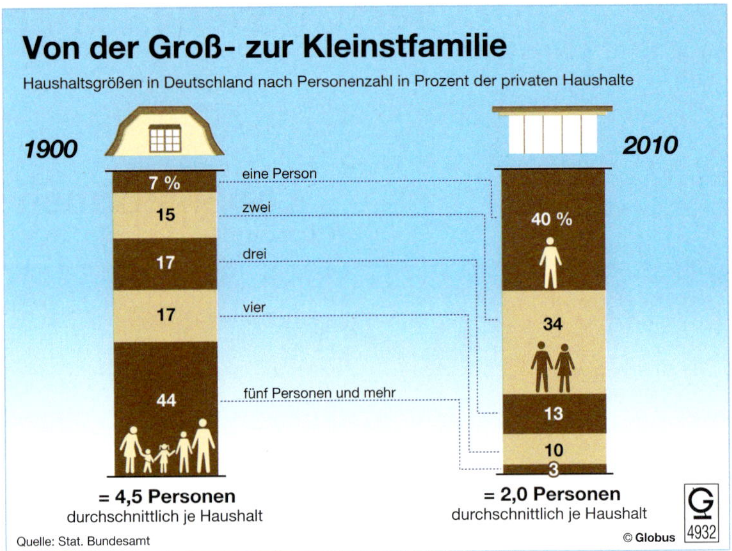

M6 Von der Groß- zur Kleinstfamilie

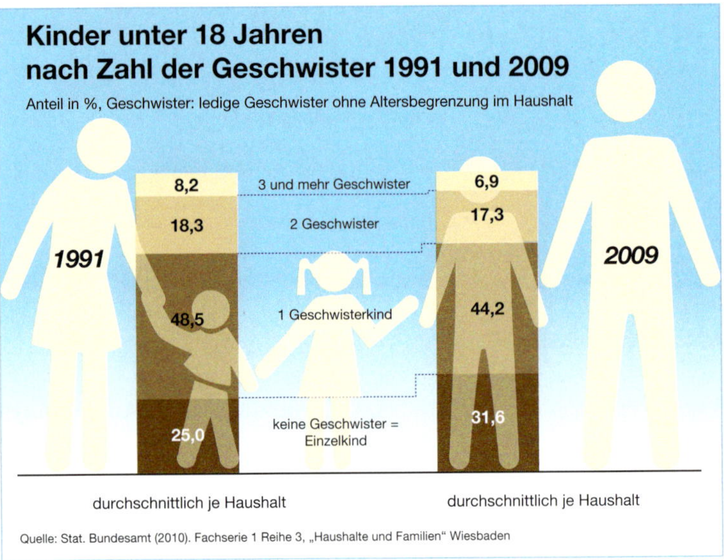

M7 Kinder in Familienhaushalten 1991 und 2009

1. Es gibt verschiedene Formen von Familien.
   a. Welche Familienformen werden in M3 beschrieben?
   b. Untersuche die Anzeigen in M2 und ordne sie in M1 ein.
2. Schreibe einen Bericht über „Familie im Wandel" (M4 bis M6).
3. Werte die Angaben im Schaubild M7 aus. Benenne Entwicklungen, die sich abzeichnen, und stelle eine Rangliste darüber auf, wie Kinder 2009 in Familien leben.
4. Stelle dir vor, ihr seht euch in 20 Jahren auf einem Klassentreffen wieder. Da gibt es sicherlich viel zu erzählen. Hast du Kinder? Was ist deine Lebensform (M2)? Welchen Beruf übst du aus? …

Verschiedene Lebensformen

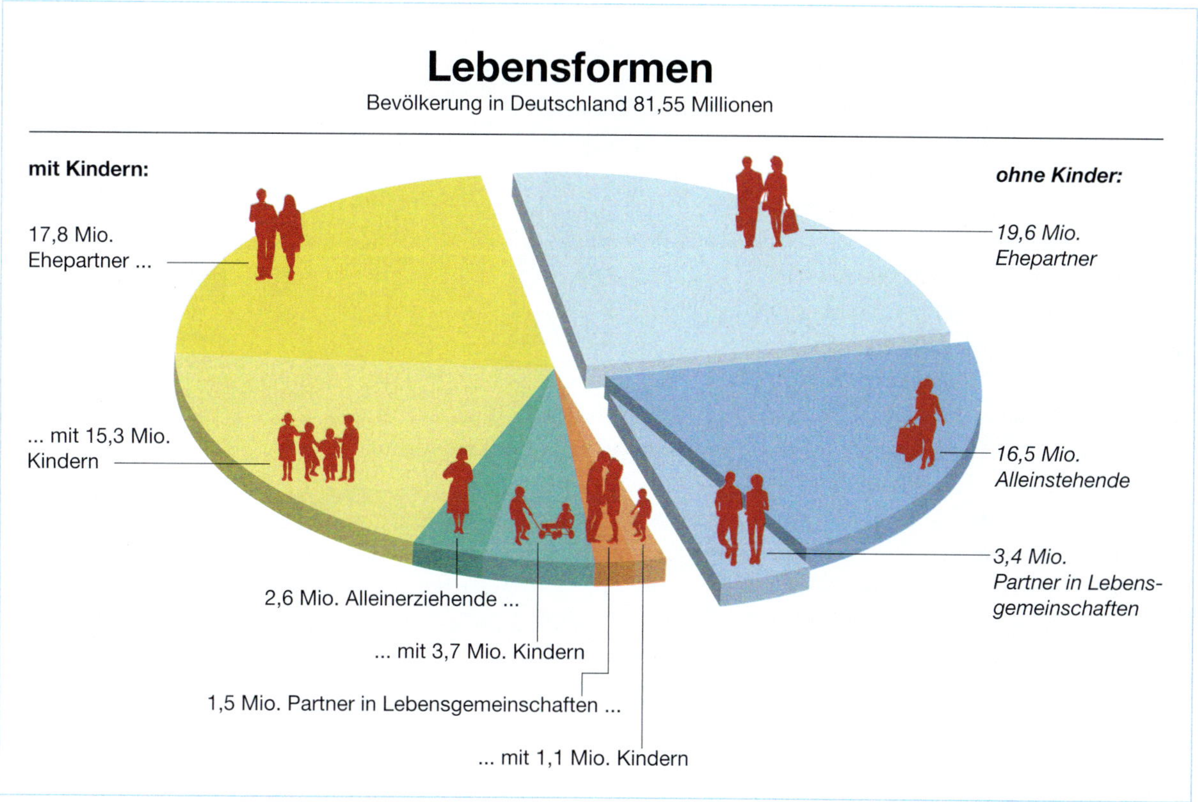

M 1 Lebensformen 2007

M 2 Die Normalfamilie ein Auslaufmodell?

Seit 30 Jahren sinkt der Anteil der Ehe im Vergleich zu anderen Familienformen. Eine wachsende Zahl von Kindern wird inzwischen nichtehelich geboren: In den alten Bundesländern heute jedes fünfte Kind – in den Siebzigern (1970–1980) war es gerade mal jedes zwanzigste. Im Osten sind nichteheliche Geburten mit über 50 Prozent inzwischen sogar der Normalfall. Gleichzeitig etablieren sich neue Familienformen. Im Jahr 2000 gab es in Deutschland 1,8 Millionen Alleinerziehende, um die Hälfte mehr als noch Mitte der Siebziger. Der Anteil der nichtehelichen Lebensgemeinschaften hat sich seitdem im Westen sogar verzwölffacht. Und auch die eheliche Familie ist nicht mehr das, was sie einmal war. Weil inzwischen fast jeder zweite Bund geschieden wird, viele aber erneut heiraten, nimmt die Zahl der Stieffamilien zu. Heute sind das bereits sieben Prozent aller Lebensgemeinschaften mit Kindern.

(Björn Schwenke in „Die Zeit" 27/2006)

M3 Mehr Kinder

(...) Eltern in Stieffamilien bekommen wahrscheinlich sogar mehr Kinder als solche in ungeschiedenen Ehen, wie die amerikanische Soziologin Elizabeth Thomson herausfand. Für verschiedene europäische Länder wies sie nach: Geschiedene mit Kindern wollen mit ihrem neuen Partner noch weitere Kinder bekommen, auf die sie sonst verzichtet hätten. Offenbar, sagt die Soziologin, sei es ein Grundbedürfnis, auch mit dem neuen Partner wieder eine „richtige Familie" zu gründen. Es scheint fast so, als ob mehr Familienformen auch zu mehr Familien führen – und nicht zu weniger.

(Björn Schwenke in „Die Zeit" 27/2006)

M4 Familie – nur anders

„Die Familie ist – nur, weil sie in ihrer traditionellen Form jetzt zu scheitern beginnt – ja nicht als solche gescheitert", sagt Familienforscher Johannes Huinink. Für den Menschen sei sie nach wie vor die umfassendste Beziehung, die er erfahren könne. (...) Auch nach der Familie kommt die Familie. Aber es ist eine andere Familie. Welche der vielen möglichen Formen sie haben wird, ist offen und jedem Paar selbst überlassen. Sicher scheint dem Soziologen allerdings zu sein: Eheliche Familien wird es immer weniger geben. (...)

(Björn Schwenke in „Die Zeit" 27/2006)

M5 Familie macht glücklich

72 % der Jugendlichen sind 2006 der Meinung, dass man eine Familie braucht, um wirklich glücklich leben zu können (2002: 70 %). Mädchen und junge Frauen sind im Vergleich zu Jungen und jungen Männern weiterhin stärker familienorientiert (76 % zu 69 % 2002), wünschen sich häufiger Kinder (69 % zu 57 % im Jahr 2002).

(15. Shell-Jugendstudie – Jugend 2006)

M6 Alleinerziehend – Weg in die Armut?

Rund 650 000 Alleinerziehende leben von Hartz IV, meldet das Institut für Arbeitsmarkt- und Berufsforschung der Bundesagentur für Arbeit (IAB) in einer aktuellen Analyse. Damit liege das Armutsrisiko Alleinerziehender in Deutschland bei 36 Prozent – fast doppelt so hoch wie das in Paarhaushalten mit Kindern. Zudem steckten Alleinerziehende besonders lange in der Armutsfalle: Nach zweieinhalb Jahren käme nur rund die Hälfte ohne staatliche Unterstützung aus, in anderen Bedarfsgemeinschaften seien es über zwei Drittel. Besonders dramatisch sei die Lage für junge Mütter mit Kleinkindern, erklärt das Nürnberger Institut in seinem Hintergrundbericht. (...)
Die größte Problemgruppe sind demzufolge jüngere, ledige Alleinerziehende mit Kleinkindern. Viele hätten nicht die nötige Lebenserfahrung, um Haushalt, Kinder und die Sicherung des Einkommens alleine zu organisieren. (...) Kind statt Beruf: für junge Frauen der sichere Weg aufs Abstellgleis.

(http://www.focus.de/schule/dossiers/nachhaltigkeit/gesellschaft/alleinerziehende-gefangen-in-der-armutsfalle_aid_402379.html)

1 Beschreibt mit M 1 die verschiedenen Lebensformen und notiert ihre zahlenmäßige Größe in eure Arbeitsmappe.

2 Untersucht mit M 2 bis M 5, wie sich das Bild der Familie wandelt. Notiert einige Sätze zu diesen Inhalten in eure Arbeitsmappe.

3 Macht in der Klasse eine Umfrage zum Thema „Familie" („Was ist gut, was nervt?").

4 Schildert mithilfe von M 6 die Probleme von Alleinerziehenden.

Gleichberechtigung von Mann und Frau

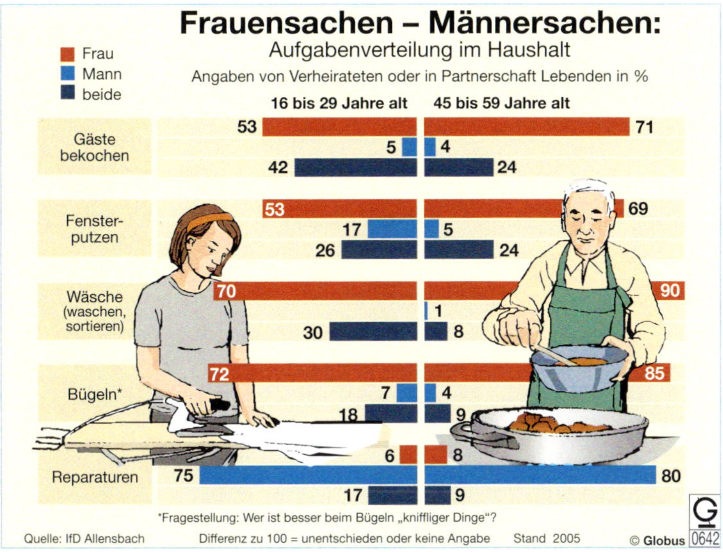

M 1 Aufgabenteilung im Haushalt

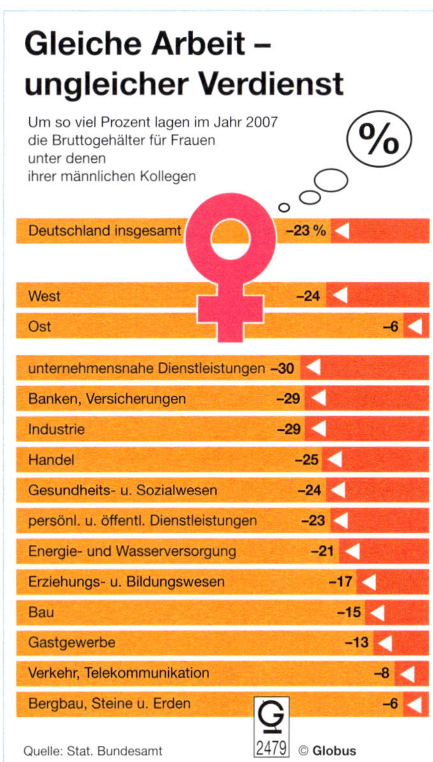

M 2 Gleichberechtigung?

Geteilter Haushalt?

Die Gleichberechtigung von Mann und Frau ist im Grundgesetz der Bundesrepublik Deutschland (Artikel 3 GG) verankert. Danach darf niemand u. a. wegen seines Geschlechts benachteiligt werden. Doch trotz dieser Gleichheit vor dem Gesetz bestehen im Alltag noch immer erhebliche Unterschiede. Erwerbstätige Frauen und Männer müssen Familie, Haushalt und Beruf miteinander vereinbaren. Oftmals haben Männer, die nach der Arbeit nach Hause kommen, Feierabend, während auf erwerbstätige Frauen der zweite Arbeitsplatz wartet. Man spricht deshalb auch von der **Doppelbelastung** der Frau.

Gleiche Chancen in Schule und Beruf?

Frauen ordnen ihre beruflichen Wünsche oft der Familie unter. Doch mehr und mehr sind Frauen heute nicht mehr bereit, auf ihre **persönlichen Perspektiven** zu verzichten. Der Beruf bedeutet für sie mehr als bezahlte Arbeit. Er fördert die Selbstständigkeit und finanzielle Sicherheit, er bringt Anerkennung und neue Kontakte. Gerade bei den veränderten Familienverhältnissen ist es für Frauen heute wichtig, finanziell unabhängig zu sein, damit sie z. B. bei einer Scheidung nicht in materielle Not geraten.
Obwohl schon seit einigen Jahren mehr Mädchen als Jungen Abitur machen und der Anteil der Hochschulabsolventen nahezu gleich ist, schlägt sich diese Entwicklung noch nicht im Anteil von Frauen in **Führungspositionen** nieder. Vor allem im oberen Management sind nach wie vor kaum Frauen anzutreffen. Auch in der Politik sind Frauen trotz steigenden Anteils noch immer unterrepräsentiert.

Zurück am Herd

Zuerst die gute Nachricht: Frauen sind immer gebildeter. In der Schulbildung haben sie die Männer inzwischen überholt, 40,6 Prozent der Frauen bis 30 Jahre hatten im Jahr 2004 Abitur. Von den Männern waren es nur 37,8 Prozent. (…) Hurra, möchte man angesichts solcher Zahlen rufen. Denn wo Bildung immer wichtiger wird, sollten die Frauen ja nun gesellschaftlich und beruflich auf dem Vormarsch sein.
Die gesellschaftliche Emanzipation der Frauen gerät vielmehr ins Stocken. Immer noch ist die Benachteiligung nach dem Geschlecht auf dem Arbeitsmarkt üblich. Manch Grund für diese Ungleichbehandlung ist eher harmlos: Zum Beispiel werden typische Frauenberufe schlechter entlohnt als typische Männerjobs. Kriminell wird es allerdings, wenn derlei Strukturunterschiede gar nicht existieren. Hier diskriminieren Arbeitgeber die Frauen direkt. Sie verdienen weniger als ein Mann, der genau den gleichen Job macht. Nur, weil sie Frauen sind.

Nicht viel besser sieht es bei der Verteilung der Arbeitszeit zwischen den Geschlechtern aus. Die Zahl der Frauen, die vollbeschäftigt sind, hat stark abgenommen: von 1991 bis 2004 um 1,6 Millionen. Die Frauenquote stieg nur, weil gleichzeitig 1,8 Millionen Frauen mehr in Teilzeit arbeiteten. Unter den Frauen mit Kindern arbeitet nur noch ein Fünftel ganztags. Die Erwerbstätigkeit von Männern nimmt hingegen zu, wenn Kinder im Haushalt sind. In Deutschland dominiert immer noch das klassische Ernährermodell: Der Mann verdient das Geld, die Frau steigt aus dem Job, mindestens aber aus der Vollzeitarbeit, aus – und kümmert sich um die Kinder. Da tröstet auch der Hinweis nicht, dass es in anderen EU-Ländern ähnlich ist.
Insgesamt kein gutes Zeugnis. Und schon ist sie da: die Schuldfrage. Unter medialem Generalverdacht stehen traditionell die Männer. Generell würden die Männer in der Gleichberechtigungs-Debatte zu negativ dargestellt. So hätten Befragungen ergeben, dass inzwischen sehr viele Männer gerne eine aktivere Erzieherrolle einnehmen und dafür weniger arbeiten wollten. Andere Erhebungen allerdings zeigen: Sie tun es nicht.

M3 Text von: *B. Schwentker, Die Zeit, 5.1.2006*

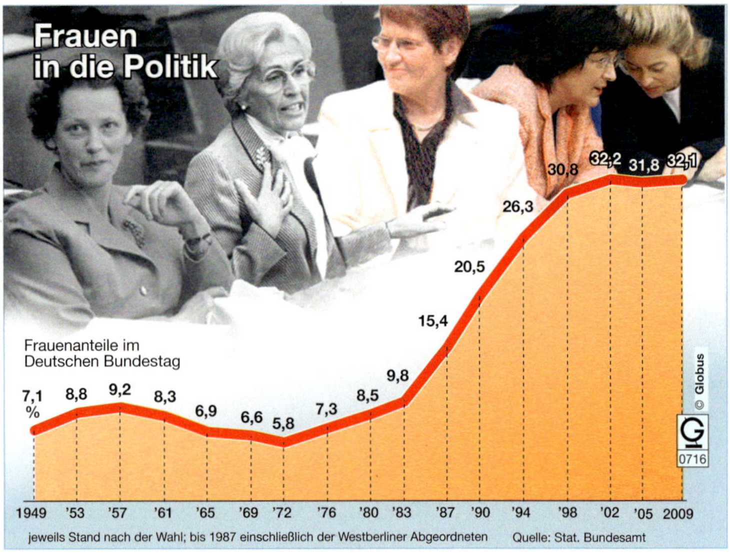

M4 Frauen im Deutschen Bundestag

M5 Entwicklung der gesetzlichen Gleichstellung

Bürgerliches Gesetzbuch (BGB) 1896 – § 1354
Dem Manne steht die Entscheidung in allen das gemeinschaftliche Leben betreffenden Angelegenheiten zu, er bestimmt insbesondere Wohnort und Wohnung.

Bürgerliches Gesetzbuch (BGB) 1900 – § 1356
Die Frau ist (…) berechtigt und verpflichtet, das gemeinschaftliche Hauswesen zu leiten. (…)

Bürgerliches Gesetzbuch (BGB) seit 1977 – § 1356
(1) Die Ehegatten regeln die Haushaltsführung im gegenseitigen Einvernehmen. Ist die Haushaltsführung einem der Ehegatten überlassen, so leitet dieser den Haushalt in eigener Verantwortung.
(2) Beide Ehegatten sind berechtigt, erwerbstätig zu sein. Bei der Wahl und Ausübung einer Erwerbstätigkeit haben sie auf die Belange des anderen Ehegatten und der Familie die gebotene Rücksicht zu nehmen.

1 Gleichberechtigung im Haushalt: Beschreibt die Aufgabenverteilung in eurer Familie und vergleicht mit M 1.

2 Fasst die Veränderungen des § 1356 BGB zusammen. Entwerft mit Stichworten eine Diskussion eines Ehepaares über die beiderseitige Erwerbstätigkeit (2. Absatz, neueste Fassung).

3 Berichtet über den aktuellen Stand der Gleichberechtigung (M 1 bis M 4). Entwerft in Gruppen Plakate darüber, was ihr euch in dieser Hinsicht noch für die Zukunft wünscht.

Typisch Junge – typisch Mädchen?

Rosa = Mädchen, blau = Junge?

Niemand weiß genau, wo es herkommt. Und doch ist es für die meisten gar keine Frage: Rosa bedeutet Mädchen und blau bedeutet Junge. Bereits im Krankenhaus wird vielen Babys unmittelbar nach der Geburt ein Bändchen mit der entsprechenden Farbe angehängt. Und dann kann es losgehen: „Ein kräftiger Junge, und so unternehmungslustig. Und wie laut er schon brüllen kann! Ganz der Papa!" Oder anders herum: „Eine richtige kleine Schönheit! Und diese zierliche Nase! Der Mama wie aus dem Gesicht geschnitten." Alles klar? Mit der Farbe wird der kleine Unterschied dokumentiert, die Geschlechterrolle wird festgelegt …

M 1
Charaktereigenschaften und Verhaltensweisen

M 2 Bilder im Kopf

Dass bei meinen Unterlagen für die Universität eine wichtige Unterschrift fehlte, merkte ich erst am Schalter für die Anmeldung. Der Beamte ließ nicht mit sich diskutieren und forderte mich auf, in einem halben Jahr wiederzukommen. Ich war mit den Nerven am Ende und fing zu weinen an. Er schaute bestürzt. Fünf Minuten später hatte ich den Studentenausweis in der Hand. Ich hatte das Gefühl, dass wir beide uns falsch verhalten hatten. Ich weiß es nicht sicher, aber einen heulenden Jungen hätte er vermutlich einfach nach Hause geschickt. Dass es unterschiedliche Erwartungen an Männer und Frauen gibt, hat mich bereits genervt, als ich noch ein kleines Mädchen war. Die Kollegen meines Vaters sagten auf einer Feier, nachdem sie mich gesehen hatten: „Hübsches Mädchen." Über meinen Bruder, der keineswegs hässlich war, sagten sie: „Sieht intelligent aus."

Nach: T. Bäuerlein in: fluter 1/2007, S. 25 f.

M 3 „Richtige Jungen – richtige Mädchen"

Obwohl Jungen mit Puppen spielen und Mädchen Fußball spielen könnten, tun das die meisten nur selten oder gar nicht. Diejenigen, die sich untypisch verhalten, erregen das Interesse ihrer Umgebung. Dabei gibt es auffallende Unterschiede: Ein Mädchen darf – oder soll – sich eher „jungenhaft" verhalten als umgekehrt. Viele Mädchen benutzen heute geschickt Werkzeuge, sind sportlich und wagemutig. Eher anerkennend bemerken Eltern und Bekannte, an ihr sei „ja ein richtiger Junge verloren gegangen". Spielt ein Junge dagegen bis ins Schulalter gerne mit Puppen, so gilt er als auffällig. Zahlreiche Beispiele zeigen, dass sich die Fähigkeiten und Eigenschaften von Mädchen zunehmend um die der Jungen erweitern, umgekehrt geschieht dies bei Jungen nicht.

Nach: H. Hoppe: Frauenleben. Bielefeld, 1998, S. 18 ff.

1 Versucht die Eigenschaften und Verhaltensweisen in M 1 Jungen oder Mädchen zuzuordnen. Diskutiert, ob eine eindeutige Zuordnung in jedem Fall möglich ist.

2 Denke über Folgendes nach: Dürfen Jungen und Mädchen anziehen, was sie wollen? Was passiert, wenn ein Kind sich nicht nach den üblichen Regeln richtet?

3 Beschreibe, wie Kinder zu Mädchen und Jungen erzogen werden (Text, M 2 und M 3). Nenne eigene Beispiele.

Werkstatt: Mädchen oder Junge?

1 Vorbereitung

Bereitet ein so genanntes „stummes Schreibgespräch“ vor. Jungen und Mädchen werden bei diesem Thema getrennt und benötigen jeweils zwei Tischgruppen (siehe M 1). Die Stühle werden an die Seite gestellt. Außerdem benötigt ihr Klebeband, Schere und Filzstifte sowie Plakate oder große Papierbögen (von Resttapeten, Zeitungspapierrollen). Die Plakate werden auf den Tischgruppen ausgelegt und die Satzanfänge von M 2 in großer Schrift jeweils auf die Plakate geschrieben.

2 Durchführung

Führt das stumme Schreibgespräch durch.

3 Rundgang und Gruppendiskussion

Befestigt eure Wandtapeten an den Wänden. Geht immer zu zweit wie in einem Museum von einem „Ausstellungsobjekt“ zum nächsten. Lest die Anmerkungen und diskutiert darüber (leise). Was überascht euch? Wo seid ihr anderer Meinung? Wo stimmt ihr zu?

4 Auswertung

- Warum ist es schön, ein Mädchen, ein Junge zu sein?
- Beschreibt die Vorteile und Nachteile, die mit dem „Mädchensein“ und „Jungensein“ verbunden werden.
- Nennt Beispiele, die typisches Verhalten von Jungen oder Mädchen als einschränkend oder als bereichernd darstellen.
- Welche Fähigkeiten und Eigenschaften werden Jungen, welche Mädchen zugeschrieben? Welche könnten und sollten für Jungen/Männer und Mädchen/Frauen gleichermaßen gelten?

M 1 Klassenraum bei einem stummen Schreibgespräch

Die Jungen schreiben auf jede der vier Wandtapeten einen der Satzanfänge:

Ich bin gerne ein Junge, weil ...

Manchmal bin ich nicht gerne ein Junge, weil ...

Wenn ich ein Mädchen wäre, dürfte ich ...

Wenn ich ein Mädchen wäre, müsste ich ...

Die Mädchen schreiben entsprechend auf ihre Wandtapeten:

Ich bin gerne ein Mädchen, weil...

Manchmal bin ich nicht gerne ein Mädchen, weil ...

Wenn ich ein Junge wäre, dürfte ich ...

Wenn ich ein Junge wäre, müsste ich ...

M 2 Satzanfänge

Webcode:
PE643561-053

Rechte und Pflichten in der Familie

Meinungsbild: Erwartungen der Eltern

1. Notiert auf Zetteln Erwartungen und „Bestimmungen" an Kinder von Elternseite (jeweils ein neuer Zettel).
2. Sammelt anschließend die Zettel ein.
3. Jeder/jede fertigt aus farbigem Papier drei Karten zur Abstimmung an und beschriftet diese Karten folgendermaßen:
   – eine **grüne Karte**
   „Darüber lass ich mit mir reden, denn …"
   – eine **rote Karte**
   „Damit bin ich nicht einverstanden, denn …"
   – eine **gelbe Karte**
   „Ich sehe ein, dass das sein muss, denn …"
4. Nun kann abgestimmt werden. Dazu lesen zwei Schüler/-innen die Erwartungen und Bestimmungen vor. Notiert die Ergebnisse an der Tafel, z. B. so: grün |||| gelb |||| rot ||||
   Diskutiert über das Ergebniss jeder Abstimmung und begründet dabei eure Meinung.

M 1 Mitbestimmung üben

§ 1626 Abs. 2 des Bürgerlichen Gesetzbuches (BGB)
Bei der Pflege und Erziehung berücksichtigen die Eltern die wachsende Fähigkeit und das wachsende Bedürfnis des Kindes zu selbstständigem verantwortungsbewusstem Handeln. Sie besprechen mit dem Kind, soweit es nach dessen Entwicklungsstand angezeigt ist, Fragen der elterlichen Sorge und streben Einvernehmen an.

Wo Menschen zusammenleben, kann es manchmal ganz schön schwierig werden. Du kennst sicher solche Situationen: Wer bestimmt, wie lange du fernsehen darfst und welche Filme du dir anschauen kannst? Wer sagt, wie und wann dein Zimmer aufgeräumt sein soll? Und wie hoch ist eigentlich dein Taschengeld?
In einer Familie leben Menschen mit teilweise unterschiedlichen Bedürfnissen, Interessen und Meinungen zusammen. Damit man möglichst friedlich zusammenleben kann, ist es wichtig, dass alle Familienmitglieder **Verantwortung** übernehmen. Dazu gehört, dass jede Person ihre **Rechte** und **Pflichten** hat. Auch die Kinder übernehmen Arbeiten für die Familie, z. B. abwaschen oder den Tisch decken. Wenn Kinder mit den übertragenen Aufgaben nicht einverstanden sind, sollten sie mit ihren Eltern darüber sprechen. Mit zunehmendem Alter werden Kinder verstärkt in Entscheidungen der Familie einbezogen. Die Familie setzt sich zusammen, um zum Beispiel über die neue Gestaltung des Kinderzimmers oder den nächsten Urlaub zu sprechen. **Mitbestimmung** bedeutet, dass Kinder ihre Meinung gegenüber den anderen Familienmitgliedern vertreten können.

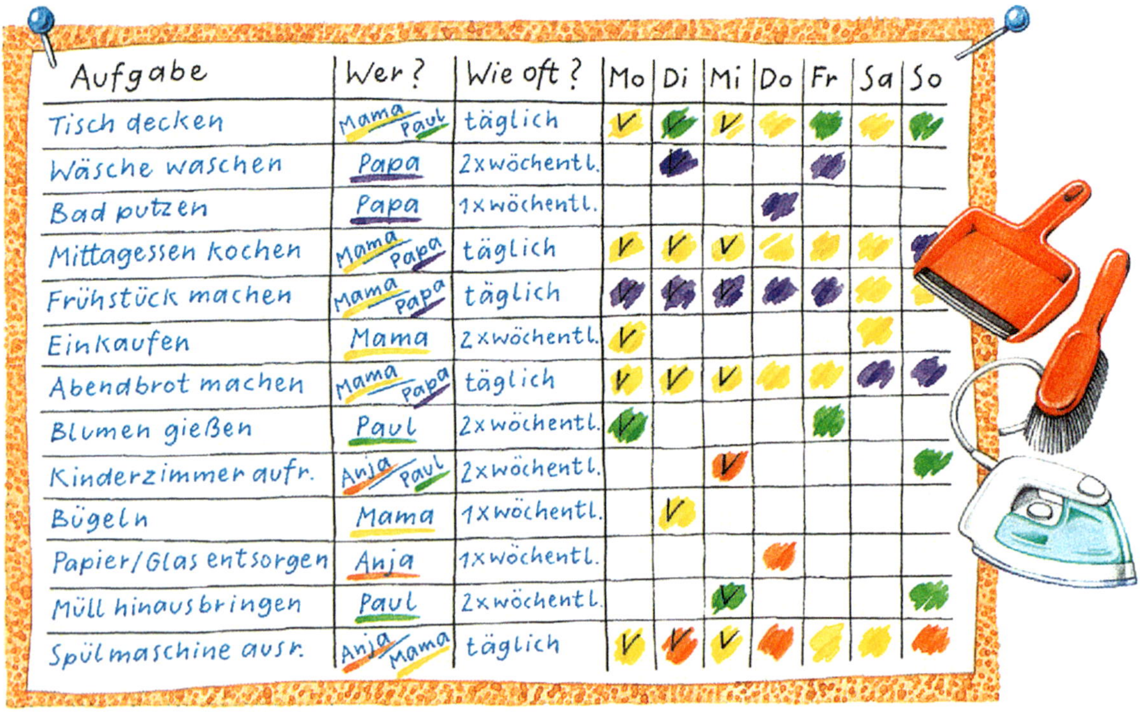

Aufgabe	Wer?	Wie oft?	Mo	Di	Mi	Do	Fr	Sa	So
Tisch decken	Mama / Paul	täglich	V	V	V	●	●	●	●
Wäsche waschen	Papa	2x wöchentl.		●			●		
Bad putzen	Papa	1x wöchentl.				●			
Mittagessen kochen	Mama / Papa	täglich	V	V	V	●	●	●	●
Frühstück machen	Mama / Papa	täglich	V	V	V	●	●	●	●
Einkaufen	Mama	2x wöchentl.	V					●	
Abendbrot machen	Mama / Papa	täglich	V	V	V	●	●	●	●
Blumen gießen	Paul	2x wöchentl.	V				●		
Kinderzimmer aufr.	Anja / Paul	2x wöchentl.			V				●
Bügeln	Mama	1x wöchentl.		V					
Papier/Glas entsorgen	Anja	1x wöchentl.				●			
Müll hinausbringen	Paul	2x wöchentl.			V				●
Spülmaschine ausr.	Anja / Mama	täglich	V	V	V	●	●	●	●

M2 Aufgabenplan einer Familie

M3 **„Ist dort amnesty international? Man mutet mir hier allen Ernstes die Entleerung des Mülleimers zu!"**
Karikatur: Horst Haitzinger

Erwachsene		Kinder	
Rechte	Pflichten	Rechte	Pflichten

M4 Rechte und Pflichten

Bürgerliches Gesetzbuch (BGB) § 1619
Das Kind ist, solange es dem elterlichen Hausstand angehört und von den Eltern erzogen oder unterhalten wird, verpflichtet, in einer seinen Kräften und seiner Lebensstellung entsprechenden Weise den Eltern in ihrem Hauswesen und Geschäfte Dienste zu leisten.

1 Führt das Meinungsbild M 1 durch.

2 Stelle wichtige Rechte und Pflichten für Erwachsene und Kinder in zwei Tabellen zusammen (Autorentext, Gesetzestexte, M4).

3 Suche die Pflichten der Kinder aus M2 heraus und vergleiche mit deinen Ergebnissen von Aufgabe 2.

4 Werte die Karikatur M3 aus. (Karikatur auswerten)

5 „Solange du deine Füße unter meinem Tisch hast, tust du, was ich sage!"
  a Nennt eine Situation, in der dieser Spruch gefallen sein könnte.
  b Gibt es eine rechtliche Grundlage dafür? Diskutiert.

Verhandeln statt streiten?

In jeder Familie wird auch gestritten. Wo Menschen so eng miteinander leben, kommt es fast zwangsläufig zu Meinungsverschiedenheiten und Konflikten, wenn unterschiedliche Interessen, Ansichten und Pläne aufeinanderprallen.

M 1 „Dabei hatte der Abend so vielversprechend begonnen“

„Übrigens, am Freitag ist ein Fest bei der Silvi, das dauert so bis zwölf, und da geh ich auch hin!“ Petra schaut kurz in die Abendtischrunde, streift mit einer raschen Handbewegung ein paar Haarsträhnen aus der Stirn und rückt, schon halb aufgestanden, ihren Stuhl zurück.

Die Mutter findet als Erste die Sprache wieder: „Halt mal! So geht das ja nicht! Was soll denn das heißen?“ Der Vater starrt schweigend auf seinen Teller. Daniel, der kleine Bruder, blickt verlegen grinsend abwechselnd auf Mutter und Schwester. Er weiß, was jetzt kommt, er kennt den Verlauf im Voraus, er hat das oft genug miterlebt.

„Was soll das heißen, dauert bis um zwölf, und da geh ich hin! Ob du da hingehst und wie lange, das haben immer noch wir zu entscheiden!“ In scharfem Ton, mit deutlich erhobener Stimme hat die Mutter die Sätze hervorgestoßen. Daniel schaut auf Petra. Sie ist an der Reihe. Gleich wird sie zurückschreien. Die 14-Jährige steht hinter dem Stuhl, hat die Hände um die Lehne geklammert, ihre Mundwinkel zucken. „Ich hab's ja gewusst, ich hätt's mir denken können, dass ihr mich nicht lasst! Bei euch darf man ja überhaupt nichts! Ihr könnt immer bloß verbieten!“

Mit zwei Schritten ist sie bei der Tür, reißt sie auf und knallt sie hinter sich zu. Ein paar stampfende Tritte auf dem Flur, dann fällt noch eine Tür ins Schloss, die von Petras Zimmer. „Also, das ist doch …!“ Die Mutter will aufspringen, um der Tochter nachzulaufen, der Vater fasst sie, ein wenig hilflos, am Arm. Daniel murmelt in seinen Teller: „Lass sie doch, die blöde Kuh! Die führt sich doch immer so auf!“ Mit einem wütenden Seufzer setzt sich die Mutter wieder.

Dabei hatte der Abend so vielversprechend begonnen. Die Mutter war rechtzeitig aus dem Geschäft gekommen. Daniel hatte mit dem Papa gekocht und Petra war ausnahmsweise pünktlich zum gemeinsamen Essen erschienen. Die Spagetti schmeckten großartig, und der Vater wollte gerade anfragen, wer anschließend eine Runde „Scrabble“ mitspielen würde. Und dann: mit einem Schlag alles kaputt! Die gemütliche Stimmung wie weggeblasen!

Werner Müller: Wenn die Fetzen fliegen. In: Schule aktuell, Nr. 4/1996, S. 2–3

M2 Drei Methoden mit Konflikten umzugehen

Der amerikanische Psychologe Thomas Gordon hat bereits 1970 seine Erfahrungen als Erziehungsberater in seinem Buch „Familienkonferenz“ zusammengefasst, das über Jahrzehnte ein Bestseller blieb und bis heute bleibende Bedeutung behalten hat. Darin beschreibt er drei grundsätzlich verschiedene Methoden der Konfliktlösung zwischen Eltern und Kindern.

Methode 1:
Kommt es zu einem Konflikt zwischen Eltern und Kind, entscheiden die Eltern, wie die Lösung auszusehen hat. Sie gehen davon aus, dass das Kind ihre Lösung schon hinnehmen wird. Widersetzt sich das Kind, setzen die Eltern ihre Macht und Autorität ein, um das Kind zum Gehorsam zu zwingen (Eltern siegen, Kind verliert).

Methode 2:
Kommt es zu einem Konflikt zwischen Eltern und Kind, machen die Eltern einen Versuch, das Kind zu überreden, die Lösung der Eltern anzunehmen. Widersetzt sich das Kind, geben die Eltern nach und erlauben dem Kind, nach seinem Willen zu verfahren (Kind siegt, Eltern verlieren).

Methode 3:
Kommt es zu einem Konflikt zwischen Eltern und Kind, fordern die Eltern das Kind auf, mit ihnen gemeinsam nach einer Lösung zu suchen, die für beide akzeptabel ist. Beide können Lösungen vorschlagen, die dann im Gespräch beurteilt werden. Schließlich entscheidet man, welches die beste Lösung ist. Dann wird überlegt, wie sie umgesetzt werden kann (keiner verliert).

Nach: Thomas Gordon: Familienkonferenz. 42. Auflage 2004, S. 162 ff.

M3 Konflikte in der Familie

1 Welches sind deiner Meinung nach die häufigsten Anlässe für einen Streit in der Familie? Schreibe einen Konflikt, den du für besonders wichtig hältst, auf einen Streifen (M3 oder eigene Beispiele). Erstellt dann eine Gruppenhitliste wichtiger Konflikte. (Gruppenhitlisten erstellen)

2 Beschreibe den Konflikt M1 mit eigenen Worten.

3 Stelle fest, nach welcher der drei in M2 genannten Methoden der Konflikt gelöst wurde.

4 a Überlegt gemeinsam, wie eine Lösung nach Methode 2 hätte aussehen können. Spielt die entsprechende Szene nach.
b Besprecht auch, wie eine Lösung nach Methode 3 aussehen könnte.

5 Welche Vor- und Nachteile hat jede der drei Methoden? Welche der drei Methoden ist deiner Meinung nach die beste? Begründe und zeige die Vorteile auf.

„Eisberg": Konfliktursachen erkennen

Da steckt mehr dahinter

Ihr kennt die Sache mit dem Eisberg: Nur eine Spitze guckt aus dem Wasser, der größere Teil ist unsichtbar unter Wasser. Dieses Bild aus der Natur verwenden Sozialwissenschaftler und Psychologen, um Konflikte besser verstehen zu können. Sie gehen davon aus, dass jeder Konflikt einen sichtbaren Teil hat, aber auch viele Ursachen und Hintergründe, die „unter der Oberfläche" verborgen bleiben. Sicher gilt das auch für die Konflikte innerhalb der Familie.

M1 Immer wieder samstags …

In einer Familie gibt es Samstag oft dicke Luft. Die Mutter hat einen Beruf, darum holt sie am Wochenende alle Hausarbeiten nach, die in der Woche liegen bleiben mussten. Der Vater und die Kinder helfen ihr. Aber gern tun sie das nicht. Jeder stellt sich sein Wochenende anders vor:

Der Vater sitzt die ganze Woche im Büro. Für ihn gibt es nichts Schöneres als einen Tag im Wald. Der Junge findet Waldspaziergänge fast so schlimm wie Schrankaufräumen. Das Schönste für ihn ist ein gemütlicher Tag zu Hause, wenn alle nur rumsitzen.

Das Mädchen mag nicht in den Wald und sich dort Vaters Vorträge über Tiere und Pflanzen anhören. Es spielt am liebsten im Hof mit Freunden und auf der Rollschuhbahn.

Auch die Mutter könnte sich ein Wochenende anders vorstellen. Ein Stadtbummel mit der Freundin am Nachmittag und abends mit ihrem Mann ins Theater zu gehen, das wäre für sie das Schönste. Aber dazu hat sie nie Zeit. Sie will doch den Haushalt nicht verkommen lassen.

Die anderen meinen, das würde so schnell nicht geschehen. Aber sie helfen. Sonst würde Mutter sagen: „Alles muss ich allein tun." Und damit hätte sie auch recht.

Wie die Kinder aus der Schule kommen, reden die Eltern kein Wort mehr miteinander. Die Kinder haben auf dem Heimweg von der Schule eingekauft. Aber das Mädchen hat sich halbfaule Tomaten einpacken lassen, und der Junge hat die Fleischwurst für die Linsensuppe vergessen. Obendrein erzählt das Mädchen, dass der Bruder in der Schule mit einem anderen Jungen gerauft hat und sich unterkriegen ließ, der Schwächling!

Schon haben sie einen Familienstreit.

Glückliche Familie, aus: Ursula Wölfel: Du wärst der Pienek. Spielgeschichten etc., Beltz und Gelberg Verlag, 1996

M2 Eisberg

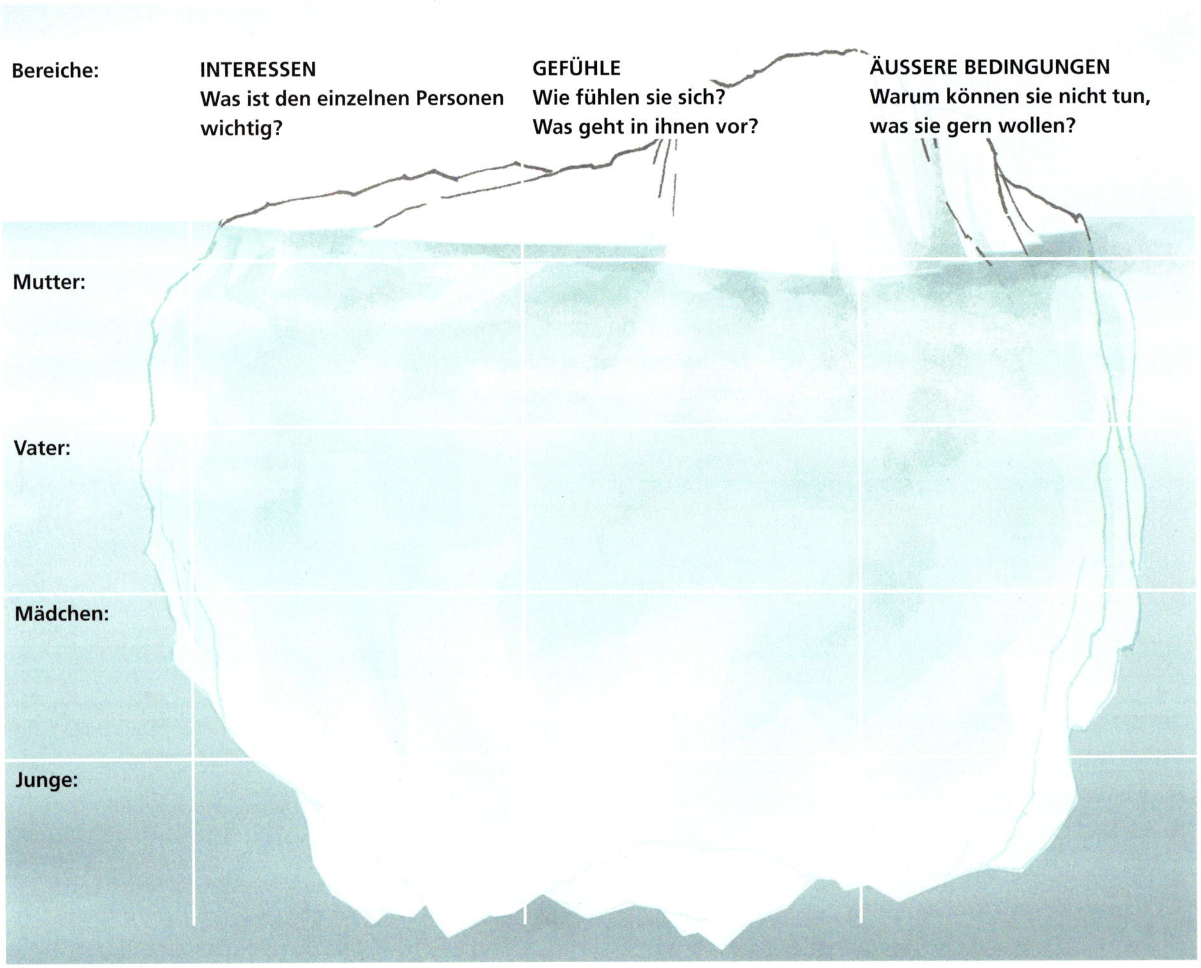

M 3 Konflikte-Eisberg

Ihr könnt mit dem „Eisberg“ noch weitere Punkte analysieren (= erforschen):

BEZIEHUNGSFRAGEN

a) Wie stehen die Personen zueinander? (Sympathie, Liebe, Abneigung)

EINSTELLUNGEN

b) Was glauben die Personen, was richtig ist?

INFO-STAND

c) Sind alle richtig informiert?

1 Arbeitet in Gruppen: Lest den Text M 1 und klärt in einer ersten Besprechung, was an diesem „typischen Samstag" bei der Familie los ist.

2 Wie verhalten sich die Beteiligten? Wie ist die Situation am Ende der Geschichte?

3 Malt das Schaubild des „Konflikte-Eisberges" auf ein größeres Blatt. Überlegt, was von den beschriebenen Konfliktsituationen bei den einzelnen Familienmitgliedern zunächst nicht sichtbar wird, also „unter der Oberfläche" bleibt. Tragt eure Ideen dazu stichwortartig in das betreffende Kästchen ein.

4 Vergleicht eure Ergebnisse und überlegt, wie man die verborgenen Teile eines solchen Konflikts „sichtbar" machen könnte.

5 Wählt für eure Lösungsvorschläge eine Darstellungsform (z. B. Rollenspiel). Stellt sie der Klasse vor und wertet sie aus.

Werkstatt: Was ist eine gute Erziehung?

Erziehung ist kein Kinderspiel

Eltern haben das Recht und die Pflicht, für ihre Kinder zu sorgen. So steht es im Bürgerlichen Gesetzbuch. Dieses elterliche Sorgerecht bezieht sich auf die Person und auf das Vermögen des Kindes. Die Eltern sollen das Kind in seiner Entwicklung zu einer eigenständigen Persönlichkeit unterstützen.

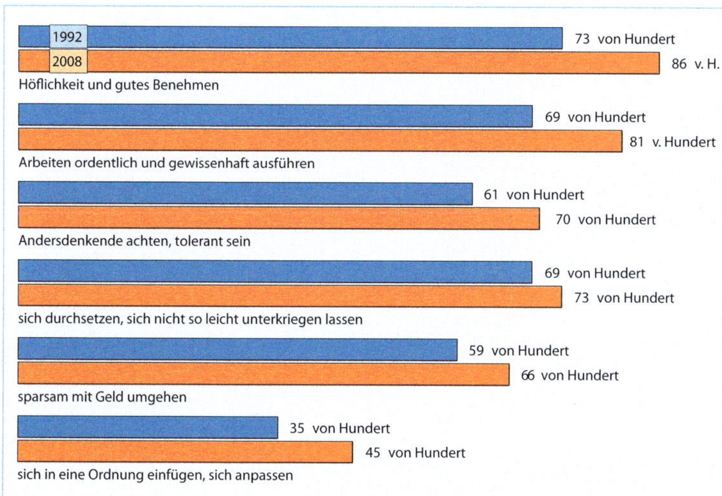

M1 Erziehungsziele im Wandel *Quelle: Allensbach 2008*

1 Welche Erziehungsziele waren früher wichtig (M 1, M 2, M 4)?

2 Beschreibt, wie sich die Erziehungsziele in den letzten Jahren gewandelt haben (M 1, M 4).

3 Welche Aussagen zur elterlichen Erziehung kommen in M 5 mehrfach vor? Welche Widersprüche erkennt ihr? Überlegt auch, warum heute viele Eltern Rat in Erziehungsfragen suchen.

4 **a** Was gehört deiner Meinung nach zu einer guten Erziehung (M 1, M 3, M 4, M 5)? Notiere zehn Erziehungsziele.

b Bildet Gruppen, in denen Jungen und Mädchen vorkommen. Vergleicht eure zehn Erziehungsziele. Gibt es (zu?) große Unterschiede oder würdet ihr am „selben Strang" ziehen? Einigt euch in der Gruppe auf fünf Erziehungsziele, denen alle zustimmen. Vergleicht die Ergebnisse der Gruppen.

M2 Zeitzeugenberichte

Erziehung der (Ur-)Großeltern

„Wir wurden als Kinder zu absolutem Gehorsam erzogen. Was die Eltern wollten, das haben wir auch getan." (geboren 1908)

„Meine Mutter hat sich auch nicht nerven lassen. Da gab es eben eine Ohrfeige, wenn es nicht so gelaufen ist." (geboren 1940)

nach J. Ecarius, in: Aus Politik und Zeitgeschichte 23/2002

Die heutige Jugend ist vor allem ein Ergebnis der elterlichen Erziehung. Familien sind der Ort, an dem Kinder wesentliche Prägungen für ihr gesamtes Leben erfahren. Die meisten Kinder und Jugendlichen sind mit der heutigen elterlichen Erziehung sehr zufrieden und würden ihre eigenen Kinder später einmal genauso erziehen wollen, wie die eigenen Eltern dies getan hätten. Der Erziehungswissenschaftler Klaus Hurrelmann schätzt aber, dass es etwa 15 Prozent vollkommen überforderte Elternhäuser gibt. Um diesen Eltern die für eine gelingende Erziehung unerlässliche Mischung aus liebevoller Zuwendung und notwendiger Distanz, aus Klarheit und Zuverlässigkeit beizubringen, fordert er Trainingskurse.

M3 www.zeit.de/2006/39/Shell_Studie
Abruf: 4.4.2008

M4 Erziehungsrecht im Wandel

§ 1631 Abs. 2 Bürgerliches Gesetzbuch

Fassung von 1896: Kraft Erziehungsrechts darf der Vater angemessene Zuchtmittel gegen das Kind anwenden.

Fassung seit 2001: Kinder haben ein Recht auf gewaltfreie Erziehung. Körperliche Bestrafungen, seelische Verletzungen und andere entwürdigende Maßnahmen sind unzulässig.

M5 Titelseiten von Erziehungsratgebern und Zeitschriften

Ein Klaps hat noch keinem geschadet, oder?

M1
Auszug aus dem Plakattext zu M2

In der Kindererziehung ist kein Platz für Demütigungen und seelische Verletzung. Kinder haben ein Recht auf gewaltfreie Erziehung.

M2 **Ausschnitt aus einer Plakatkampagne des Bundesministeriums für Familie, Senioren, Frauen und Jugend, 2001**

M3 **Warum wenden Eltern Gewalt an?**
Gewalt ist oft ein Ausdruck von Hilflosigkeit und Unsicherheit. Besonders häufig kommt es zu Gewalttätigkeiten, wenn die Eltern sehr belastet sind: Streitigkeiten und Probleme zwischen den Eltern, berufliche Probleme, finanzielle Schwierigkeiten … Manche Eltern empfinden in Streitsituationen einen Machtverlust gegenüber ihren Kindern und wollen durch körperliche Gewalt ihre Autorität wiederherstellen. Viele Eltern halten Schläge zudem immer noch für ein wirksames Mittel, Kindern ein bestimmtes Verhalten abzuzwingen.

Hans-Jürgen van der Gieth, Winfried Kneip, Gewalt stoppen. Projekte zur Gewaltprävention, Berlin 2000, S. 34

M4 Im Supermarkt

M5 Über Stock und Stein

ASTRID LINDGREN: „Eine alte Dame hat mir einmal berichtet. Sie war eine junge Mutter, als ihr kleiner Sohn etwas getan hatte, wofür er ihrer Meinung nach eine Tracht Prügel verdiente, die erste in seinem Leben. Sie schickte ihn in den Garten, um einen Stock zu suchen, den er ihr dann bringen sollte. Der kleine Junge ging und blieb lange fort. Schließlich kam er weinend zurück und sagte: ‚Ich habe keinen Stock finden können, aber hier hast du einen Stein, den kannst du ja nach mir werfen.' Da aber fing auch die Mutter an zu weinen, denn plötzlich sah sie alles mit den Augen des Kindes. Das Kind musste gedacht haben: ‚Meine Mutter will mir wirklich weh tun, und das kann sie ja auch mit einem Stein.' Sie nahm ihren kleinen Sohn in die Arme. Dann legte sie den Stein auf ein Bord in der Küche, und dort blieb er liegen als ständige Mahnung an das Versprechen, das sie sich in dieser Stunde selber gegeben hatte: ‚Niemals Gewalt!'"

zitiert nach: BMFSFJ: Gewaltfreie Erziehung – Bilanz nach Einführung des Rechts auf gewaltfreie Erziehung. Berlin 2003, S. 23

M6 „Wie oft habe ich dir schon gesagt, du sollst deine Schwester nicht schlagen?"
Karikatur: Gerhard Mester

Webcode: PE643561-063

Das Recht auf gewaltfreie Erziehung in der Realität

Seit dem Jahr 2000 gibt es im BGB das Recht auf gewaltfreie Erziehung. wdr.de sprach mit Martina Huxoll, Fachberaterin für Gewalt gegen Kinder und Jugendliche beim Deutschen Kinderschutzbund NRW in Wuppertal.

wdr.de: Seit dem Jahr 2000 gibt es das Recht auf gewaltfreie Erziehung. Wie sieht das in der Realität aus?

Martina Huxoll: Leider ist es so, dass es für noch immer viel zu viele Kinder alltägliche Gewalt in der Erziehung gibt. Positiv ist, dass Mütter und Väter bei Befragungen eine gewaltfreie Erziehung befürworten. Anspruch und Wirklichkeit klaffen derzeit noch sehr auseinander. Eltern brauchen Unterstützung zur Umsetzung des Rechts auf gewaltfreie Erziehung. Der Kinderschutzbund und andere Einrichtungen bieten in Elternkursen die Möglichkeit, neue Verhaltens- und Sichtweisen zu erproben. Gewalt in der Erziehung wird zunehmend weniger, wenn auch langsam über viele Jahre.

wdr.de: Was muss getan werden, um Gewalt gegen Kinder einzudämmen?

Martina Huxoll: Ich sehe noch viel Informationsbedarf. Zukünftig soll niemand mehr sagen, ein Klaps hätte noch keinem geschadet. Untersuchungen haben nachgewiesen, dass Kinder, die mit Schlägen und Gewalt aufwachsen, mit höherer Wahrscheinlichkeit in Konflikten auch selbst zuschlagen und auch als Erwachsene gewalttätiger sind.

M7 nach: www.wdr.de/themen/kultur/1/kinderschutzbund/interview.jhtml. *Abruf: 4.4.2008*

Hier findet ihr Hilfe:

☎ **„Nummer gegen Kummer"**
(0800) 1 11 03 33 (gebührenfrei)
Mo–Fr 15.00–19.00 Uhr Kinderschutzbund

1. Erkläre, was das Plakat (M2) in Verbindung mit dem Textauszug (M1) aussagen soll.
2. Gebt den Inhalt von M5 kurz wieder.
   a Was will die Mutter mit dem Stock eigentlich bezwecken?
   b Was denkt der Junge über die Absichten der Mutter?
   c Erklärt, was Astrid Lindgren mit der Geschichte ausdrücken wollte.
3. Warum wenden Eltern Gewalt an? (Arbeitet in Kleingruppen.)
   a Macht Vorschläge, was die Personen in M4 denken könnten.
   b Wie könnte die Situation weitergehen?
   c Findet gewaltfreie Lösungen für die Situation.
   d Kann man mithilfe von M3 und M4 rechtfertigen, dass manche Eltern Gewalt anwenden?
4. Beantwortet mithilfe von M6 und M7 die Titelfrage der Doppelseite.
5. Warum ist es in Deutschland verboten, Kinder zu schlagen? Schreibe eine Begründung und verwende dazu M2, M4 und M7.

Die Clique wird wichtiger

M 1 Dein Wunschzimmer

M 2 Kinderzimmer

M 3 Jugendzimmer

Das eigene Zimmer – Spiegel der Persönlichkeit?

Jugend meint den Zeitabschnitt zwischen 12 und 18 Jahren, in dem aus Kindern „Leute“, Erwachsene werden. Die Übergangszeit vom Kind zum Erwachsenen ist vor allem eine Zeit der Suche nach dem eigenen Ich, der eigenen Identität. Im Unterschied zur Kindheit wird das eigene Tun verstärkt hinterfragt und geprüft. „Was ist gut und was ist schlecht für mich?“ und „Warum ist etwas gut bzw. schlecht?“. Man probiert aus, was zu einem passt und was nicht. Vieles, was zuvor interessant war, wird nebensächlich. Nichts drückt die sich wandelnden Interessen und Bedürfnisse besser aus als das eigene Zimmer. Hier stellen Jugendliche aus, was sie interessiert, und sie zeigen auch an, wie sie von anderen gern gesehen werden möchten. Häufig verrät die Gestaltung des persönlichen Raums auch, zu welchem Freundeskreis man sich zugehörig fühlt – und von wem man sich abgrenzen will. Ob

ein Poster der anerkannten Fußballmannschaft, bestimmte Playstation-Spiele, persönliche Andenken oder Starschnitte von Popstars, die „die anderen“ auch gut finden.

Die Clique – wichtiger als die Familie?

Auch wenn es den Eltern weh tut: Der Abnabelungsprozess, die Entwicklung einer eigenen Persönlichkeit, ist die wichtigste Entwicklungsaufgabe der Jugend. In dieser Lebensphase spielen gleichaltrige enge Freundinnen und Freunde eine besonders wichtige Rolle. Eine Clique hilft bei der eigenen Orientierung. Freunde und die Aktivitäten mit ihnen werden mit zunehmenden Alter immer wichtiger.

M4 Was ist eine Gruppe?

Eine soziale Gruppe unterscheidet sich von einer rein zufälligen Ansammlung von Menschen (z. B. wartenden Fahrgästen am Bahnsteig) durch gemeinsame Ziele. Weil sich Gruppen für etwas gemeinsam einsetzen, müssen sie sich miteinander befassen und gemeinsam anstrengen. Sie müssen für eine bestimmte Dauer oder regelmäßig zusammenkommen. Daraus entsteht ein Zusammengehörigkeitsgefühl (Wir-Bewusstsein), man fühlt sich verantwortlich für die Gruppe. In eine Gruppe kann man fest eingebunden sein, weil man in sie hineingeboren wurde (Familie) oder dazu verpflichtet ist (z. B. Schulklasse). Eine Gruppe kann sich aber auch freiwillig, nur aufgrund gemeinsamer Neigungen bilden (Verein, Clique). Eine „Clique“ – Soziologen sprechen von Peergroup (engl. peer = Gleichaltrige/-r) – gibt emotionalen Rückhalt und hilft bei der eigenen Orientierung. Die Jugendlichen stecken in der gleichen Lebensphase und haben ähnliche Interessen und Sorgen. Sie erfahren aber auch ihre Andersartigkeit, Neid oder sogar Konkurrenz. In der Gleichaltrigengruppe bilden sich eigene Regeln heraus, die sich z. B. über die Kleidung oder Musikvorlieben zeigen. Der elternlose Freiraum wird als „Spielfeld“ genutzt, um soziales Verhalten auszuprobieren, intensive Freundschaften aufzubauen und erste Liebesbeziehungen einzugehen.

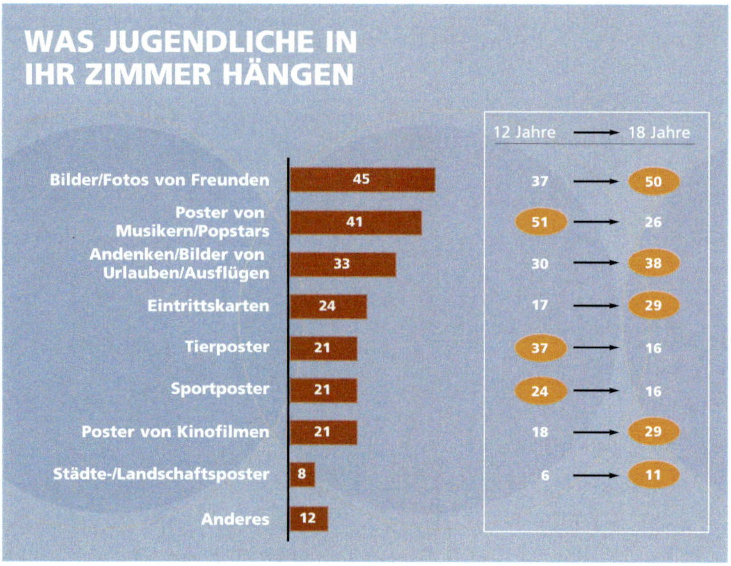

M5 Was ist Jugendlichen wichtig? *(Quelle: Bravo Faktor Jugend 7, 2004)*

1. „Das eigene Zimmer – ein Spiegel der Persönlichkeit?“
   - a Ihr habt die Möglichkeit, euer Zimmer neu einzurichten (M 1). Zeichnet eine Skizze einer Zimmerwand eures Wunschzimmers.
   - b Überprüft eure Erfahrungen mit M 5.
2. Beschreibe den Wandel vom Kinder- zum Jugendzimmer mithilfe der Materialien M 1–M 3. Was genau ändert sich?
3. Erstelle eine Tabelle: Wodurch unterscheidet sich eine Clique als soziale Gruppe von einer Familie? (M 4)
4. Notiere, welchen Gruppen du im Alltag angehörst, und nummeriere sie nach ihrer Wichtigkeit für dich.
5. Welche Zusammenhänge seht ihr zwischen der Zugehörigkeit zu einer bestimmten Gruppe und der Einrichtung des Zimmers?
6. Überlege,
   - in welchen Gruppen es vor allem um den Zusammenhalt geht und
   - in welchen Gruppen Abgrenzung von anderen oder Konkurrenz eine Rolle spielen.

Anpassen oder eigener Stil?

M 1 Qual der Wahl

Gruppen bedeuten Zusammengehörigkeit: ein Gefühl von Nähe gegenüber den anderen Gruppenmitgliedern und Abgrenzung nach außen. Beides wird häufig durch Äußerlichkeiten wie eine bestimmte Kleidung oder eine bestimmte Sprache hergestellt. Die meisten behaupten, ihren ganz eigenen, persönlichen Stil zu haben. Aber ist es wirklich so? Oder haben eure Freunde einen großen Einfluss darauf, wie ihr euch stylt, welche Produkte ihr kauft, wie ihr eure Freizeit gestaltet und welchen Vorbildern ihr folgt? Oft führt der Wunsch nach Zugehörigkeit zu einer Clique und das Streben nach Anerkennung dazu sich anzupassen.

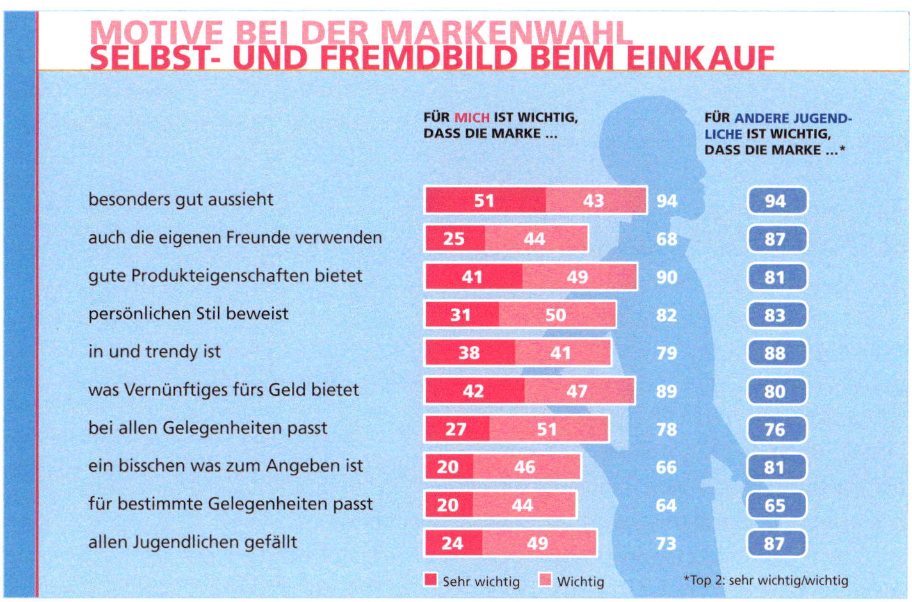

M 2 Markenwahl – Selbst und Fremdbild *(Quelle: Bravo Faktor Jugend 7, 2004)*

M3 Erlaubt ist, was gefällt?

Interview mit Christoph, der sich innerhalb eines Jahres vom Markenartikel tragenden Techno-Anhänger zum Skate-Punker mit weiten Hosen und langen Haaren gewandelt hat. Politisch sieht er sich als „Antirassisten und links".

Jetzt höre ich so Punk, Ska und so, oh Gott, die Bezeichnungen dafür, die kenne ich alle gar nicht, also Musik, die mir gefällt.

Heute legen sich Jugendliche überall auf eine Musikrichtung fest. Entweder ist man 'n Technoheld, man ist 'n Hip-Hop-Freak oder man mag Popsachen, die grad im Fernsehen laufen. […] Das find ich echt ziemlich hart so, nur auf eine Musikrichtung aus zu sein, Musik spielt 'ne sehr wichtige Rolle, find ich. Und sich denn auf eins festzulegen, das ist auch so 'ne Sache von Zwang, Gruppenzwang (stöhnt). Also, ich höre das, was mir gefällt.

Ich war auch schon in der Szene, so Techno, drin gewesen und da hab ich mich nicht wohl gefühlt. Da musste ich immer was beweisen, ich musste mir Sachen anziehen, damit ich bei denen gut ankomme.

Jetzt mach ich halt das, was mir gefällt. Und ich bin jetzt voll gegen das, was die andern machen. Und das finden die natürlich doof (lacht).

Die aus meiner Klasse: „Wie rennst denn du rum?" und so, und „Was machst denn du?", „Hörst du so 'ne Musik?", „Wieso hörst du det?" und „Ist doch eklig!", und ach! Von überall her kommt der Zwang, auch von den Skateboardfahrern. Die hören ja Punk, und wenn ich da mal ohne Punk ankomme, dann denken die solche Sachen, so: „Hey, wat bist denn du für einer?" […] Das is' ja auch Gruppenzwang, von wegen, wir kämpfen gegen Rechte, die sich einordnen, in Sachen Klamotten und so.

13. Shell-Jugendstudie 2000, Bd. 2. S. 115 f. (gekürzt)

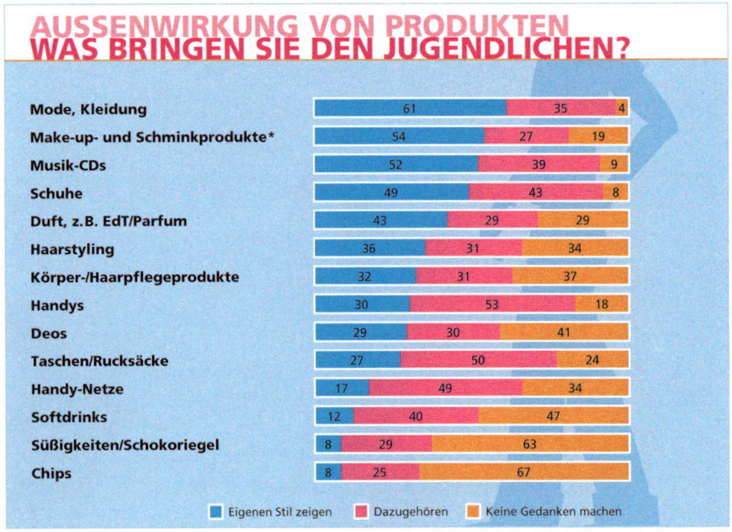

M4 Außenwirkung von Produkten *(Quelle: Bravo Faktor Jugend 7, 2004)*

1 Der Junge in M 1 will sich Turnschuhe kaufen. Was geht ihm wohl durch den Kopf? Führt ein Brainstorming durch.

2 Werte M 2 aus: Worauf legen Jugendliche beim Kauf besonderen Wert (erste Spalte), was glauben Jugendliche, warum andere Jugendliche Produkte hauptsächlich kaufen (zweite Spalte)?

3 Stelle in einer Tabelle die Szenen oder Gruppen zusammen, denen Christoph angehört (hat), und notiere, welche Moden und Verhaltensweisen und welcher Musikgeschmack dort jeweils gelten. (M 3)

4 Werte M 4 aus:
   a Welche Produkte dienen dem Ausdruck der eigenen Persönlichkeit, welche dienen in hohem Maße der Anpassung an die Clique?
   b Vergleiche die Ergebnisse mit deinen eigenen Erfahrungen und mache dir Stichpunkte. Tausche dich anschließend mit deinem Nachbarn darüber aus.

5 Erläutere, was Christoph an Jugendlichen und Gruppen stört. Besprecht in der Klasse, ob ihr ähnliche Erfahrungen auch kennt (M 3).

6 Stelle dar, wie Christoph mit Gruppenzwang umgeht und welche Reaktionen er darauf erhält. Wie findest du sein Verhalten? Begründe deine Meinung.

Werkstatt: Gruppendruck

1 Führt das „Erdnuss-Experiment" durch und wertet es anschließend gemeinsam aus.
   a Wie haben die Spieler, also die Erdnussesser und die „Verweigerer", ihre Rollen und das Spiel erlebt?
   b Was haben die Beobachter gesehen:
      – Welche Strategien und Gegenstrategien wurden angewandt, um den eigenen Willen durchzusetzen, also um Druck auszuüben oder abzuwehren?
      – Gab es Verhaltensweisen und Argumente, die besonders wirkungsvoll waren?
      – In welchen Situationen herrschte eine besonders unangenehme oder bedrückende Atmosphäre?
      – Welche Rolle spielten Körperhaltung, Gestik und Tonfall?

2 Überlegt, ob das Experiment anders verlaufen wäre, wenn es nur einen „Verweigerer" gegeben hätte.

3 Spielt in Gruppen die in den Bildern beschriebenen Situationen nach (Rollenspiele) und wertet sie gemeinsam aus.
   a Wie ist es den Spielern A und C in ihren jeweiligen Rollen ergangen?
   b Was haben die Beobachter gesehen? Dabei können euch wieder die Fragen aus 1b helfen.

4 Manchmal ist es nicht möglich, die Situation allein aufzulösen. Überlegt gemeinsam, wann es ratsam sein könnte, einfach wegzugehen oder andere um Hilfe zu bitten.

5 Gestaltet ein Lernplakat, auf dem ihr alle hilfreichen Strategien gegen negativen Gruppendruck festhaltet.

Das „Erdnuss-Experiment"

Für dieses Experiment benötigt ihr eine Tüte Erdnüsse und sechs freiwillige Mitspieler. Die übrigen Teilnehmer sind Beobachter. Vier Teilnehmer essen während des Experiments Erdnüsse und versuchen möglichst alle anderen in der Gruppe dazu zu bringen, auch Erdnüsse zu essen. Dabei verfolgen sie unterschiedliche Strategien. Einer preist beispielsweise die Vorzüge und den guten Geschmack der Erdnüsse an, der Nächste weist auf die „gute Gemeinschaft der Erdnussesser" hin, ein anderer droht vielleicht den „Verweigerern" und stellt die bisher gute Beziehung infrage, wenn sie sich nicht am Erdnussessen beteiligen. Der Vierte im Bunde schließlich könnte den „Verweigerern" offen mit Ausschluss aus der Gruppe drohen. Zwei Mitglieder haben die feste Absicht, keine Erdnüsse zu essen, verlassen jedoch nicht die Gruppe.

Du (A) bist mit deiner Clique (C) unterwegs zu einem Stadtbummel. Ihr seht euch in der Musikabteilung eines großen Kaufhauses um. Die Verkäufer haben viel zu tun, das Sicherheitssystem ist lückenhaft – da wäre es ganz leicht, etwas mitgehen zu lassen, meinen die anderen in der Clique.

Du (A) hast mit dem Rauchen angefangen, weil du es einfach schick findest. Außerdem hast du die Sache im Griff und könntest jederzeit wieder aufhören. Deine Freunde (C) wollen dich überreden, das Rauchen sein zu lassen. Schließlich hast du deinen Eltern versprochen, bis zu deinem 18. Lebensjahr nicht zu rauchen – dafür wollen sie dir den Führerschein finanzieren.

Du (A) bist Allergiker und reagierst stark auf bestimmte Inhaltsstoffe von Nahrungsmitteln, die vor allem in Fastfood-Produkten enthalten sind. Deine Clique will gemeinsam die neuen MacBurger ausprobieren, und da sollen alle mitmachen.

Eure Clique (C) ist eine starke Truppe, die viel gemeinsam unternimmt und jede Menge Spaß hat. Klar, dass da auch andere aus der Klasse gern dazugehören möchten, wie z. B. Bernhard.
Deine Clique (C) hält ihn allerdings für ein rechtes Muttersöhnchen, während du (A) ihn ganz sympathisch findest.

Du (A) hast den Schlüsselbund eines Lehrers gefunden, den er aus Versehen hat stecken lassen. Einige Mitschüler (C) haben dies mitbekommen und wollen den Schulschlüssel behalten und nur die übrigen Schlüssel vor dem Hausmeisterraum ablegen.

Ein neuer Mitschüler hat dich (A) zu Beginn des neuen Schuljahres verpetzt, als du deine Hausaufgaben abgeschrieben hattest. Du warst stocksauer auf ihn, und seitdem hat er keine Schnitte mehr bei dir. Deine Clique (C) bedrängt dich, ihm eine neue Chance zu geben.

Kinderarmut in Deutschland?

M 1 Kinderarmut in reichen Ländern

Wie sieht Kinderarmut in Deutschland aus?

Kinderarmut in Deutschland – da geht es nicht um Bilder von 5-Jährigen, die Steine schleppen für einen Teller Suppe. Armut in reichen Ländern ist unauffälliger. Erst im Vergleich zur übrigen Gesellschaft wird sie deutlich. Laut einer von UNICEF vorgestellten Studie wachsen mehr als 1,5 Millionen Kinder und Jugendliche unter 18 Jahren in Familien auf, die mit weniger als der Hälfte des Durchschnittseinkommens auskommen müssen.

Mix aus Kleinigkeiten

Wenn die Eltern knapp bei Kasse sind, ist es schnell vorbei mit Flötenunterricht oder Sportverein. „Es ist ein Mix aus vielen Kleinigkeiten, der die Kinder im Vergleich benachteiligt", erklärt Beraterin Marina Samra vom Sozialen Zentrum Westhoff in Dortmund. Sie zählt auf: „Da bleibt die kulturelle Bildung auf der Strecke, weil Kino, Zoo und Theater unbezahlbar sind. Die Kleidung ist nicht die Gleiche und das Buch, das gerade ‚in' ist, gibt es noch nicht in der Bibliothek. Damit tun sich besonders Heranwachsende schwer."

Armut auf Zeit

Meistens handelt es sich bei Armut um eine Phase, oft wenn die Eltern sich trennen oder arbeitslos werden. Etwa 60 % der Kinder leiden ein Jahr, 4 % mehr als fünf Jahre darunter. Vom Staat gibt es je nach Lebenslage gesetzlich festgelegte Hilfen, jeder bekommt das Gleiche. (…)

Staatliche Hilfe

„Die Regelsätze sind sehr niedrig angesetzt, oft reicht eine einzige Ausgabe außer der Reihe und die Schraube beginnt sich zu drehen", sagt Sozialarbeiterin Samra. „Ich hatte einen Fall, wo ein Kind zum Sprachförderunterricht über Mittag in der Schule bleiben sollte. Die Mutter konnte die 40 Euro Essensgeld nicht aufbringen, weil sie auch eine neue Brille brauchte."

Wer ist betroffen?

Treffen kann es jeden, den arbeitslosen Arbeiter wie den gescheiterten Unternehmer genauso wie die Akademikerin, die kurz nach dem Studium ein Kind bekommt und dieses alleine erzieht. (…)

Doch die Formel „Kinder gleich Armut" ist laut UNICEF zu einfach. „Kinder sind in Deutschland kein Armutsrisiko. Alarmierend aber ist die überdurchschnittliche Armut von Kindern Alleinerziehender und aus Zuwandererfamilien", sagte Reinhard Schlagintweit, Vorsitzender des Kinderhilfswerks in Deutschland. Nach der Studie haben diese Kinder das weitaus größte Risiko zu verarmen – mit allen Folgen von weniger Chancen in der Bildung bis zur schlechteren Gesundheitsvorsorge, weil an freiwilligen Leistungen gespart wird.

Anneke Wardenbach, www.wdr.de, Abruf: 1.3.2005

Webcode: PE643561-070

1 Gibt es Kinderarmut in Deutschland? Werte den Text M 1 aus, um eine begründete Antwort auf diese Frage zu geben. Prüfe vor allem folgende Fragen:
   a Wie äußert sich Armut? Welche Folgen hat sie für Kinder und Eltern?
   b Wer ist besonders betroffen?
   c Was wird gegen Kinderarmut unternommen?

2 Recherchiere zu der Frage auch im Internet (siehe Webcode) und ergänze deine Antworten durch weitere Informationen.

3 Werte die Plakate (Werbung auswerten) in M 2 aus.

M 2 Kampagnen gegen Kinderarmut (Aktion gegen Armut, Bistum Limburg)

Politik für Familien

M 1 Was Kinder heute kosten

M 2 Geburtenrate

Was bedeutet Familienpolitik?

Kinder sind für jede Gesellschaft wichtig. Die heutigen Kinder finanzieren zum Beispiel mit ihren Steuern und Abgaben in einigen Jahren die Renten der gesamten älteren Generation. Zugleich kosten Kinder den Eltern viel Geld. Unter **Familienpolitik** versteht man daher alles, was eine Regierung tut, um den Familien zu helfen. Zur Familienpolitik gehören zum Beispiel Gesetze, die festlegen, dass Familien mit Kindern nicht so viel Steuern zahlen müssen wie andere Leute.

Durch ein neues Gesetz, das Kinderförderungsgesetz, soll bis 2013 für jedes dritte Kind unter drei Jahren ein Rechtsanspruch auf einen Platz in einer Kindertagesstätte oder bei einer Tagesmutter bestehen. Ein besseres Betreuungsangebot gibt Kindern mehr Chancen, es macht den Familienalltag leichter und lässt Zeit für den Beruf. Genau das ist es, was sich viele Eltern und Alleinerziehende heute wünschen.

M 3 Vorbild Frankreich?

Das Besondere an der französischen Familienpolitik ist nicht die europäische Spitzenquote von 2,0 Kindern pro Frau. Bemerkenswert ist vor allem, dass 80 Prozent der Französinnen mit zwei Kindern ihrem Beruf nachgehen – in Deutschland sind es nur knapp 60 Prozent. Und es fällt auf, dass der Kinderwunsch mit zunehmender Bildung und gehobener Berufsposition nicht wie üblich sinkt, sondern steigt. Eine Französin kann heute sicher sein, dass weder Heirat noch Geburt sie aus der Bahn werfen. So hat fast jedes dritte Kind einen Platz in der Kinderkrippe, die Mehrzahl wird von einer der 500 000 professionellen Kinderfrauen betreut und vom dritten Lebensjahr an bis zum Abitur gibt es Ganztagsschulen.

P. Bredebach u. a.: Menschen-Märkte-Räume, Band 3. Berlin 2006, S. 78

M4 Karikatur

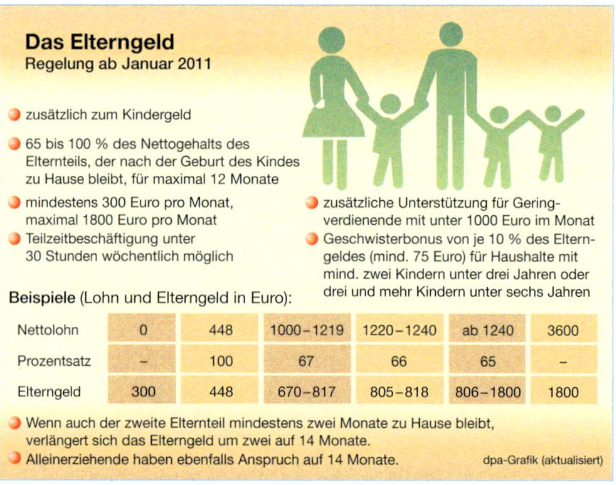

M6 Das Elterngeld

M5 **Kinder und Beruf**

Die 36-jährige Grafikerin Lea Rau traute ihren Augen nicht, als sie ihre zurückgesandte Bewerbung durchblätterte. Mit dickem Rotstift waren die Namen ihrer drei Kinder im Lebenslauf unterstrichen. Berufs- und Auslandserfahrung, gute Englischkenntnisse – das alles konnte sie vorweisen. Vergeblich. „Es lag an den Kindern", ist sie sich sicher. Es gibt viele Firmen, die keine Bewerberin mit Kind nehmen. Wenn unter fünf Kandidaten eine Mutter ist, hat sie keine Chance. Bei Männern spielt das keine Rolle. Kaum ein Vater wird im Vorstellungsgespräch gefragt, wie er die Betreuung seiner Kinder regelt. Bei Müttern dagegen kann sich an dieser Frage entscheiden, ob sie den Job kriegen. Etwa 70 % der Frauen in Führungspositionen sind kinderlos. Denn wer nach oben will, muss ständig verfügbar sein. Karriere machen die meisten Frauen selbst dann nicht, wenn sie auf Kinder verzichten – schließlich gilt jede Frau als mögliche Mutter. Nur zehn Prozent der Führungskräfte in deutschen Großunternehmen sind weiblich.

F. Melzer in: Die Zeit 9/2003 (vereinfacht)

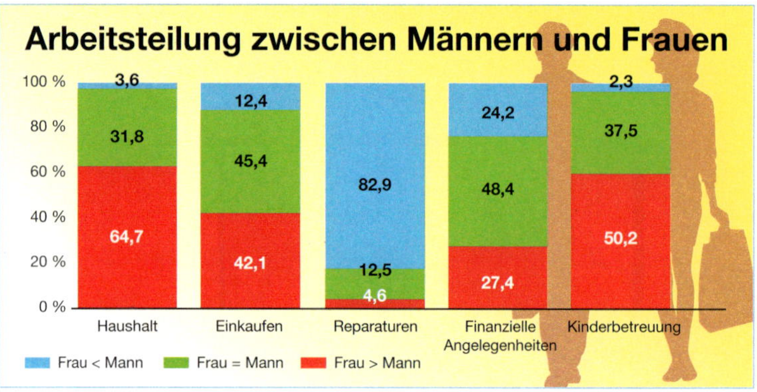

M7 **Wer macht den Haushalt?**

Quelle: TNS Infratest Sozialforschung GmbH 2010 (Studie „Beziehungen und Familienleben in Deutschland", TU Chemnitz)

1 Berechne nach den Angaben im Schaubild M 1, wie viel Geld Eltern durchschnittlich in einem Jahr für ein Kind ausgeben.

2 Nenne ausgehend von den angesprochenen Themen auf den Seiten 72 und 73 Aufgaben der Familienpolitik.

3 Erläutere, auf welches Problem die Karikatur M 4 verweist.

4 Überlegt gemeinsam, wie die Wünsche nach Kindern und Berufsausübung (M 3, M 4, M 7) besser vereinbart werden können. Geht vor allem auf folgende Fragen ein:
   a Wie sollte die Arbeit im Haushalt und bei der Kindererziehung aufgeteilt werden?
   b Welche Unterstützung können staatliche Einrichtungen und Betriebe geben (M 3).

5 Sammelt Vorschläge und Begründungen, mit denen ihr das Unternehmen aus Beispiel M 5 überzeugen könntet, eine Frau mit Kindern einzustellen.

Wohin mit Oma?

Familie Berghausen hat ein Problem

In dieser Wohnung (M1) wohnt die Familie Berghausen. Sie besteht aus den beiden Eltern und ihren Kindern Klaus (13) und Beate (11).
An einem Sonntag kündigen die Eltern an, etwas Wichtiges mit den Kindern besprechen zu müssen. Sie eröffnen den beiden, dass die Oma (77) nicht mehr länger allein in ihrer Wohnung leben kann und sie deshalb möchten, dass sie zu Familie Berghausen zieht. Deshalb sollen die Kinder ein Kinderzimmer für die Oma freimachen.

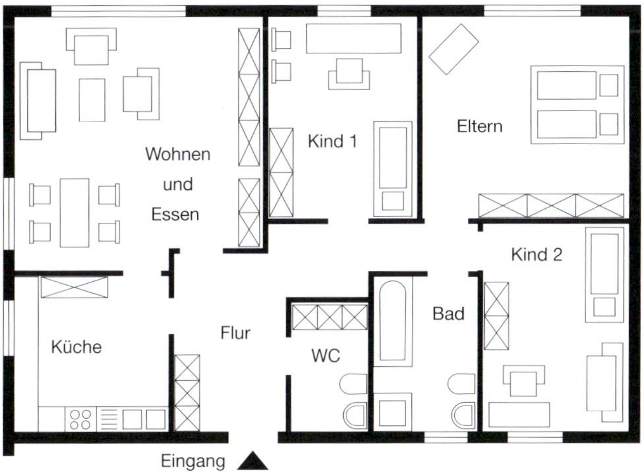

M 1 **Wohnungsgrundriss**

1 Spielt die in M 1 und M 2 vorgegebene Situation nach. (Rollenspiel)
Berücksichtigt zur Auswertung des Spiels folgende Fragen:
- Welche Lösungsmöglichkeiten wurden genannt?
- Aus welchen Gründen wude die Aufnahme der Oma abgelehnt?
- Aus welchen Gründen wird die Aufnahme der Oma befürwortet?

Klärt in diesem Zusammenhang den Begriff Solidarität.

2 Welche Maßnahmen ergreifen Politik und Gesetzgeber, um alte Menschen zu unterstützen (M 3 und M 4)?

3 Erkundet in Gruppen an eurem Wohnort die Möglichkeiten, wie ältere Menschen betreut und untergebracht werden (siehe Seite 57).

M 2 **Spiegel-Titelbild**

M 3 **Die gesetzliche Pflegeversicherung**

Mit höherem Alter steigt das Risiko der Pflegebedürftigkeit. In Deutschland gibt es über 2 Millionen Pflegebedürftige. Etwa 1,5 Millionen davon werden in der Familie gepflegt. Nicht alle Menschen können jedoch von Angehörigen betreut werden, 700 000 leben daher in Pflegeheimen. Das ist meist teurer, als es die bezogene Rente oder die Ersparnisse zulassen. Deshalb wurde 1995 für alle eine gesetzlich verbindliche Pflegeversicherung eingeführt. Sie soll die Finanzierung im Falle der Pflege sichern. Vor allem die hochbetagten über 80-Jährigen brauchen so manche Hilfe bei der Körperpflege, bei der Ernährung oder bei der Bewegung.
Dennoch hat eine große Zahl alter Menschen keinen sorglosen Lebensabend. Vor allem Frauen, die in der Jugend keine Chance hatten, einen Beruf zu erlernen, und als Ungelernte arbeiteten, erhalten nur geringe Renten. Viele Frauen, die die Kinder erzogen und den Haushalt versorgten, zahlten kaum etwas in die Rentenversicherung ein.

Autorentext

M4 Wohnung und Unterstützung für Senioren

Die meisten alten Menschen wünschen sich, solange es geht, selbstbestimmt in den eigenen vier Wänden zu wohnen. Deshalb sollte die Politik dafür sorgen, dass zukünftig mehr altersgerechte Wohnungen bereitgestellt werden. Diese liegen am günstigsten in zentraler Lage, um bequem Geschäfte, Freizeiteinrichtungen, Ärzte erreichen zu können. Auch die Wohnungsausstattung sollte auf die Bedürfnisse der alten Menschen Rücksicht nehmen. So dürfen Stufen nicht zu steil oder Fußböden nicht zu glatt sein. So genanntes betreutes Wohnen erleichtert vor allem alleinstehenden alten Menschen das Leben. Der Mietvertrag garantiert im Bedarfsfall bestimmte Hilfeleistungen, z. B. Essenszubereitung, Putz- und Reparaturdienste. Sehr wichtig ist es, neben der Erhaltung der Selbstständigkeit den älteren Menschen ein aktives Mitwirken am gesellschaftlichen Leben zu ermöglichen.

Das Ministerium für Familie, Senioren, Frauen und Jugend hat dazu ein Heft erstellt mit dem Titel „Helfen wir uns selbst – Eigeninitiative und soziale Mitverantwortung im Alter“.

Erkundungsbogen der Klasse 7 b

1. Wann wurde das Altenheim gebaut? (Melanie)
2. Wie groß ist das Heim? (Günter)
3. Wie viele Leute wohnen zurzeit in diesem Altenheim? (Melanie S.)
4. Wie viele Leute können hier insgesamt wohnen? (Matthias)
5. Was machen die alten Menschen hier? (Werner)
6. Wie gefällt es den Heimbewohnern hier? (Stefan)
7. Kommen die alten Menschen gerne/freiwillig ins Altenheim? (Daniel)
8. Welche Probleme haben alte Menschen? (Julia)
9. Kommen die Heimbewohner gut miteinander aus? (Verena)
10. Welche Problemfälle gibt es im Altenheim? (Patricia)
11. Dürfen die Heimbewohner heimfahren, wenn sie wollen? (Sebastian)
12. Was tun Sie, wenn es jemandem im Heim nicht gefällt? (Peter)
13. Was kostet ein Heimplatz? (Max)
14. Gefällt Ihnen die Arbeit hier im Altersheim? (Yvonne)
15. Welchen Schulabschluss braucht man, um Altenpfleger/-in werden zu können? (Ayshe)
16. Wie lange muss man am Tag als Altenpfleger/-in arbeiten? (Manuel)
17. Wie viel verdient man als Altenpfleger/-in? (Astrid)
18. Wie alt ist der älteste Heimbewohner/die älteste Heimbewohnerin? (Daniel G.)
19. Wie könnten wir oder andere junge Menschen den Heimbewohnern eine Freude machen? (Julia)

M5 Flur im Seniorenheim

M6 Freizeitgestaltung

Jung und Alt – Vorteile und Vorurteile

M 1 **„Kannst du nicht hören?“** *Karikatur*

M 2 Immer Ärger mit den Alten?

Sina berichtet im Unterricht:

(…) Fast jedes Mal, wenn ich nach der Schule kaputt in den Bus steige und mich nach einem Sitzplatz sehne, muss ich Platz machen für eine alte Frau oder einen alten Mann. Die haben doch genug Zeit, auch einen späteren Bus zu nehmen, wenn weniger Schüler mitfahren. Aber auf die Idee kommen sie nicht. Kaum rufen wir im Bus: „Eh, was haben wir in Mathe auf?“ oder „Wann kommst du heute vorbei?“ sind uns genervte Blicke der Alten sicher. Viele meckern gleich los, ob wir uns nicht benehmen können. (…) MP3-Player hören ist für die überhaupt das Letzte. „Das Gekreische ist ja nicht zum Aushalten“, meinte neulich ein Opa. Ich dachte immer, die hören nicht mehr so gut, aber denkste! Die meckern immer gleich los und meinen, sie hätten sich früher besser benommen als wir Jugendlichen heutzutage. Für uns haben die anscheinend echt kein Verständnis.

T. Berger v. d. Heide (Hrsg.): Menschen-Zeiten-Räume 7. Berlin, 1997, S. 68

Webcode: PE643561-076

M 3 Meine Omi ist nicht alt

Lisa (14 Jahre) erzählt:

(…) Ich kenne meine Oma schon lange. Logisch! Sie ist 67 Jahre alt, glaube ich. Wie alt sie ist, ist mir aber egal, sie macht alles mit und meckert nicht so wie meine Mutter. Sie hört mir zu, wenn ich down bin, Liebeskummer oder eine 5 in Englisch habe. Neulich hat sie mich ins Kino eingeladen. Da Oma mehr Zeit hat als meine Mutter, gehen wir auch oft in der Stadt bummeln. Da springt dann schon mal eine Jeans für mich raus. Oma ist viel gereist und hat tolle Dinge erlebt. Sie kann Interessantes aus anderen Ländern und von früher erzählen. Manchmal, glaub ich, lerne ich bei ihr mehr als in der Schule.

T. Berger v. d. Heide (Hrsg.): Menschen-Zeiten-Räume 7. Berlin, 1997, S. 68

M 4 *Foto: Herbert Gutsch*

Deutschland wird älter

Deutschland hat rund 80 Millionen Einwohner. Die Menschen über sechzig Jahre machen mehr als 25 % unserer Bevölkerung aus. Nach Berechnungen wird der Anteil dieser Gruppe im Jahr 2050 bei 40 % liegen. Im Ergebnis nimmt das **Durchschnittsalter der Bevölkerung** in Deutschland zu. Doch welche Ursachen hat diese Entwicklung? Wurden Menschen vor hundert Jahren im Durchschnitt gerade einmal 46 Jahre alt, so werden sie heute fast 80 Jahre. Gründe für die steigende Lebenserwartung sind Fortschritte in der Medizin und die bessere Versorgung mit Nahrungsmitteln. Für heutige Kinder haben Bevölkerungsforscher errechnet, dass etwa jedes zweite Kind einmal 100 Jahre alt werden wird. In Deutschland werden immer weniger Kinder geboren. 1860 bekam eine Frau in Deutschland noch durchschnittlich fünf Kinder. Doch seit Einführung der „Pille“ vor 30 Jahren ist die Entscheidung gegen Kinder leichter. Seitdem ist eine deutlich sinkende Geburtenrate zu verzeichnen. Heute sind es gerade noch 1,38 Kinder pro Frau. Damit aber die Einwohnerzahl nicht zurückgehen würde, müssten es mindestens 2,1 Kinder pro Frau sein.

Das Bild vom Alter stimmt nicht mehr

Das Ausscheiden aus dem Berufsleben setzen viele Jüngere mit dem Ausscheiden aus der Bevölkerung gleich. Wer „nichts mehr leistet“, wird ausgegrenzt. Senioren betrachten sich im Gegensatz dazu nicht als hilfsbedürftig, passiv, starrsinnig oder gar als unnütz. Die meisten sind gesund, fühlen sich fit und sind durchaus leistungsfähig. Viele sind reiselustig, sportlich aktiv und bildungshungrig. Manche finden in einem Ehrenamt eine sinnvolle Aufgabe.

Und was ist mit der Jugend?

Umgekehrt gibt es viele ältere Menschen, die ein negatives Bild von der heutigen Jugend haben. „Früher war sowieso alles viel besser und die Jugend hatte noch gebührenden Respekt vor uns älteren Menschen.“

M5 Vorurteile zwischen Jung und Alt.
Plakat von Anke Semsky, Johann-Gutenberg-Schule, Stuttgart

1 Überlege anhand des Berichtes von Sina (M 2) und der Karikatur (M 1), warum Konflikte zwischen jungen und alten Menschen entstehen können.

2 Überlege Möglichkeiten, wie man die Konflikte abbauen und das Verständnis füreinander verbessern könnte.

3 Lest den Text M 3. Berichtet über eure Erfahrungen mit alten Menschen. Notiert euch Erlebnisse, die ihr mit alten Menschen hattet.

4 Ordne die Vorurteile aus M 5 danach, ob ein alter Mensch sie über einen jungen denkt oder umgekehrt.

5 Was könnt ihr einem Menschen sagen, der die Behauptung „Jugendliche sind faul!“ aufstellt? Und was antwortet ihr auf die Feststellung „Alte Menschen sind besserwisserisch!“?

KOMPETENZ-Trainer

In Familien leben

Ulf	
6.00 Uhr	Aufstehen, für alle das Frühstück machen
7.30 Uhr	Schulbeginn
13.00 Uhr	Schulschluss
13.30 Uhr	Mittagessen
14.30 Uhr	Hausaufgaben 1. Teil
15.00 Uhr	Jugendclub
16.30 Uhr	Fußballtraining
18.00 Uhr	Abendessen zu Hause, helfen beim Abtrocknen
18.30 Uhr	Zimmer aufräumen, Hausaufgaben 2. Teil
19.15 Uhr	Fernsehen
21.00 Uhr	Zu Bett gehen, noch etwas lesen
21.30 Uhr	Einschlafen

Ulfs Mutter	
6.30 Uhr	Aufstehen, frühstücken
7.00 Uhr	Spülen, aufräumen
8.00 Uhr	Beginn einer Halbtagstätigkeit als Verkäuferin
13.00 Uhr	Mittagessen aufwärmen, essen
14.00 Uhr	Abräumen, spülen
15.00 Uhr	Einkaufen gehen
16.00 Uhr	Kaffeepause, Besorgungen in der Stadt machen
18.00 Uhr	Abendessen zu Hause
18.30 Uhr	Abtrocknen, Reparatur im Haus, Arbeit im Hobbykeller
20.00 Uhr	Stammtisch/Skat
22.30 Uhr	Fernsehen
23.00 Uhr	Einschlafen

Ulfs Vater	
6.30 Uhr	Aufstehen, frühstücken, Aufbruch zur Arbeit als Drucker
7.30 Uhr	Arbeitsbeginn
10.00 Uhr	Kurze Pause
12.00 Uhr	Mittagspause
12.45 Uhr	Fortsetzung der Arbeit
16.00 Uhr	Arbeitsschluss
16.30 Uhr	Badezimmer putzen, Wäsche waschen
17.30 Uhr	Abendessen vorbereiten, essen
18.30 Uhr	Abräumen, spülen, Mittagessen vorkochen
20.30 Uhr	Fernsehen
22.30 Uhr	Einschlafen

M 1 Ein ganz normaler Dienstag? Tagesabläufe in Ulfs Familie

M 2 Familie im 19. Jahrhundert

M 3 Karikatur

M 4 Karikatur

M 5 Richtig oder falsch?

a	In Deutschland wachsen immer weniger Kinder auf.
b	Die Zahl unehelicher Geburten nimmt zu.
c	Gehorsam, Ordnungsliebe und Fleiß gelten heute als die wichtigsten Erziehungsziele.
d	Die Hausarbeit sollte in einer Familie im Wesentlichen von der Frau erledigt werden.
e	Immer mehr Familien gehen auseinander. Im Durchschnitt wird fast jede zweite Ehe geschieden.
f	In Deutschland übernimmt der Staat die zusätzlichen Kosten, die den Eltern von der Geburt des Kindes bis zu seinem 18. Lebensjahr entstehen.
g	Eine Ohrfeige hat noch keinem Kind geschadet.
h	Immer mehr Paare heiraten immer früher.
i	Haben beide Ehepartner einen Beruf, so arbeitet die Frau immer noch doppelt so viel Zeit im Haushalt wie der Mann.
j	Die Familienpolitik in Deutschland soll dazu beitragen, dass nicht mehr so viele Kinder geboren werden.
k	Kein Kind ist verpflichtet, im Haushalt mitzuhelfen.
l	Eine Familie besteht aus Vater, Mutter und mindestens einem Kind.

M 6 Demokratie in der Familie

Was meinst du? Worüber alle Familienmitglieder mitentscheiden sollten:
1. Wie das Familieneinkommen verwendet wird.
2. Wohin die nächste Urlaubsreise geht.
3. Ob in der Wohnung geraucht werden darf.
4. Wie viel Taschengeld Kinder und Jugendliche erhalten.
5. Wie die Hausarbeit aufgeteilt wird.
6. Wie laut die Musik in den einzelnen Zimmern sein darf.

M 7 „Sturmfreie Bude“

Katjas Eltern wollen ein Wochenende in Paris verbringen. Das war ein Geschenk des Vaters für seine Frau zum zehnten Hochzeitstag. Nach einer langen Zeit mit viel Arbeit und wenig Freizeit freuen sich beide auf ein entspanntes und gemeinsames Wochenende. Kurz vor der Abreise erfahren die Eltern, dass Katja die „sturmfreie Bude“ dafür nutzen will, eine Party mit ihren Freundinnen und Freunden zu feiern …

Sachwissen und Analysekompetenz

1 Richtig oder falsch (M 5)? Begründe deine Entscheidung.

2 Untersuche M 1. Hier stimmt doch etwas nicht, oder?

Analysekompetenz

3 a Beschreibe, was die Karikatur M 3 zum Ausdruck bringen will.
Karikaturen auswerten

b In den letzten 100 Jahren gab es in Deutschland im Bereich der Familie große Veränderungen. Beschreibe diesen Wandel ausgehend von M 2, M 3 und M 4.

Urteilskompetenz

4 Bearbeite M 6. Begründe deine jeweilige Entscheidung. Berücksichtige auch: Welche Rolle spielt das Alter der Kinder, was verändert sich mit zunehmendem Alter?

Urteils- und Handlungskompetenz

5 Nenne drei unterschiedliche Möglichkeiten, den in M 7 geschilderten Konflikt zu lösen. Beschreibe jeweils auch, wie die Beteiligten die Art der Konfliktlösung empfinden.

4 Mit Medien umgehen

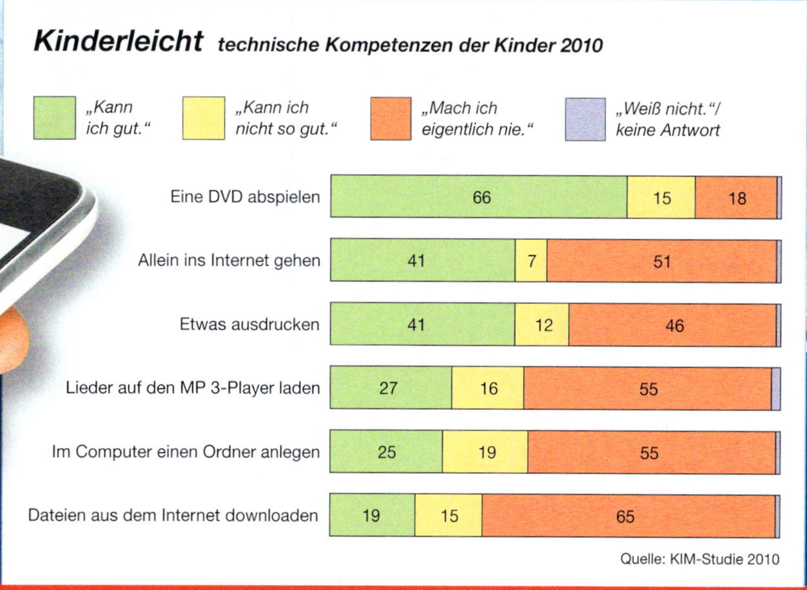

Am Ende dieses Kapitels kannst du

- die Entwicklung der Medien und ihre Auswirkungen auf unser Zusammenleben beschreiben.
- über deine Mediengewohnheiten und die anderer Jugendlicher berichten.
- eine Umfrage durchführen und die Ergebnisse sachgerecht präsentieren.
- Aufgaben von Medien benennen und an Beispielen verdeutlichen.
- erklären, wie Medien informieren und warum die Informationen immer auch kritisch zu betrachten sind.
- an Beispielen Chancen und Gefahren neuer Medien aufzeigen und sie beurteilen.

Wer kann sich heute noch ein Leben ohne Massenmedien vorstellen – ohne Computer, Handy und Internet, ohne Zeitschriften und Fernsehen?
Über sie erhalten wir die meisten unserer Informationen und mit ihnen gestalten wir unsere Freizeit.
Doch der Umgang mit ihnen will gelernt sein, damit sie unser Leben nicht bestimmen, sondern sinnvoll bereichern.

1 Erläutert, zu welchen Zwecken die dargestellten Personen die Medien nutzen.

2 Was könnte mit einem „sinnvollen" Umgang mit Medien gemeint sein? Was versteht ihr darunter?

3 Erstellt eine Liste mit Medien, die euch aus dem Alltag bekannt sind.

4 Erstellt eine Medienhitliste. Führt dazu eine Umfrage in der Klasse durch und haltet das Ergebnis in einer Tabelle fest.

Medium	sehr wichtig	wichtig	weniger wichtig	unwichtig
Zeitung				
Internet				
…				

5 Sprecht über das Ergebnis eurer Umfrage. Warum sind bestimmte Medien für euch wichtiger als andere? Bildet dabei Sätze wie: „Das Internet ist uns sehr wichtig, weil … / ist für uns unwichtig, weil …".

METHODE

Medien im Alltag – eine Umfrage durchführen (1)

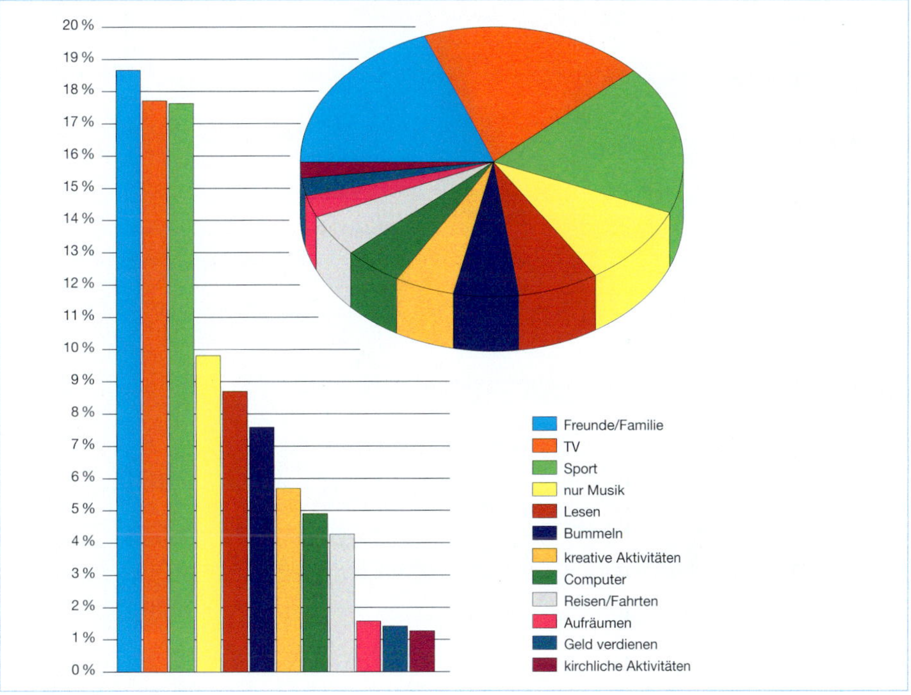

M 1 **Freie Zeit – Medienzeit? Freizeitstatistik der Klasse 7 a**

Die Klasse 7a wollte mithilfe von Umfragen genauer herausfinden, welche Bedeutung Medien für ihren Alltag haben. Als Erstes haben die Schülerinnen und Schüler gesammelt, welche Fragen sie besonders interessieren und welche Aktivitäten sie unternehmen könnten. Alle Vorschläge und Ideen zum Thema wurden an einer großen Wand angeordnet. Natürlich hatten die Schülerinnen und Schüler viel mehr Ideen, als sich tatsächlich durchführen ließen. Sie mussten sich auf wenige Teilumfragen beschränken, die sie in Gruppen erarbeiteten. Eine Gruppe hatte eine Woche lang gesammelt, was sie in ihrer freien Zeit getan hat. Das Ergebnis wurde in zwei Diagrammen dargestellt, in einem Kreis- und einem Säulendiagramm (M 1).

Eine andere Gruppe wollte mit einem Fragebogen herausfinden, über welche Medien Schülerinnen und Schüler ihrer Klasse verfügen. Dabei unterschieden sie zwischen der Verfügbarkeit im Haushalt und dem Eigenbesitz. Um eine Hitliste der Medien zu erstellen, wurde gleich mitgefragt, auf welches Medium die Schülerinnen und Schüler der Klasse am wenigsten verzichten können (M 2, M 3).

Die dritte Gruppe führte über eine Woche lang ein Fernsehtagebuch. Alle notierten möglichst genau, welche Sendungen sie im Fernsehen gesehen haben. Abschließend werteten die Schülerinnen und Schüler ihre Tabellen aus. Sie haben die Durchschnittszeit errechnet, die jede/-r vor dem Fernseher verbringt, und auch herausgefunden, welche Arten von Sendungen besonders beliebt sind. Dazu haben sie einen Fragenkatalog entwickelt (M 4).

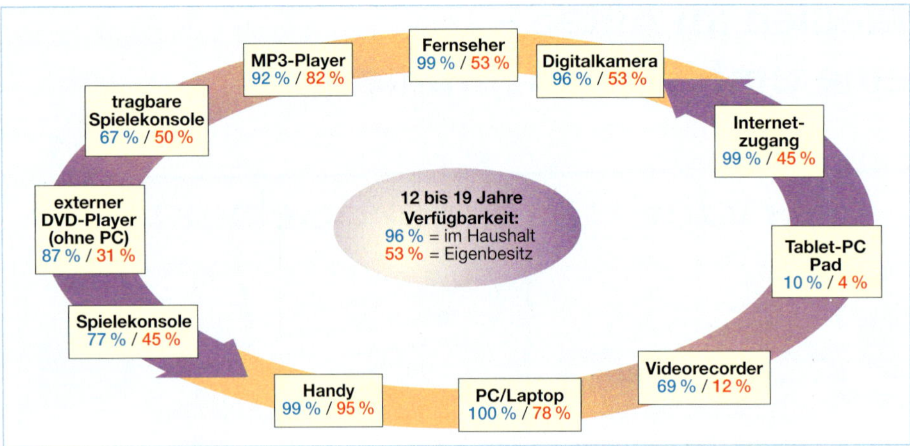

M2 Verfügbarkeit von Medien. *mpfs, Jugendmedienstudie JIM 2011*

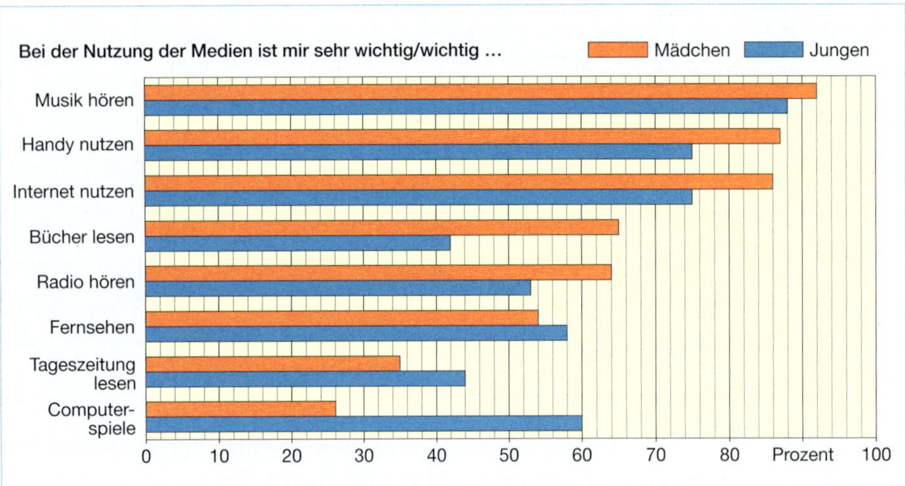

M3 Medienhitliste. *mpfs, Jugendmedienstudie JIM 2011*

Tag	Titel	Art der Sendung	Uhrzeit der Sendung	Dauer	Sender
Mo.	Simpsons	Comicserie	16.50–17.20	30 Minuten	Pro7
Mo.	Marienhof	Vorabendserie	18.05–18.40	35 Minuten	ARD
Mo.	Länderspiel Deutschland gegen Wales	Sport	19.00–20.45	105 Minuten (15 Min. Pause)	ZDF
Di.	Frühstücks-fernsehen				

- Sehen wir oft fern, weil wir nichts anderes zu tun haben?
- Unternehmen wir wenig anderes, weil wir fernsehen?
- Sehen die Mädchen oder die Jungen mehr fern?
- Welche Sendungen werden verstärkt von Mädchen gesehen, welche von Jungen?
- ...

M4 Fernsehtagebuch und Fragenkatalog der Klasse 7 a

METHODE

Medien im Alltag – eine Umfrage durchführen (2)

M 5 **Umfrage zum Fernsehkonsum von Schülern, Plakat der 7 a**

Was denken Erwachsene über den Fernsehkonsum von Kindern? Eine weitere Gruppe der Klasse 7 a befragte in der Einkaufspassage Passanten zu diesem Thema. Die Antworten wurden mit einem MP3-Player aufgenommen und auf einem Plakat dokumentiert (M 5).

Eine Umfrage durchführen

Wenn ihr auch genauer wissen möchtet, welche Bedeutung Medien für euch oder für andere haben, könnt ihr das durch eine Umfrage herausfinden. Dazu müsst ihr euch eine Personengruppe aussuchen, die vermutlich viel zum Thema sagen kann. Das kann eure Klasse sein, Schülerinnen und Schüler an eurer Schule oder Menschen aus eurer Gemeinde.

Für eine solche Umfrage müsst ihr folgende **Arbeitsschritte** beachten:

1. Schritt: Thema eingrenzen

Klärt, was ihr genau herausfinden wollt, und legt fest, welche Personengruppe ihr befragen wollt.

1 Zwei Schaubilder zur Freizeitgestaltung: Was leistet das Kreisdiagramm, was das Säulendiagramm (M 1, S. 130).

2 Besprecht das Untersuchungsergebnis der Klasse 7 a. Vergleicht es mit euren eigenen Vorstellungen zur Freizeitgestaltung.

3 In M 2 (S. 131) wird zwischen der Verfügbarkeit im Haushalt und dem Eigenbesitz unterschieden. Warum ist das wichtig?

4 Die Medienhitlisten von Jungen und Mädchen in M 3 (S. 131) unterscheiden sich. Beschreibt die Unterschiede. Könnt ihr Gründe für diese Unterschiede benennen?

5 Diskutiert in der Klasse über die Aussagen der Passanten in M 5. Sammelt weitere Thesen zum Fernsehkonsum von Kindern.

2. Schritt: Fragebogen erstellen

Für eine schriftliche Meinungsumfrage ist ein ausgearbeiteter Fragebogen die Grundlage. Legt die Anzahl der Fragen fest. Dabei entscheidet ihr über die Dauer der Befragung und den eigenen Zeitaufwand bei der Auswertung. Achtet darauf, dass die Fragen klar formuliert sind und sich von allen Beteiligten gut beantworten lassen. Man unterscheidet zwischen **offenen Fragen**, bei denen keine Antworten vorgegeben sind, und **geschlossenen Fragen** („Wie viele Stunden verbringst du durchschnittlich an einem Wochentag vor dem Fernsehschirm?“ a) 1 Stunde, b) 2 Stunden usw.).

Geschlossene Fragen (auch „Auswahlfragen“ genannt) lassen sich leichter beantworten und besser auswerten. Ein Nachteil ist, dass die Befragten nur im Rahmen der Vorgaben antworten können. Die Befragung selbst erfolgt anonym, also ohne dass der Name des Befragten festgehalten wird. Es kann aber sinnvoll sein, sowohl das Alter als auch das Geschlecht der Befragten festzuhalten.

Tipp: Führt vor der eigentlichen Umfrage eine Testumfrage durch, dann kann nichts schiefgehen. Ihr könnt auch eine Testumfrage mit offenen Fragen durchführen und die Ergebnisse verwenden, um passende geschlossene Fragen zu formulieren.

3. Schritt: Umfrage durchführen

Die Schulleitung muss informiert werden, wenn ihr eine Befragung an der eigenen Schule durchführen wollt. Wenn ihr eine Befragung außerhalb eurer Klasse durchführt, müsst ihr euch den Befragten vorstellen und ihnen erklären, warum ihr die Befragung macht. Seid freundlich, hilfsbereit und übt keinen Zeitdruck auf die Befragten aus. Die Befragten sollen sich gerne äußern und auch sagen, was sie wirklich denken. Nur so ist der Erfolg der Befragung gesichert.

4. Schritt: Die Umfrage auswerten

Damit auch andere etwas vom Ergebnis eurer Umfrage haben, sollten die Antworten einer Umfrage grafisch dargestellt, also in Form gebracht werden. Grundlage dafür sind die Zahlenwerte, die ihr durch die Auswertung eurer Fragebögen gewinnt. Dazu könnt ihr zum Beispiel **Strichlisten** anlegen (hierzu die Fragen ausschneiden und einzeln auf leere Seiten kleben):

1. Welche Bedeutung hat das Fernsehen für dich in deiner Freizeit?	
A. ist absolut unverzichtbar	𝍸 II
B. ist wichtig, aber es muss nicht unbedingt sein	𝍸 𝍸 𝍸
C. hat keine große Bedeutung für meine Freizeit	𝍸 𝍸 𝍸
D. ist fast bedeutungslos	IIII

Ihr könnt auch **Tabellen** mit dem Gesamtergebnis erstellen (das Ergebnis kann direkt in einen leeren Fragebogen eingetragen werden):

2. Hast du schon einmal nachteilige Wirkungen nach einem langen Fernsehtag an dir festgestellt (z. B. Kopfschmerzen, Schlaflosigkeit, Nervosität)?		
ja (24)	ungefähr (27)	nein (8)

Dann müsst ihr die **Diagrammart** zur Darstellung des Gesamtergebnisses wählen. Achtung: Kreis- oder Tortendiagramme wirken unübersichtlich, wenn zu viele verschiedene Angaben hineinkommen. Ein Säulen- oder ein Balkendiagramm kann in solchen Fällen übersichtlicher wirken. Beim Kreisdiagramm müssen die Zahlenwerte vorab in Prozente umgerechnet werden (bei hohen Zahlenwerten ist das auch für die anderen Diagrammarten sinnvoll). **Tipp:** Ihr könnt eure Diagramme auch mithilfe eines Computerprogramms erstellen. Die Aussage des Diagramms müsst ihr aber auch in diesem Fall mit eigenen Worten zusammenfassen.

Webcode:
PE643561-085

Aktuelle Statistiken zum Medienkonsum von Kindern und Jugendlichen veröffentlicht zum Beispiel regelmäßig der mpfs (Medienpädagogischer Forschungsverbund Südwest). Die Ergebnisse der jährlichen Umfrage „JIM“ (Jugendmedienstudie) findest du im Internet.

Schöne neue Medienwelt

Medien in der Geschichte

Medien spielten schon in der Frühgeschichte der Menschen eine wichtige Rolle. Mit Trommeln oder Hörnern, mit Rauchzeichen oder Fackeln wurden Nachrichten über große Entfernungen übermittelt.

Mit der Erfindung des **Buchdrucks** durch Johannes Gutenberg im Jahr 1452 begann in Deutschland die Geschichte der Massenmedien. Nun konnten Informationen und Wissen vervielfältigt und wesentlich weiter verbreitet werden. Das älteste Massenmedium ist die **Zeitung**. Die erste regelmäßig erscheinende Tageszeitung wurde im Jahr 1650 in Leipzig gedruckt. Sie bestand aus viel Text, der zunächst aufwändig Buchstabe für Buchstabe auf der Druckplatte „gesetzt" werden musste.

Mit der Erfindung der Fotografie 1823 war ein Mittel gefunden, die Wirklichkeit auch in Bildern festzuhalten. Heute erscheinen Zeitungen mit vielen, teilweise farbigen Abbildungen. Diese unterstreichen oder ergänzen die Aussagen des Textes.

Audiovisuelle Medien

Mit Rundfunk (1906) und Fernsehen (1930) – auch audiovisuelle Medien genannt, weil sie durch Ton und Bild wahrgenommen werden können – ergaben sich im 20. Jahrhundert neue Möglichkeiten der Informationsübermittlung an ein breites Publikum. Am 23. Oktober 1923 strahlte die „Drahtlose Dienst AG" die erste regelmäßige **Rundfunksendung** in Deutschland aus. Am 22. März 1935 folgte der erste regelmäßige Programmdienst für das Fernsehen in Deutschland.

Noch bis 1984 gab es in Deutschland nur drei Fernsehprogramme: ARD, ZDF und Drittes Programm. Durch die Einführung des privaten Fernsehens vervielfachte sich das Fernsehangebot. Heute sitzen die Deutschen täglich durchschnittlich über drei Stunden vor dem Fernsehgerät.

„Alte" Massenmedien:

Der Mediennutzer ist Empfänger der Informationen der Massenmedien. Die Kommunikation durch Medien gleicht einer Einbahnstraße.

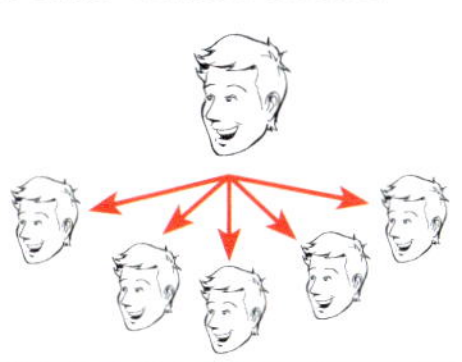

Neue Medien:

Der Mediennutzer ist nicht nur Empfänger, sondern kann auch selbst Informationen verbreiten. Die Kommunikation ist nun in viele Richtungen möglich.

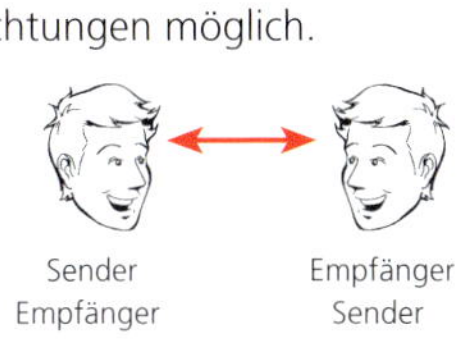

M1 Alte und neue Massenmedien

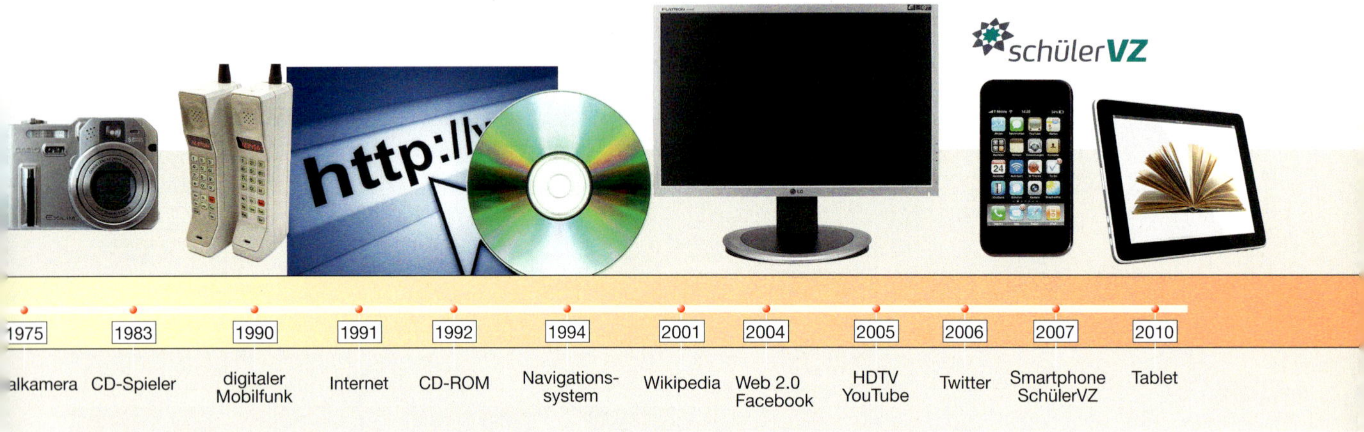

Neue Medien

In jüngster Zeit sind vor allem die **elektronischen Medien** (Computer, Handy, ...) wichtiger geworden. Sie ergänzen die herkömmlichen Printmedien (Zeitungen, Zeitschriften, ...) und audiovisuellen Medien (Rundfunk, Fernsehen, ...). Uns begegnet heute ein riesiges Infoangebot.
Besonders Computer, Handys und die Nutzung des Internets spielen dabei eine große Rolle. Diese neuen Formen zur Verbreitung von Informationen werden unter dem Begriff „neue Medien" zusammengefasst. Neu ist an diesen Massenmedien, dass die Nutzer nicht nur fertige Nachrichten aus aller Welt empfangen können, sondern jeder auch selbst Informationen zusammenstellen und aussenden kann, zum Beispiel über einen Weblog oder Podcast und z. B. über einen neuen Dienst wie Twitter.

Ausblick in die Zukunft

Ob in der Schule, im Beruf oder in der Freizeit – Massenmedien begegnen uns heute überall. Informationen zu einem Thema findet man in den Printmedien, in Radio- und Fernsehsendungen sowie auf Internet-Websites. Große Medienkonzerne bieten ihr Angebot nicht mehr nur in einem Medium an. So gibt es z. B. den „Spiegel" in Druckform als Zeitschrift, es gibt Spiegel-TV im Fernsehen und ein Online-Angebot im Internet. Verschmelzung der Medien ist das Schlagwort der Zukunft. Fernsehen, Computer, Mobilfunk und Internet wachsen zusammen. So sind z. B. die neuesten Handys nicht nur Telefon, sondern auch Computer, Fotoapparat, Radio, MP3-Player, sie bieten auch einen mobilen Zugang zum Internet.
Doch steigt damit auch der Informationsgehalt?

1 Der Autorentext enthält zahlreiche Begriffe zum Thema Medien. Ordnet diese Begriffe mithilfe einer Mindmap.

2 Erklärt den Unterschied zwischen „alten" und „neuen" Medien (M 1).

3 Berichtet über die Entwicklung der Medien in Deutschland.

4 Befragt Eltern und Großeltern, wann sie mit welchen Medien erstmals Kontakt hatten.

5 Im Autorentext wird von einer Verschmelzung der Medien gesprochen. Erklärt und nennt Vor- und Nachteile dieser Entwicklung.

6 Ist die im Autorentext genannte Zukunft schon Gegenwart? Wohin geht eurer Meinung nach der Trend in der Zukunft? Führt dazu eine Pro-und-Kontra-Diskussion durch.

Aufgaben der Medien

SAMSTAG 11. Juli — Alle Sender i

SA

16

DAS ERSTE

17.00 Tagesschau 61-850
17.03 Ratgeber: Recht 300-008-614
17.30 Brisant Magazin 35-898
17.50 Tagesschau 2-027-817
18.00 Sportschau 35-633
18.50 Dr. Sommerfeld – Neues vom Bülowbogen 725-817
Serie, Dtl. 1999
Notlügen. Mit Rainer Hunold
19.45 Das Wetter 5-619-986
19.50 Lottozahlen 1-786-256
20.00 Tagesschau 25-850

ZDF

17.15 heute 3-512-140
17.20 Länderspiegel 35-053
Mit Isabelle Tümena
17.50 Menschen – das Magazin
Heimat Deutschland 441-968
18.05 hallo deutschland 6-515-546
18.30 Leute heute 8-091
19.00 heute 34-099
19.20 Wetter 7-514-512
19.25 Unser Charly 6 7-055-904
Familienserie, Dtl. 2003
(10) Ein Fest für Max

RTL

13.00 Formel 1: Großer Preis von Deutschland 89-411
9. WM-Lauf: Freies Training
13.45 Formel 1: Großer Preis von Deutschland 7-092-898
LIVE Qualifying
15.30 Die ultimative Chart Show
Oldies (von gestern) 895-445
17.40 Exclusiv Spezial – Das Leben der Superreichen
Reiche Erben (v. So.) 9-782-324
18.45 RTL akt. Weekend 699-643
19.05 Explosiv Weekend 9-304-237

SAT.1

17.30 Niedrig und Kuhnt – Kommissare ermitteln 3-430
Oder Regionalprogramme
18.00 Lenßen & Partner 1-459
Reihe, Dtl. 2008
18.30 Lenßen & Partner 9-850
Reihe, Dtl. 2008
19.00 K 11 – Kommissare im Einsatz Reihe, Dtl. 2008 7-237
19.30 K 11 – Kommissare im Einsatz Reihe, Dtl. 2008 6-508
20.00 Sat.1 Nachrichten 52-427

20

SPIELSHOW
20.15 Der große Coup 1-918-985
NEU Spielshow
Moderation: Jörg Pilawa (o.) Drei „Panzerknacker"-Teams mit je einem Promi treten an, um eine Tonne Geld für eine gemeinnützige Organisation zu erspielen. Guido Cantz traut sich zu, die knifflige Aufgabe zu lösen.
22.30 Tagesthemen 86-546

MUSIKSHOW
20.15 Das große Sommer-Open-Air mit Marianne & Michael 6-781-633
Gäste: Bonnie Tyler (o.), Chico & The Gypsies, Les Humphries Singers, Flippers, Claudia Jung, Michael Wendler, DJ Ötzi, Peter Kraus, Nik P., Nockalm Quintett, Francine Jordi, Geschwister Hofmann, Stefanie Hertel, Hansi Hinterseer.

TV-ABENTEUER
20.15 Color of Magic – Die Reise des Zauberers
TV-Fantasy-abenteuer, GB 2008. 42-811-091 Nach Terry Pratchett. Mit Sean Astin, Tim Curry. – Nicht weit vom Erdtrabanten entfernt gleitet eine geheimnisvolle Scheibenwelt durchs Universum. In dieser bizarren Dimension lebt der trottelige Magier

ZEICHENTRICK
20.15 Asterix, der Gallier
Zeichentrick, Frkr./Belgien 1967. 25-324 Nach René Goscinny und Albert Uderzo Regie: Ray Goossens. – Die Römer sind mit ihrem Kriegslatein am Ende: Ganz Gallien haben sie im Griff – einzig die Bewohner eines winzigen Ortes leisten Widerstand. Was verleiht den Rebellen diese

M 1 TV-Programm (Ausschnitt)

Vier Bereiche

Die Aufgaben der Massenmedien lassen sich vier Bereichen zuordnen.

1. Informieren

In der Demokratie bestimmen die Wählerinnen und Wähler die Politik, indem sie Abgeordnete ins Parlament wählen, die ihrer Meinung nach die richtigen Entscheidungen treffen werden. Eine Demokratie kann deshalb nur richtig funktionieren, wenn die Bürgerinnen und Bürger regelmäßig und umfassend informiert werden. Diese Aufgabe übernehmen die Massenmedien. Politische Zusammenhänge müssen erklärt werden, damit Nicht-Fachleute – und das sind die meisten – sie verstehen. Erst dann können sie sich als Wähler, als Mitglieder einer Partei, eines Verbandes oder einer Bürgerinitiative eine Meinung bilden.

2. Kritisieren und kontrollieren

Man nennt die Medien manchmal die „vierte Gewalt im Staat" (neben Regierung, Parlament und Rechtsprechung), weil sie in der Vergangenheit eine ganze Reihe von politischen Skandalen aufdeckten: Regierungsmaßnahmen ohne ausreichende gesetzliche Grundlagen oder Parteien, die unrechtmäßig Millionenbeträge einstrichen. Massenmedien sind also auch Kontrollorgane der Politiker.

3. Unterhalten

„Zur Unterhaltung gehört, was gefällt", meinen viele. Lesern, Hörern und Zuschauern werden Unterhaltungsshows, Musik und Humor, Reise- und Sportberichte und vieles mehr geboten. Es wird alles gebracht, von dem angenommen wird, dass es die Konsumenten interessiert, amüsiert, begeistert und unterhält.

4. Bilden

Die Medien bringen auch Beiträge zu allgemein bildenden und kulturellen Themen wie Naturwissenschaften, Geschichte, Kunst, Literatur und allgemeinen Lebensfragen. Die wissenschaftlichen Erkenntnisse werden allerdings häufig in Unterhaltung „verpackt“ (so genanntes Infotainment).

Der duale Rundfunk

Bis in die 1980er-Jahre wurde Rundfunk (Hörfunk und Fernsehen) in der Bundesrepublik Deutschland ausschließlich von den öffentlich-rechtlichen Rundfunkanstalten ARD und ZDF angeboten. Neue Entwicklungen in der Kabel- und Satellitentechnologie eröffneten privaten Anbietern die Möglichkeit eigener Übertragungen. Seit 1986 ist ein **duales** (zweigleisiges) System, also ein Nebeneinander von öffentlich-rechtlichen und privaten Anbietern gesetzlich erlaubt.

Öffentlich-rechtliche Sender erfüllen einen gesetzlichen Auftrag. Sie sollen die Grundversorgung der Bevölkerung mit Informationen, aber auch mit Kultur, Bildung und Unterhaltung sicherstellen. Dafür dürfen die Sender von den Hörern und Zuschauern Gebühren erheben. Kontrolliert werden die öffentlich-rechtlichen Sender durch den Rundfunkrat. Er soll eine Programmgestaltung sicherstellen, die die Interessen aller wichtigen gesellschaftlichen Gruppen berücksichtigt.

Privatsender sind wie Wirtschaftsunternehmen aufgebaut. Ihr Ziel ist es, Gewinne zu erzielen. Sie dürfen daher ein Programm bringen, das viele Zuschauer anlockt oder sich auf bestimmte Bereiche beschränkt. Dafür haben sie aber keinen Anspruch auf Gebühren und müssen sich durch Werbung finanzieren. Dabei gilt: Je mehr Menschen eine Sendung einschalten, desto höher sind auch die Kosten für die Werbeminute und damit die Einnahmen des Senders.

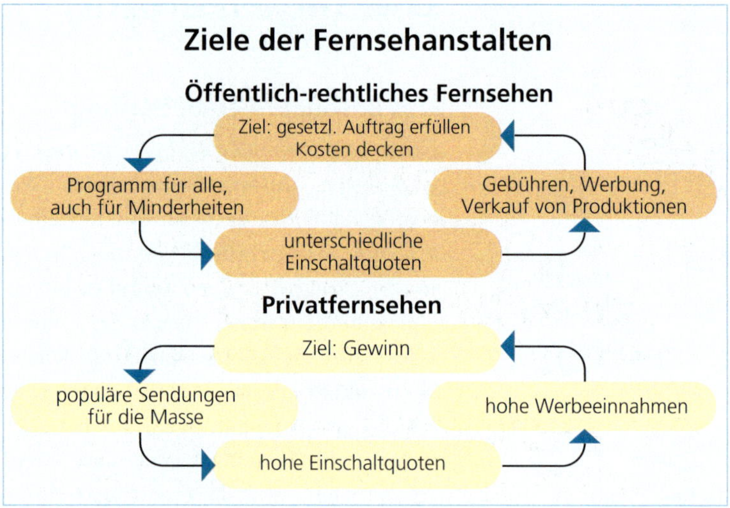

M 2 Sendeziele im Vergleich

Programmangebote im Fernsehen
(Angaben in Prozent, fehlende Zahlen zu 100 % = sonstige Sendungen)

	Das Erste	ZDF	RTL	SAT.1	ProSieben
Information, Nachrichten	41	50	23	17	16
Infotainment (Doku-Soap, Reality-TV)	6	10	28	32	25
Unterhaltung (fiktionale)	36	26	25	28	37
Kinderprogramme	6	5	1	0	3
Sport	6	5	2	1	0
Werbung	1	1	13	16	15

Quelle: Programmanalyse 2009 (Media Perspektiven 4/2010)

M 3 Programmangebot der führenden Fernsehsender

1 Ordnet die in M 1 genannten Fernsehsendungen den im Autorentext genannten vier Aufgabenbereichen zu.

2 Vergleicht die Sendeziele von öffentlich-rechtlichen und privaten Sendeanstalten (M 2).

3 Erläutert, welche Folgen die unterschiedlichen Zielsetzungen von öffentlich-rechtlichen und privaten Sendeanstalten auf die Programmgestaltung haben. Wertet dazu die Übersicht M 3 aus.

4 Untersucht das Fernsehprogramm eines öffentlich-rechtlichen Fernsehsenders eines beliebigen Tages. Versucht die einzelnen Sendungen Interessengruppen zuzuordnen.

Die Tageszeitung

Das Besondere einer Zeitung

Noch immer sind Zeitungen eine unserer wichtigsten Informationsquellen. Wer ausführlich informiert sein will, Einzelheiten und Hintergründe kennen lernen möchte, kommt an der Zeitung nicht vorbei. Außerdem findet man in der Zeitung Informationen, an die sonst nur schwer heranzukommen ist, z. B. zu lokalen oder regionalen Veranstaltungen, Vereinsnachrichten und Todesanzeigen. Viele Menschen haben deshalb eine Tageszeitung **abonniert**. Auch Zeitungen gehen mit der Zeit. Heute bestehen Printmedien, Radio- und Fernsehsender sowie Internet-Websites nebeneinander. So verfügen alle Tageszeitungen über einen Internetauftritt, der neben der jeweiligen Ausgabe auch aktuelle Meldungen, ein Archiv sowie zahlreiche Zusatzangebote einschließt.

M 1 Tageszeitungen aus Thüringen

M 2 Zeitungsgattungen

Lokale Tageszeitungen berichten über Politik, Wirtschaft, Kultur und Sport. Sie behandeln viele regionale Themen.

Überregionale Tageszeitungen berichten ausführlich über Politik, Wirtschaft, Kultur und Sport.

Nachrichtenmagazine illustrieren lebendig geschriebene Berichte und Kommentare mit vielen Fotos.

Boulevardzeitungen haben ihren Namen daher, weil sie nicht im Abonnement, sondern auf der Straße verkauft werden. Sie sind auffällig bunt gestaltet, werben mit großen Schlagzeilen und berichten oft über Skandale. Der Gefühlswert der Beiträge übertrifft deutlich den sachlichen Informationswert.

Sonntagszeitungen erscheinen nur einmal in der Woche. Sie behandeln aktuelle Themen und Hintergründe.

Wochenzeitungen schreiben aufgrund des wöchentlichen Erscheinens zu den Hintergründen und ordnen aktuelle Themen in Zusammenhänge ein.

Kostenlose Werbeblätter haben einen dünnen redaktionellen Teil, meist mit aktuellen Sportnachrichten und Rezepten, ihr Hauptzweck ist die Verbreitung von Werbeanzeigen.

Politik und Unterricht: Medien, 1/2002, S. 33, red. bearb.

Zeitung für junge Leute

Um das Interesse insbesondere der Jugendlichen an der Zeitung zu wecken und zu halten, haben in den vergangenen zehn Jahren zahlreiche Verlage weit über 100 eigene redaktionelle Angebote für junge Leser entwickelt. Seither veröffentlichen die Zeitungen zum Beispiel regelmäßig **Jugendbeilagen** mit ausführlichen Veranstaltungshinweisen oder spezielle Jugendseiten sowie auf diese Zielgruppe zugeschnittene Internetaktivitäten. Gerade durch die Verknüpfung mit interessanten Online-Angeboten hoffen die Verlage, die internetbegeisterten Jugendlichen auch mit der gedruckten Zeitung vertraut zu machen. Mittlerweile richten sich zahlreiche Aktivitäten aber auch bereits an Kinder im Grundschulalter. Dabei wird auf interessante inhaltliche Angebote ebenso viel Wert gelegt wie auf Leseförderungsmaßnahmen.

Zeitung in der Schule

Fast alle Tageszeitungen bieten für Schulen einen besonderen Service: Über mehrere Wochen werden Schulklassen kostenlos mit der aktuellen Tagesausgabe einer Zeitung versorgt. Im Rahmen von **Projekten** beschäftigen sich die Schülerinnen und Schüler intensiv mit der jeweiligen Zeitung und werden auch selbst als Journalisten tätig. Ihre Beiträge werden dann in der Zeitung veröffentlicht. Meist rundet ein Besuch im Pressehaus das Projekt ab.
Bei dem Projekt „Zeitung in der Schule“ sollen die Schülerinnen und Schüler den Aufbau der Tageszeitung kennen lernen und Inhalte für sich entdecken und nutzen können. Begleitet wird das Projekt von der Stiftung Lesen, die weitere Informationen und Unterrichtsmaterial zum Thema liefert.

Stiftung Lesen, Abt. Versand
Fischtorplatz 23
55116 Mainz
www.stiftung-lesen.de

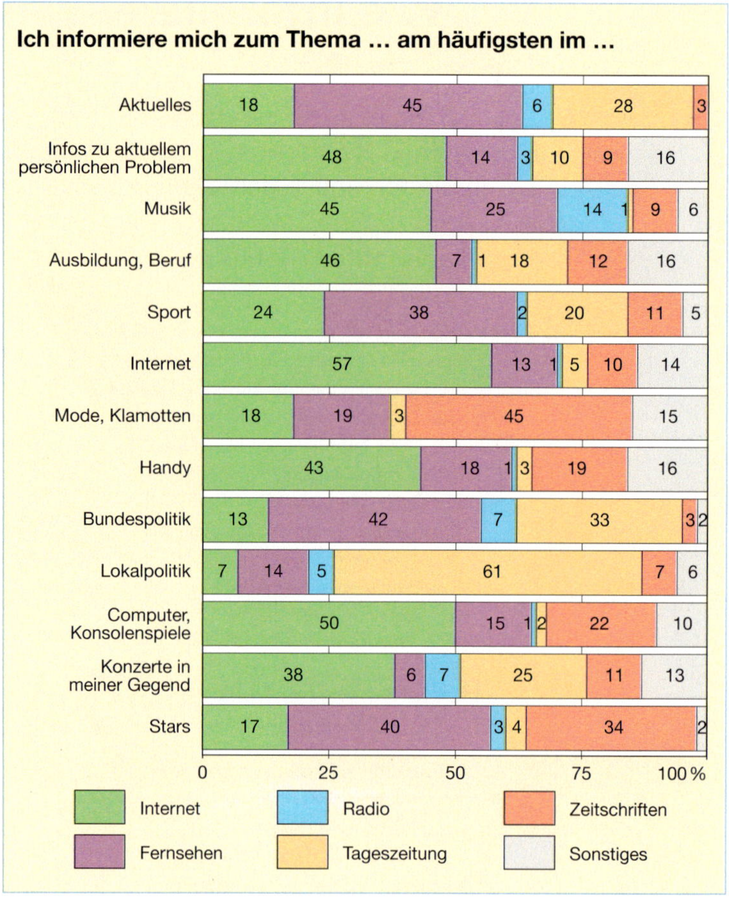

M 3 Wo sich Jugendliche informieren. *mpfs, Jugendmedienstudie JIM 2009*

1 Macht in der Klasse eine kleine Umfrage: Jede/-r soll auf einem Zettel ohne Namensangabe notieren, wie oft sie/er in der letzten Woche eine Zeitung/Zeitschrift ungefähr wie lange gelesen hat. Wertet die Umfrage an der Tafel aus.

2 Besorgt euch zu jedem der in M 2 aufgelisteten Zeitungstypen ein Exemplar. Bearbeitet in Gruppen je einen Zeitungstyp nach folgenden Gesichtspunkten: Aufbau, Informationswert, Sachlichkeit, Unterhaltungswert. Stellt eure Ergebnisse der Klasse vor.

3 In seriösen Zeitungen wird strikt unterschieden zwischen Nachrichten (sachliche Form der Information) und Artikeln, die bewerten, deuten, kritisieren oder persönliche Eindrücke wiedergeben. Findet für diese Unterscheidung Beispiele.

4 Vergleicht den Internetauftritt einer Zeitung mit der Printausgabe. Stellt Unterschiede und Gemeinsamkeiten in einer Tabelle zusammen.

5 Wertet M 3 aus und vergleicht mit eurem eigenen Informationsverhalten.

Wie informieren uns die Medien?

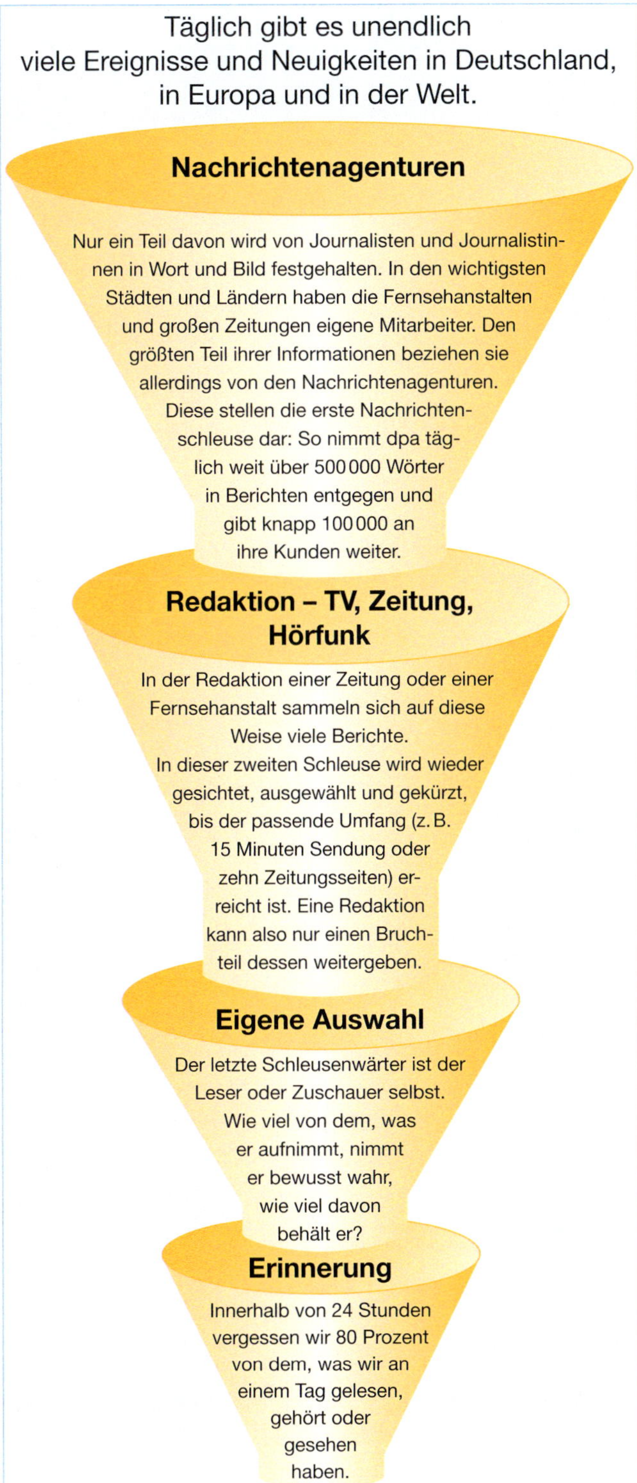

M 1 Die „Nachrichtenschleuse"

M 2 Blick in die Redaktion der Nachrichtenagentur AP (Associated Press)

Journalisten entscheiden, was wichtig ist

Als vor einigen Jahren in dem afrikanischen Land Sudan eine Hungersnot ausbrach, wurde in Zeitungen und Spendenaktionen darüber berichtet und zu Spenden aufgerufen. Viele Kinder konnten so vor dem Hungertod gerettet werden. Aber auch in anderen Regionen der Welt verhungern täglich Menschen oder erleiden ein anderes schreckliches Schicksal. Der Unterschied: Wenn die Massenmedien nicht darüber berichten, nimmt die Weltöffentlichkeit die Ereignisse nicht zur Kenntnis.

In keiner Zeitung oder Nachrichtensendung kann über alles berichtet werden, was in der Welt passiert. Niemand wäre zudem in der Lage, so viele Informationen zur Kenntnis zu nehmen. Medien müssen also auswählen und Journalisten werden deswegen auch als Schleusenwärter oder **„gate keeper"** bezeichnet. Nachrichten werden durch sie gesiebt, gefiltert, bearbeitet, gemacht. Das Grundprinzip der Auswahl ist dabei die Frage: Was interessiert die Leser, Hörer oder Zuschauer? Ein gängiges Auswahlschema ist das so genannte **GUN-Prinzip** (M 3).

M3 **Das GUN-Prinzip**

G = Gesprächswert

Gesprächswert hat ein Ereignis, über das man spricht, diskutiert, sich ärgert oder sich freut. Beispiele sind

- Außergewöhnlichkeiten: „Hund beißt Mann“ ist keine Meldung. „Mann beißt Hund“ ist eine Meldung!
- Personenbezug: Über bekannte Personen wird häufiger berichtet. Angela Merkel beim Jogging ist eine Nachricht; wenn der nur wenig bekannte Nachbar das Gleiche tut, interessiert das kaum.
- „Schlechte Nachrichten sind gute Nachrichten.“ Je schlimmer ein Ereignis ist, desto eher wird darüber berichtet. Unfälle sind alltäglich und nur dann eine Nachricht, wenn es besonders viele Opfer oder im Ausland deutsche Opfer gegeben hat.
- Nähe, vor allem geografische Nähe: Was in der eigenen Stadt passiert, interessiert meist mehr als ein fernes Ereignis.

U = Unterhaltung

Ein Ereignis, (...) das verblüfft oder amüsiert, hat ebenfalls einen hohen Nachrichtenwert. Ausschlaggebend ist die Nähe zur eigenen Lebenssituation, den eigenen Wünschen und Sehnsüchten. So genannte Boulevardthemen wie „sex and crime“ verkaufen sich besonders gut und sind deshalb für Zeitungen wichtig, die in erster Linie am Kiosk verkauft werden.

N = Neuigkeit (oder Überraschung)

Der Rücktritt der Gesundheitsministerin hat einen höheren Nachrichtenwert als die wöchentliche Pressekonferenz des Verteidigungsministers.

Politik und Unterricht: Medien. 1/2002, S. 15

M4 **Volltreffer** *Karikatur: R. Löffler*

a. **Fast ein Wunder: Jennifer brach sich zweimal das Genick – und überlebte**
b. **Ölpreise steigen drastisch**
c. **Weniger Lehrstellen in Baden-Württemberg**
d. **Vampir-Alarm in Moskau**
e. **Rechtschreibreform wird rückgängig gemacht**
f. **Auswirkungen des Klimawandels spürbar**
g. **Deutsche Ärzte warnen! Todesgrippe kommt**
h. **Brand in Gummifabrik – Giftwolke treibt auf Stuttgart zu**
i. **Verfassungsgericht entscheidet: Taschengeld ist Pflicht**
j. **Arbeitslosenzahlen in Hamburg steigen weiter**
k. **Hungersnot im Sahel – Tausende sterben**
l. **Wissenschaftler fordern 7-Tage-Woche für die Schule**
m. **Chinas Wirtschaft boomt**
n. **Stadtsparkasse überfallen! Bankräuber entkommt mit 5000 €**
o. **Karl-Heinz wird nicht versetzt**
p. **Teamchef: Wir werden Weltmeister!**
q. **Lauffen am Neckar: Besenwirtschaft brennt lichterloh**

M5 **Schlagzeilen**

Schulleiter schlägt schwangere Mutter

Mit 90 bei Nebel auf dem Bürgersteig

Bischof verflucht Finanzminister

M6 **So macht man Schlagzeilen**

1 Beschreibt den Weg vom Entstehen der Nachricht bis zu uns. Welche Gefahren birgt die „Nachrichtenschleuse“ (M 1)?

2 **a** Bringt die Meldungen in M 5 in eine Reihenfolge (1–17), wobei ihr an erste Stelle diejenige Meldung setzt, die auf jeden Fall in die Zeitung muss, an die letzte Stelle die Nachricht, die verzichtbar ist.

b Begründet für die Meldungen 1, 2, 16 und 17, warum sie an dieser Stelle stehen. (Achtung: Hier gibt es kein eindeutiges Ergebnis, sondern nur unterschiedlich begründete Entscheidungen.)

3 Stellt fest, ob ihr euch bei der Auswahl der Nachrichten am „GUN-Prinzip“ orientiert habt (M 3).

4 Überprüft das „GUN-Prinzip“. Untersucht dazu Nachrichtensendungen unterschiedlicher Sender.

Nachrichten werden gemacht!?

Abstimmung im Bundestag

Jeden Abend um 20.00 Uhr beginnt im Ersten Programm die Tagesschau. Die Sendung, die zu den bekanntesten Nachrichtensendungen im deutschen Fernsehen gehört, dauert etwa 15 Minuten und informiert über das aktuelle Tagesgeschehen. Mithilfe der Grafik auf dieser Doppelseite könnt ihr erarbeiten, wie eine Meldung zu einer Nachricht in der Tagesschau wird, auf welchem Weg diese ins Fernsehen gelangt und welche Menschen dabei mitwirken.

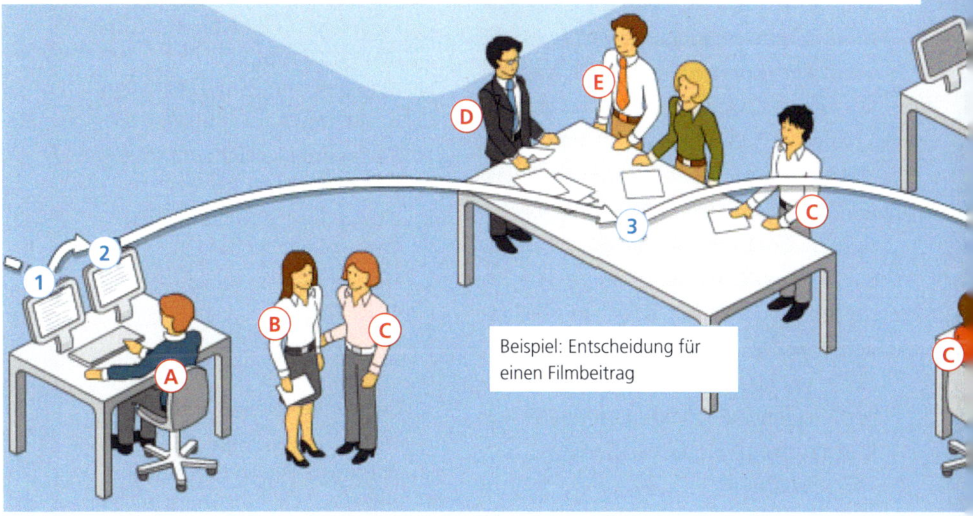

Vom Ereignis zur Nachricht

1 Eingang der Nachricht

Über die Nachrichtenagenturen oder unsere Korrespondenten erfahren wir von einem Ereignis. Der Chef vom Dienst (CvD) sichtet, sortiert und verteilt die Meldungen an die Redakteure.

2 Recherche

Der zuständige Redakteur recherchiert den Hintergrund einer Meldung. Was sagt die Gegenseite? Gibt es Experten, die befragt werden sollten? Wurde das Thema schon einmal in einer Sendung behandelt?

3 Redaktionskonferenz

Auf der Redaktionskonferenz wird entschieden, welche Nachricht in welchem Format gesendet wird. Jeden Tag gibt es mehrere solcher Konferenzen.

4 Kontaktaufnahme mit Korrespondenten

Zuerst wird Kontakt aufgenommen mit dem Korrespondenten vor Ort. In Absprache mit dem Korrespondenten schreibt die Redakteurin außerdem eine kurze Einleitung für den Beitrag. Diese enthält die wichtigsten Informationen und oft auch jüngste Entwicklungen.

5 Produktion des Beitrags

Mit seinem Team vor Ort produziert der Korrespondent den Beitrag. Oft wird der Film noch unterwegs auf einer mobilen Schnittstelle fertig gestellt.

6 Bildabnahme durch den CvD

Alle Filme und Beiträge müssen vor der Sendung zum Chef vom Dienst (CvD), wo sie noch einmal überprüft werden. Außerdem prüft der CvD jeden Text, bevor dieser gesendet wird.

7 Einspielung

Der Film wird durch den Bildingenieur live eingespielt.

8 Moderation

Die Meldungen werden von den Sprechern seriös und objektiv verlesen.

Wer macht was?

(A) Der Chef vom Dienst, kurz CvD genannt, plant den inhaltlichen Ablauf der Sendung und nimmt die Texte und Filme ab.

(B) Die Sekretärinnen unterstützen unsere Redakteure bei ihrer Arbeit. Sie sind auch für den Ausdruck der Sprecher-Manuskripte und der Sendungsabläufe zuständig.

(C) Ein/-e Redakteur/-in ist ein Journalist, der/die eine Nachricht bearbeitet. Anders als z. B. bei einer Zeitung sind unsere Redakteure nicht auf ein Sachgebiet (Ressort) festgelegt. Sie bearbeiten in jeder Schicht unterschiedliche Themen.

(D) Der/die Chefredakteur/-in leitet die Redaktionskonferenz. Er/sie trägt die Verantwortung für den Inhalt der Sendung und hat daher im Zweifelsfall immer das letzte Wort.

(E) Der planende Redakteur sorgt dafür, dass uns kein Thema entgeht. Er erstellt eine Vorschau mit den Terminen des Tages und koordiniert die zuständigen Korrespondenten.

(F) Ein Korrespondent berichtet vor Ort über die Ereignisse in einer Region oder einem Land. Die ARD hat das größte Korrespondentennetz weltweit.

Webcode:
PE643561-095

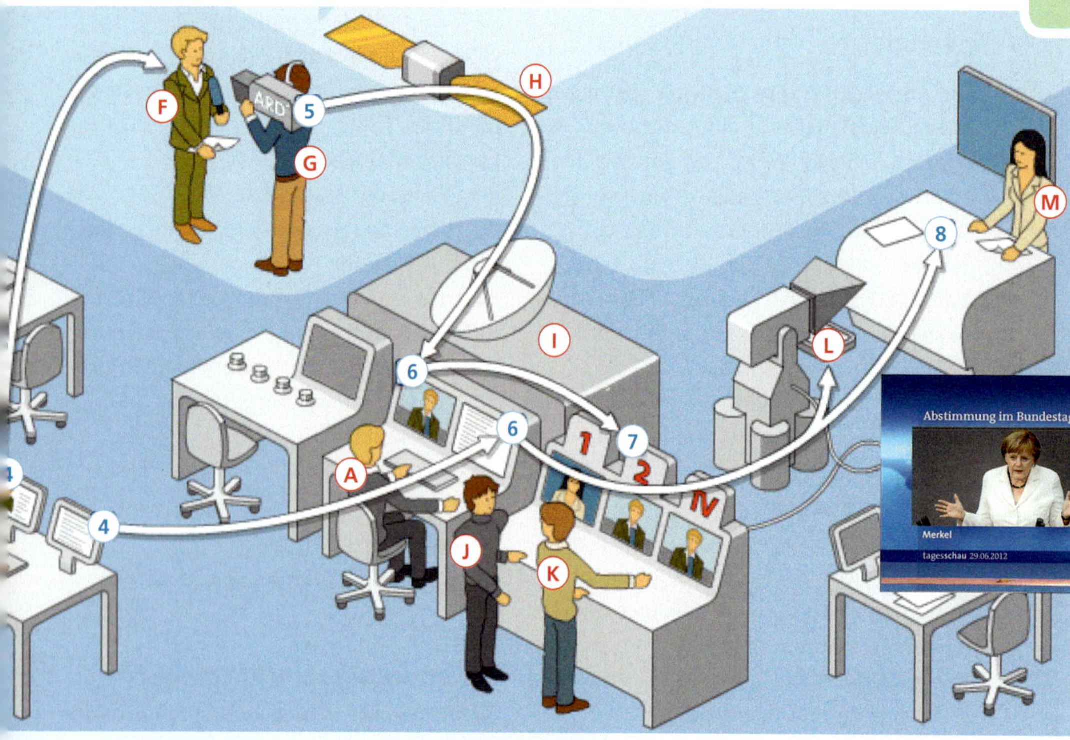

Die Nachricht im Fernsehen

(G) Ein Kameramann fängt vor Ort die besten Bilder vom Geschehen ein.

(H) Über eine Satellitenleitung, die zuvor vom planenden Redakteur gebucht wurde, werden die Bilder nach Hamburg übertragen.

(I) In der Tagesschau-Aufzeichnungs- und Sendezentrale, kurz TAZ genannt, werden alle überspielten Filmbeiträge aufgezeichnet und zur Ausspielung bereitgehalten.

(J) Der Regisseur hat im Studio das Sagen und entscheidet, wann welche Kamera auf Sendung geht. Er ist auch gefragt, wenn Live-Schaltungen zusammenbrechen.

(K) Der Bildingenieur und seine Kollegen in der Sendetechnik machen es möglich, dass wir überhaupt etwas zu sehen bekommen.

(L) Auf dem Teleprompter, einem Vorsatz an der Kamera, werden die Texte eingeblendet. So muss der Moderator nicht auf die Zettel schauen.

(M) Die Sprecher und Moderatoren sind das Gesicht von ARD aktuell. Sie alle verfügen über eine professionelle Sprechausbildung.

tagesschau

1 Erarbeitet in Partnerarbeit mithilfe der Grafik den Weg vom Ereignis (1) zur Nachricht im Fernsehen (8).
   a Erläutert die einzelnen Stationen.
   b Klärt dabei auch, welche Personen beteiligt sind und welche Aufgaben sie haben.

2 Auf der Redaktionskonferenz (3) wird entschieden, welche Nachricht in welchem Format gesendet wird. In diesem Beispiel wurde ein Filmbeitrag gewählt.
   a Recherchiert im Internet (Webcode), welche weiteren Formate es gibt.
   b Beschreibt die dort genannten Abläufe und benennt weitere Personen, die gebraucht werden.
   c Nennt Kriterien, die bei der Entscheidung helfen, in welchem Format eine Meldung gesendet werden soll.

3 Die Tagesschau um 20.00 Uhr dauert jeden Tag 15 Minuten. Erklärt, wie es möglich ist, dass es nie zu viel oder zu wenig Nachrichten gibt.

4 Vergleicht Nachrichtensendungen zweier Sender (öffentlich-rechtlich/privat). Was stellt ihr fest? Wie erklärt ihr eure Ergebnisse? (Verwendet dazu auch S. 137.)

METHODE

Berichterstattung von Medien auswerten

Hinweise für die Auswertung

Die Auswertung verschiedener Medien zu einem Thema ist sehr aufschlussreich. Sie zeigt, in welcher Weise wir von welchem Medium informiert und eventuell politisch beeinflusst werden. Auf dieser Doppelseite findet ihr Materialien zur Europawahl 2009 als Beispiel. Für eure Auswertung müsst ihr euch ein zeitnahes Thema selber auswählen.

Folgende Schritte solltet ihr bei der Auswertung beachten:

1. Ereignis bestimmen
2. Verabreden, wer welches Medium (Zeitung) kauft bzw. eine Nachrichtensendung im Fernsehen beobachtet oder in der Mediathek der Sender anschaut und auswertet.
3. Fragen für die Auswertung:
   - Wie wird berichtet? (Umfang, Aufmachung, Wo liegt der Schwerpunkt, werden Nachricht und Kommentar getrennt?)
   - Aus welcher Sicht wird berichtet? Ist eine politische Richtung erkennbar?
   - Wird das Ereignis kommentiert? Ist eine politische Richtung des Kommentars erkennbar?
4. Persönliche Beurteilung des untersuchten Mediums im Hinblick auf das Ereignis

M 1 BILD (Kommentar)

Der Wahlkampf war öde: STIMMT! Die Slogans waren hohl, die Auftritte matt. Was die Parteien unterscheidet, wird nicht so klar wie bei Bundestagswahlen.

Es ging zu wenig um Europa: STIMMT! Die Parteien testeten ihre Strategien für die Bundestagswahl, hielten sich von konkreten EU-Themen fern.

CDU-Generalsekretär Ronald Pofalla: „Die Menschen haben Vertrauen in Angela Merkel.“ Aber die kommt gar nicht ins Europaparlament.

Es fehlen die Gesichter: STIMMT! Die deutschen Spitzenkandidaten sind weitgehend unbekannt.

Es fehlt die Zuspitzung: STIMMT! Die meisten Entscheidungen fallen im Europaparlament mit den Stimmen einer Großen Koalition aus Konservativen und Sozialdemokraten. (…)

Das interessiert nicht. STIMMT! Drei Viertel hatten wenig oder kein Interesse an der Europa-Wahl. (…)

(BILD, Bundesausgabe, 8.6.2009, S. 2)

M 2 Financial Times (Kommentar)

Rechtsextreme und andere populistische Randparteien haben bei den Europawahlen große Stimmenzuwächse erzielt. In den Niederlanden, Österreich, Großbritannien und anderen Staaten erzielten sie laut Umfragen und Hochrechnungen so starke Resultate wie nie zuvor. Auch in anderen Staaten schien es so, als könnten sie Sitze für das Europaparlament erobern. Das Ergebnis ist einerseits eine schlechte Nachricht für die Europäische Union: Die Bürger in den Mitgliedsstaaten haben offensichtlich in vielen Fällen für Parteien gestimmt, die eine radikale Kursänderung in Brüssel propagieren. Hauptsächlich ist es aber ein Schlag ins Gesicht der etablierten Parteien in vielen EU-Staaten angesichts der weltweiten Finanz- und Wirtschaftskrise. In den meisten Staaten wurde kein richtiger EU-Wahlkampf geführt – das Ergebnis spiegelt eher die aktuelle Beliebtheit der Parteien in der nationalen Politik wider. (…)

(Financial Times, Deutschland, 8.6.2009, S.11)

M3 Collage aus Schlagzeilen am Tag nach der Wahl zum Europaparlament, 8.6.2009

M4 Die Tageszeitung (Kommentar)

Bei den Europawahlen lag die Wahlbeteiligung in Deutschland auf dem niedrigsten Stand seit Einführung der Wahlen zum Europäischen Parlament. Mit rund 42 Prozent liegt sie weit unterhalb der nationalen Wahlen, wo stets rund 78 Prozent der Bürger ihre Stimmen abgeben. In Berlin hat beispielsweise nur etwa jeder dritte seine Stimme abgegeben. Nach einer Schätzung des Amtes für Statistik machten bis zum Schluss der Wahllokale um 18.00 Uhr nur 33 Prozent von ihrem Wahlrecht Gebrauch, das wären 5,6 Prozentpunkte weniger als bei der Europawahl vor fünf Jahren. Bei der Wahlbeteiligung zeichnete sich deutschlandweit ein ähnlich geringes Interesse wie 2004 ab. Damals hatte es mit 43 Prozent einen Negativrekord gegeben. Auch in den anderen europäischen Ländern ging die Wahlbeteiligung weiter zurück. Besonders schwach ist sie generell in den osteuropäischen Staaten. So stimmten beispielsweise in Bulgarien bis zum späten Nachmittag rund 28 Prozent der Wahlberechtigten ab. In Spanien dagegen hat sich bei der Europawahl eine ähnliche Wahlbeteiligung wie im Jahr 2004 abgezeichnet. (…)

(Die Tageszeitung, 8.6.2009, S. 2)

1 Wertet M 1 bis M 4 mithilfe der Hinweise auf S. 104 als Vorübung für eure eigene Auswertung aus.

2 Teilt euch in Gruppen und wählt ein aktuelles Thema für eine Medienauswertung. Beachtet dabei die auf S. 104 beschriebenen Arbeitsschritte.

Computerspiele – ein Kinderspiel?!

Politiker fordern Verbot von Gewaltspielen

Gewaltfilme und Gewaltspiele verursachen Gewalt!

Mörderische Medien? Massaker unter dem Eindruck vom PC-Spiel DOOM? Gewalt garantiert finanzielle Erfolge!

Studie: Schädliche Wirkung von Computerspielen nicht belegt.

M 1 Knöpfchen- und/ oder Köpfchenspiel?

Faszination am Bildschirm

Der Mensch wurde schon in der Antike als „homo ludens" – als spielender Mensch – bezeichnet. Heute kann man den Spieltrieb auch mit Video- und Computerspielen befriedigen – sie faszinieren Jugendliche und Erwachsene gleichermaßen. Der Spaß am Spiel hängt auch von den eigenen Vorlieben und Fähigkeiten ab. Grob unterteilt gibt es zwei Spielsorten, „Knöpfchenspiele" (Abschieß-, Geschicklichkeits- und Sportspiele) und „Köpfchenspiele" (Abenteuer-, Simulations- und Rollenspiele). Erfolgserlebnisse vermitteln alle.

Oft ist Gewalt im Spiel ...

Computer, Spielkonsolen und Internet bieten heute eine kaum zu überblickende Fülle von Spielangeboten. Gegen bestimmte Spiele wird der Vorwurf erhoben, sie seien gewaltverherrlichend. Im Einzelfall ist schwer zu sagen, ob es sich lohnt, die Zeit mit dem Spiel zu verbringen oder die Finger davon zu lassen. Viele Computerzeitschriften enthalten Spielbeschreibungen und -bewertungen. In Online-Foren wird darüber diskutiert, ob die Ergebnisse unabhängig oder durch Werbung „käuflich" sind und ob die Tester das ganze Spiel gespielt haben.

Medien werden von der Bundesprüfstelle für jugendgefährdende Medien indiziert (verboten), wenn sie folgende Kriterien erfüllen:

- selbstzweckhafte und detaillierte Darstellungen von Gewalthandlungen, insbesondere von Mord- und Metzelszenen
- Medieninhalte, die Selbstjustiz als einzig bewährtes Mittel zur Durchsetzung der vermeintlichen Gerechtigkeit nahe legen;
- verrohend und zu Gewalttätigkeit oder Verbrechen anreizend wirkende Medieninhalte.

Zusätzliche Kriterien für interaktive Medien/Computerspiele im Hinblick auf Gewalthandlungen gegen Menschen oder menschenähnliche Wesen

- kaum oder keine alternativen Handlungsoptionen/Konfliktlösungsmöglichkeiten
- alternative Handlungsoptionen/Konfliktlösungsmöglichkeiten sind zwar möglich, aber für die Erreichung des Spielzieles nachteilig oder irrelevant [unwichtig]
- das Ausüben von entsprechender Gewalt erscheint unproblematisch oder gesellschaftlich normal, ist nicht mit negativen Folgen oder Sanktionen [Strafen] versehen oder wird im Rahmen des Spiels belohnt
- Gewalt gegen Unbeteiligte ist Bestandteil des Spiels und wird nicht oder nur eingeschränkt sanktioniert
- die jugendgefährdende Wirkung der Darstellungen wird durch realitätsimitierende Steuerungs- und Bedienungselemente verstärkt

www.bundespruefstelle.de/bpjm/Jugendmedienschutz/Indizierungsverfahren/spruch-praxis,did=32992.html, Abruf: 7.12.2011

M 3 Indiziert!

M4 Spaßfaktor-Skala? Freigabe-Symbole der USK: Unterhaltungssoftware Selbst-Kontrolle *www.usk.de (20.9.2012)*

M5 Spielekauf – eine alltägliche Szene?

Marvin (13) bittet seine Schwester Sarah (19)

MARVIN: „Sarah, ich muss bis Freitag unbedingt Mafia II haben. Besorgst du es für mich? Im Game-Shop kostet es 51,90 €. Hier sind 55 €. Der Rest ist fürs Holen."

SARAH: „Warum kaufst du es nicht einfach selbst? Und überhaupt, so viel Großzügigkeit kenne ich gar nicht von dir?"

MARVIN: „Habe es ja schon selbst versucht, aber der Verkäufer meinte, er dürfe das Spiel nur an Erwachsene verkaufen. So eine Gemeinheit! Alle interessanten Spiele sind erst ab 16 oder 18 Jahren. Soll ich nur so Kleinkinderspiele ab 12 spielen? Uns Jugendlichen wird vom Staat überall hineingeredet. Und du weißt ja, wie unsere Eltern sind! Der Vater von Robin ist richtig cool, gemeinsam haben sie z. B. Lost Planet 2 gekauft. Und Max bekommt von seiner großen Schwester tolle Spiele wie Doom 3. Die spielt selbst jeden Tag mehrere Stunden. Deshalb komme ich ja zu dir! Am Samstag kommen Robin und Max. Mit dem Kinderkram für meine X-Box lachen die mich garantiert aus!"

Autorentext

Webcode: PE643561-099

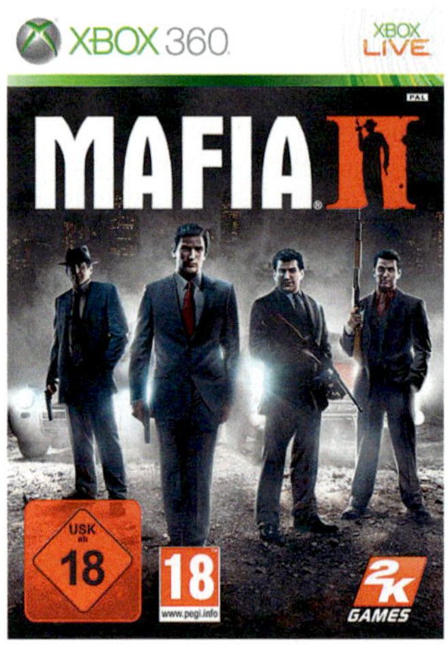

M6 Tolles Spiel – meint Marvin! Und ihr?

M7 Lernsoftware – Lernspaß oder Langeweile garantiert?

1 Betrachtet die Spiele in M1, M6 und M7.
   a Versucht anzugeben, ob es sich jeweils um ein *Knöpfchen-betätigen-* oder *Köpfchen-einsetzen-*Spiel handelt?
   b Ab welcher Altersgruppe ist das Spiel empfohlen? Klärt mit den Symbolen in M4. Was meint ihr – sind die Altersfreigaben ein Hinweis, ab wann das Spiel wirklich gespielt werden kann?

2 Wie könnte das Gespräch von Marvin und Sarah weitergehen? Wie soll sich Sarah verhalten? Bereitet Rollenspiele vor und vergleicht eure Ergebnisse. Diskutiert danach auch über M5, M6 und M7.

3 a Warum hat die Bundesprüfstelle gerade diese Indizierungsgründe gewählt (M3)?
   b Überlegt, warum es zusätzliche Kriterien für Computerspiele gibt. Was unterscheidet sie von sonstigen Medien (z. B. Filme, Bücher)?

4 Die Computernutzung von Jungen und Mädchen ist unterschiedlich. Welche Unterschiede vermutet ihr?

5 Testet euer Wissen über Computerspiele bei einem Quiz. (Webcode)

Gruppenpuzzle: Rund ums Internet – Chancen und Gefahren

Justin Bieber veröffentlicht Biografie

Justin Bieber wird im Oktober seine Biografie veröffentlichen. Er hat den Vertrag bereits unterzeichnet.

Justin Bieber, Sänger und Mädchenschwarm, wird im Oktober seine Biografie veröffentlichen. In dem Buch geht es um Justins Erfolgsgeschichte vom „normalen" Jungen zum Sänger und Songwriter.
Justin Bieber veröffentlichte 2009 einige Videos auf Youtube.com, in denen er sein Talent zum Besten gab. Zahlreiche Fans klickten seine Videos und Justin wurde in kurzer Zeit zum Star!

http://www.erdbeerlounge.de/stars-entertainment/Justin-Bieber-Biographie-wird-veroeffentlicht-8612-_a11541/site1-0-0, Abruf: 9.8.2010

M1

Wieder Datenklau bei SchülerVZ

Bei dem Online-Netzwerk SchülerVZ sind erneut in großem Stil Nutzerdaten abgegriffen worden. Mithilfe künstlicher Profile und E-Mail-Adressen hat ein Nutzer den Kopierschutz des Netzwerks umgegangen, teilte SchülerVZ mit. Man sei vom Betreiber des Blogs netzpolitik.org auf den Fall aufmerksam gemacht worden.
Dem Blog zufolge habe der Nutzer 1,6 Millionen aktuelle Datensätze der bei SchülerVZ registrierten 12- bis 19-Jährigen eingesammelt, dies entspreche rund 30 Prozent aller Nutzerprofile des Sozialen Netzwerks.

http://www.tagesschau.de/inland/schuelervz110.html, Abruf: 3.8.2010

M2

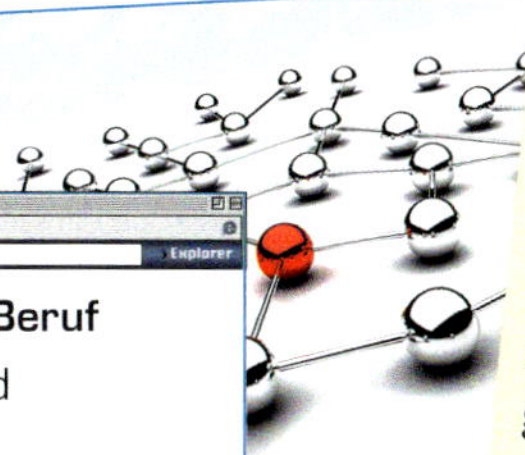

Soziale Netzwerke werden wichtiger für Erfolg im Beruf

Das ist das Ergebnis einer Forsa-Umfrage unter rund 1000 Erwerbstätigen zwischen 25 und 65 Jahren. Davon messen rund drei Viertel (74 Prozent) Seiten wie Facebook, Twitter oder Studi-VZ einen hohen Stellenwert bei, wenn es darum geht, wie erfolgreich sie im Beruf sind. (...)

http://www.macwelt.de/artikel/_News/372535/soziale_netzwerke_werden_wichtiger_fuer_erfolg_im_beruf/1, Abruf: 3.8.2010

M3

Schüler-Protest: Ohne Internet geht gar nichts

5000 Schüler protestierten am Montag gegen die Wiederholung des Mathe-Tests

Berliner Schüler gehen immer häufiger für die Bildung auf die Straße – und organisieren ihren Protest online. Wie jetzt im Streit um die Wiederholung der Mathe-Klausur.
„Wir kamen nach Hause und haben erfahren, dass wir die Matheprüfung noch einmal schreiben sollen. Da haben wir beschlossen: Wir tun was dagegen", erinnert sich der 16-jährige Heiko. Der Zehntklässler hatte mit seinem Freund Florian vor einer Woche die Idee, gegen die Wiederholung der Prüfung auf die Straße zu gehen. Kurzerhand erstellte Florian eine Homepage. Die Seite informiert nun über die nächsten geplanten Schritte. „Innerhalb der ersten acht Stunden haben 9000 Leute die Internetseite besucht", sagt Heiko. „Mit so einem Echo haben wir nicht gerechnet."

Stephanie Walter, http://www.tagesspiegel.de/berlin/landespolitik/ohne-internet-geht-gar-nichts/1258954.html, Abruf: 03.08.2010

M4

Per Webcam beobachtet

Cyber-Spanner spioniert Schülerinnen aus

Schrecklicher Verdacht: Mithilfe manipulierter Webcams soll ein Hacker aus dem Rheinland mindestens 150 Kinderzimmer überwacht haben. (...)
Als die Polizei den Mann festgenommen habe, seien auf dessen Rechnern mehrere Videos aus Kinderzimmern gelaufen, schrieb das Westfalen-Blatt aus Bielefeld am Freitag. (...)

dpa/joku/holz, http://www.sueddeutsche.de/digital/per-webcam-beobachtet-cyber-spanner-spioniert-schuelerinnen-aus-1.976146, Abruf: 3.8.2010

M5

Prügel-Attacke: Polizisten werden versetzt

Am Rande der Großdemo „Freiheit statt Angst" am Samstag kam es offenbar zu Übergriffen der Polizei, die durch ein Video belegt wurden. Als erste Reaktion müssen zwei Beamte vorerst „neue Aufgaben" übernehmen. (...)

Eine Privatperson hatte die Szenen aufgenommen und das Video ins Internet gestellt. Darauf sei ein Mann zu sehen, „der nichts getan hat, und der massiv angegangen wird", sagte Polizeisprecher Frank Millert dem Fernsehsender N24. (...)

Sabine Beikler/Tanja Buntrock, http://www.tagesspiegel.de/berlin/polizei-justiz/pruegel-attacke-polizisten-werden-versetzt/1599220.html, Abruf: 3.8.2010

M6

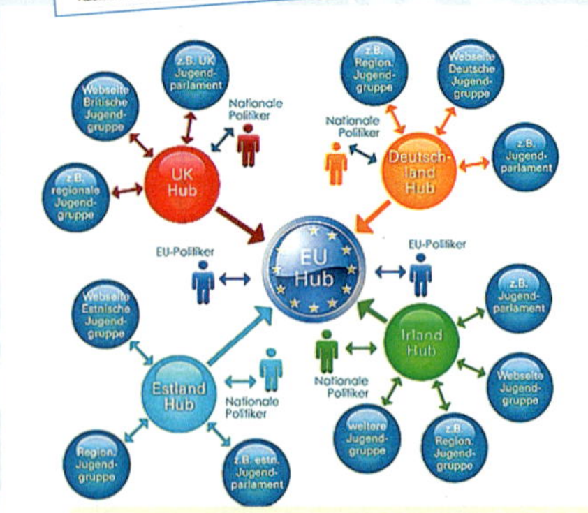

Europäisches Projekt fördert politische Beteiligung junger Menschen im Internet

Pilotprojekt HUWY gestartet

Über eine Hub-Webseite sollen sich Jugendliche aus Großbritannien, Irland, Deutschland und Estland an Entscheidungen zu Themen der Internetnutzung beteiligen. Das Projekt läuft zunächst bis Januar 2011. Es ist zu erreichen unter www.huwy.eu/de.

Autorentext

M7

Mobbing im Internet setzt vielen Schülern zu

Die Prügelei auf dem Pausenhof ist passé, stattdessen werden viele Jugendliche mittlerweile im Internet gemobbt.

Gegen Außenseiter in der Schule bilden sich feindselige Gruppen in Netzwerken wie SchülerVZ. Dort werden Gerüchte verbreitet und Schwächen breitgetreten. Betroffene sollten unbedingt Eltern oder Lehrer einschalten. (...)

dpa/ras, http://www.welt.de/wirtschaft/webwelt/article2954130/Mobbing-im-Internet-setzt-vielen-Schuelern-zu.html, Abruf: 3.8.2010

M8

Zum Thema Internet und Co habt ihr selbst sicher schon einiges an Wissen und Erfahrungen gesammelt. Auf den folgenden Doppelseiten (Seiten 148–157) könnt ihr dieses Wissen noch vertiefen.

1 Setzt euch in Gruppen zusammen.
  a Legt eine Tabelle mit zwei Spalten an. Ordnet die Materialien dieser Doppelseite den Überschriften Chancen und Gefahren des Internet zu.
  b Findet in der Gruppe weitere Beispiele und schreibt sie dazu.

2 Tragt die Ergebnisse der Gruppen an der Tafel zusammen. Diskutiert: Ist die Zuordnung Chance/Gefahr immer einfach zu treffen?

3 **a** Sammelt in der Klasse Fragen, die euch zu diesem Thema interessieren. Notiert sie auf einem Plakat.
  b Vergleicht nach der Bearbeitung der folgenden Seiten (148–157), ob noch Fragen offen geblieben sind.

Ihr könnt das gesamte Thema auf den Doppelseiten (Seiten 148–157) in einem **Gruppenpuzzle** oder in einer normalen **Gruppenarbeit** durchführen. Entscheidet euch zunächst für die Arbeitsform. Wählt euch dann ein Thema aus, das euch interessiert, und setzt euch in Gruppen zusammen. Hilfen für die Präsentation eurer Ergebnisse vor der Klasse findet ihr auf Seiten 158/159.

Gruppenpuzzle: Jugendsünden? – Das Internet vergisst nichts!

Hast du schon einmal Fotos von dir ins Internet gestellt?
a) Nein, noch nie (0)
b) Ja, aber nur ein oder zwei Bilder (1)
c) Ja, so ein paar, von verschiedenen Gelegenheiten (2)
d) Ja, je witziger und alberner, desto besser! (3)

Wenn auf einer Internetseite deine Adressdaten abgefragt werden …
a) Gebe ich sie ein (3)
b) Gebe ich sie nur selten ein (1)
c) Gebe ich sie eigentlich immer ein (2)

Wenn mich in einem Netzwerk eine Freundschaftanfrage erreicht …
a) Schaue ich mir das Profil erst genau an und stimme dann meistens zu (2)
b) Schaue ich mir das Profil genau an und stimme nur manchmal zu (1)
c) Stimme ich meistens erst mal zu und schau später vielleicht, wer das ist (3)
d) Stimme ich immer zu, denn das gehört im Netzwerk dazu (4)

Für wen sind die Angaben in deinem Netzwerkprofil sichtbar?
a) Ich bin in keinem Netzwerk (0)
b) Alle Angaben sind nur für Freunde sichtbar (1)
c) Teilweise sind sie für Freunde, teilweise für alle sichtbar (2)
d) Alle Angaben sind für jedermann sichtbar (3)

Was würdest du machen, wenn du verliebt bist?
a) Ich behalte es für mich oder schreibe es in ein Tagebuch (0)
b) Ich erzähle es nur meinen Eltern oder besten Freunden (0)
c) Ich erzähle es Eltern oder Freunden und dann auf meiner Profilseite im Netz (2)
d) Ich schreibe es als Erstes auf meine Profilseite (2)

Ein Party-Video von dir wurde ins Internet gestellt. Wie reagierst du?
a) Ich reg mich auf und verlange, dass es sofort gelöscht wird (0)
b) Es ist mir egal und ich mache nichts (3)
c) Ich find's ok und irgendwie auch ganz lustig. Nächstes Mal soll er mir aber vorher Bescheid sagen (2)
d) Ich freue mich und verlinke es in meinem Profil selbst (4)

Welche dieser Angaben sind auf deinem Profil zu finden?
a) Nur erfundene Fantasie-Angaben (1)
b) Nur mein Name und vielleicht noch meine Schule (2)
c) Name, Schule, Hobbys, Vorlieben und noch ein paar Angaben (3)
d) Eigentlich fast alles, was mir zu meiner Person einfällt. Ich habe so gut wie keine Geheimnisse (4)

M 1 **Welcher Community-Typ bist du?** *(ausgewählte Fragen des Tests auf www.checked4you.de)*

Tipps zum Umgang mit persönlichen Daten

Das Internet ist nicht privat. Auch, wenn die Community ein quasi-privates „wir sind unter uns"-Gefühl vermittelt. Generell bei der Profilgestaltung also daran denken, welches Bild man von sich erzeugt. Und dabei auch mal an den Job denken. Vor allem aber: Was einmal im Netz ist, kommt da so schnell nicht wieder raus […]

Kontaktdaten: Am besten keine. Schließlich kann man innerhalb der Community kommunizieren, dafür ist sie ja da. Handynummern, Adresse oder ICQ-Nummer haben eigentlich in keinem Profil was verloren.

Bilderwahl: Auf Partybilder besser verzichten. In der Regel sind sie eh nur spaßig gemeint, aber leider versteht den Spaß eben nicht jeder. […]

AGB/Datenschutzerklärung lesen: Ist anstrengend, aber wichtig. Was sagt der Betreiber des Portals über die Verwendung meiner Daten? An wen gibt er sie vielleicht weiter? In der Regel kann man in seinen Profileinstellungen übrigens durchaus Einfluss auf diese Punkte nehmen!

Profileinstellungen: Was ist für wen sichtbar? Was für alle, was nur für Freunde? Darauf sollte man schon achten und sich ein bisschen Zeit für die Einstellungen nehmen. Und die Möglichkeit, das komplett zu regulieren, sollte auf jeden Fall da sein – sonst lieber die Community wechseln!

Nickname/Pseudonym benutzen: Das allein gibt keine Sicherheit, ist aber oftmals besser, als im Profil seinen richtigen Namen zu verwenden. […]

Positives Bild: Sich auch mal fragen, ob und wie man seinen Account positiv nutzen kann, um sich der Welt als gut drauf, kreativ oder auch engagiert vorzustellen. […]

Selbsterkenntnis: Sich hin und wieder mal selbst googlen! Kann spannend sein, und man sieht dann, welches Bild man für andere im Netz abgibt.

M 2 Meine Daten im Internet *(http://www.checked4you.de/communities, Abruf: 5.8.2010)*

Medienrechtler fordert Einführung eines Verfallsdatums für alle Internet-Daten

Damit sollen Bürger vor negativen Folgen geschützt werden, wenn sie private Daten online preisgeben. So könne verhindert werden, dass beispielsweise ein in einer Jugendlaune veröffentlichtes negatives Bild zu einem späteren Zeitpunkt gegen einen verwendet werden kann. Besonders Arbeitgeber greifen häufig auf die Recherche im Internet zurück, um mehr über einen potenziellen Mitarbeiter in Erfahrung zu bringen. [Einer englischen Studie] zufolge müssten 70 Prozent der 14- bis 21-Jährigen nach eigener Einschätzung erst einmal ein paar Dinge aus dem Internet entfernen, bevor sie Arbeitgebern erlauben würden, nach Informationen über sie zu suchen. (...)

„Wir leben heute in einer veränderten Informationsgesellschaft“, meint Thilo Weichert, Leiter des Unabhängigen Landeszentrums für Datenschutz in Schleswig-Holstein. Das Internet ermögliche die nahezu unbegrenzte Datensammlung und -speicherung. Während die Menschen selbst eine Einzelheit nach der anderen vergäßen, erinnere sich das Internet minutiös und dauerhaft an alles, was über jeden Einzelnen gespeichert ist. (...)
Unterdessen sind bereits mehrere Beispiele bekannt, bei denen Bürger aufgrund von im Internet veröffentlichten Informationen mit negativen Folgen konfrontiert worden sind. So soll eine angehende Lehrerin nicht mehr unterrichten dürfen, weil online ein Foto von ihr aufgetaucht sei, das sie als betrunkene Piratin mit Hut zeigt.

Anja Schütz, http://www.silicon.de/hardware/netzwerk-storage/0,39039015,39161512,00/datenschutz_problematik+_das+internet+vergisst+nicht.htm, Abruf: 3.8.2010

M3 Das Internet vergisst nicht

M4 Karikatur: Thomas Plaßmann

Webcode: PE643561-103

1 a Macht den Community-Typ-Test (M 1) (siehe auch Webcode).
  b Tauscht euch über eure Ergebnisse aus. Welches Verhalten findet ihr richtig, welches nicht? Begründet.
  c Verhaltet ihr euch immer richtig? Wenn nicht, warum?
  d Sucht mithilfe von Google oder www.123people.de nach eurem eigenen Namen.

2 Jeder Test braucht auch eine Auswertung.
  a Schreibt drei kurze Typ-Beschreibungen für den Test M 1 (Typ 1: 0–7 Punkte, Typ 2: 8–14 Punkte, Typ 3: 15–23 Punkte). Lasst euch treffende Typnamen einfallen: Sicherheits-Surfer, Sorglos-User, …
  b Fügt jeder der drei Typ-Beschreibungen einen persönlichen Datentipp bei. Nehmt dafür M 2 zu Hilfe.
  c Verteilt den Test unter Freuden. Welche Community-Typen sind sie?

3 a Warum fordert der Medienrechtler in M 3 ein Verfallsdatum für Internet-Daten?
  b Technisch ist ein Verfallsdatum für Daten möglich. Warum bieten soziale Netzwerke wie SchuelerVZ diesen Dienst nicht? Stellt Vermutungen über die Interessen der Betreiber sozialer Netzwerke an.
  c Nennt mögliche Folgen für Menschen, über die weniger vorteilhafte Informationen im Internet zu finden sind. (M 3, M 4)

Gruppenpuzzle: Der digitale Fußabdruck – Welche Schuhgröße hast du?

M 1 Informationsflut wächst jährlich um 60 Prozent

Die digitale Informationsmenge explodiert. Vor allem Digitalkameras, Digital-TV und Soziale Netzwerke treiben Datenwachstum voran. In einer Studie wurden 2007 neue Erkenntnisse zu Wachstum und Inhalten des weltweiten digitalen Datenvolumens bis 2011 veröffentlicht. Derzeit wächst die digitale Informationsflut jährlich um 60 Prozent und wird bis 2011 rund 1 800 Exabyte (1,8 Zettabyte, das sind 1,8 Milliarden Terabyte) erreichen.

Digitaler Fußabdruck: 45 GB pro Person und Jahr

Futter für das explosive Datenwachstum liefern der weltweit steigende Absatz von Digitalkameras und die zunehmende Popularität von Digital-TV. Statistisch gesehen hinterließ 2007 jeder Erdenbewohner einen „digitalen Fußabdruck" mit einer Größe von 45 Gigabyte im Informationsuniversum. Die zunehmende Internetnutzung in den Entwicklungsländern sowie der weltweite Boom sozialer Netzwerke sind Hauptverursacher des rasanten Wachstums digitaler Daten.

Der digitale Schatten

Erstmals wird in der Studie vom Phänomen des „Digitalen Schattens" gesprochen. Dieser Schatten beschreibt den passiven Anteil, den jeder Mensch täglich zum Informationswachstum beiträgt. Gemeint sind damit die Daten, die zum Beispiel bei der Benutzung eines Handys entstehen, gespeicherte Websuchen (z. B. über Cookies) oder digitale Aufzeichnungen von öffentlichen Kameras. Der digitale Schatten jedes Einzelnen ist mehr als doppelt so groß wie die Informationsmenge, die wir täglich aktiv durch digitale Fotos, PC-Arbeit oder E-Mail-Versand erzeugen.

zusammengestellt nach www.channelpartner.de; http://germany.emc.com

1024 Bytes = 1 Kilobyte
1024 Kilobytes = 1 Megabyte
1024 Megabytes = 1 Gigabyte
1024 Gigabyte = 1 Terabyte
1024 Terabyte = 1 Petabyte
1024 Petabyte = 1 Exabyte
1024 Exabyte = 1 Zettabyte

Webcode: PE643561-104

Den Fußabdruck verringern

Je größer dein digitaler Fußabdruck ist, desto leichter ist es für andere, etwas über dich herauszufinden. Das muss nicht unbedingt schlecht sein. Will dir ein Freund etwas zum Geburtstag schenken, kann er in einem sozialen Netzwerk (z. B. SchülerVZ) versuchen, dein Geburtsdatum herauszufinden. Bei der Gelegenheit erfährt er vielleicht sogar, welche Hobbys du noch hast, von denen er nichts wusste. So kann er dir ein prima Überraschungsgeschenk machen.

Im Internet sind aber nicht nur Freunde unterwegs. Doch je größer dein digitaler Fußabdruck, desto leichter ist es, Informationen über dich zu sammeln. So würden viele Unternehmen gerne wissen, welche Hobbys du hast und für welche Marken du dich interessiert. Das funktioniert zum Beispiel so:

M 2 Cookies

Cookies sind (meist kleine) Datenpakete, die auf [deinem] Computer gespeichert werden: Im Gegensatz zu den vielen Tausend anderen kleinen Datenpaketen auf [deinem] Rechner werden sie automatisch angelegt und können von bestimmten Anbietern wieder ausgelesen werden. (…) Typische Einsatzgebiete sind zum Beispiel Warenkörbe bei Bestellsystemen; Anmeldeinformationen bei Webmailsystemen,

bei Suchmaschinenanfragen oder Wikis. In der Regel kann der Benutzer entscheiden, ob Cookies zugelassen werden. Aber es kann auch passieren, dass eine Internetseite ohne Cookies gar nicht funktioniert! An sich sind Cookies nicht direkt gefährlich, aber in ihnen können Daten, die der Profilbildung dienlich sind, gespeichert werden. In jedem Browser (wie Internet-Explorer oder Firefox) gibt es die Möglichkeit zu sehen, welche Cookies gespeichert sind, und man kann diese auch löschen. Mit der Einstellung „Browserverlauf löschen" (Internet Explorer) bzw. „Private Daten löschen" (Firefox) kann man Cookies und einige andere Daten automatisch und vollständig löschen. Vielleicht lohnt die Einstellung, dass diese Daten automatisch beim Beenden des Browsers gelöscht werden!

aus: Ich bin öffentlich ganz privat. Datenschutz und Persönlichkeitsrechte im Web., Hrsg.: www.klicksafe.de, https://www.klicksafe.de/cms/upload/user-data/pdf/klicksafe_Materialien/Zusatzmodul_LH_Datenschutz_klicksafe.pdf, Abruf: 2.8.2010

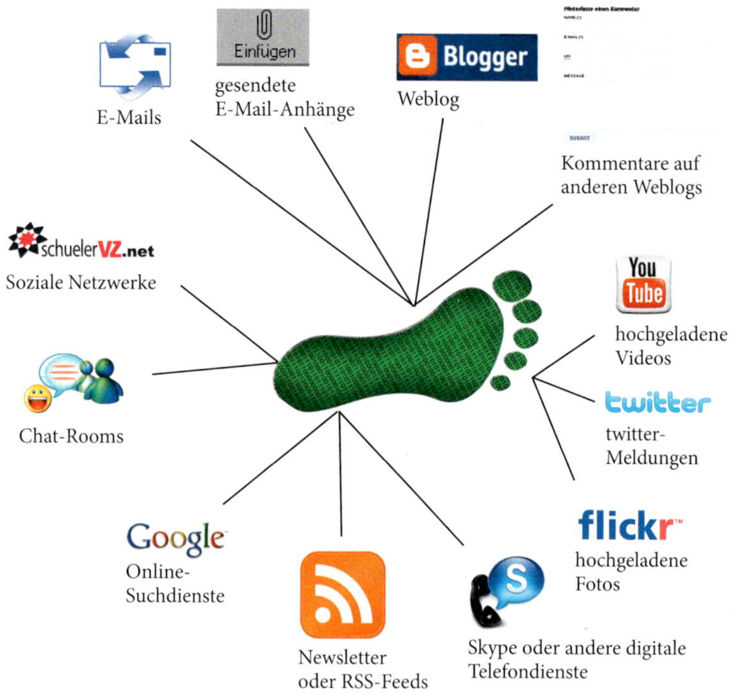

M3 Ein digitaler Fußabdruck veranschaulicht in einer „Social Map"

1 **a** Erklärt die Begriffe „digitaler Fußabdruck", „digitaler Schatten".
b Wie groß ist der Anteil an aktiv und passiv verursachten Daten des digitalen Fußabdrucks?
c Nennt jeweils die Hauptursachen für den Datenzuwachs des „Fußabdrucks" und des „Schattens".

2 Findet Beispiele dafür, warum ein großer digitaler Fußabdruck Nachteile haben kann.

3 Nennt Möglichkeiten, wie ihr euren digitalen Fußabdruck verringern könnt. Unterscheidet auch zwischen aktivem und passivem Beitrag.

4 Sucht die Einstellungsmöglichkeiten (wie in M2 beschrieben) in eurem Internetbrowser. Macht wenn möglich einen Screenshot und druckt ihn für die Klasse aus (Tipp: Anleitung siehe Webcode).

5 Für Firmen oder bekannte Persönlichkeiten kann es sehr hilfreich sein, einen großen digitalen Fußabdruck zu haben. Diesen Fußabdruck kann man auch in einer „Social Map" veranschaulichen. (M3)
a Versucht für euch selbst eine solche Karte anzulegen.
b Wählt eine bekannte Persönlichkeit aus. Erstellt mithilfe von Internet-Suchdiensten eine möglichst umfassende „Social Map".

Gruppenpuzzle: Zensur im Internet – Sinnvoller Schutz oder Ende der Freiheit?

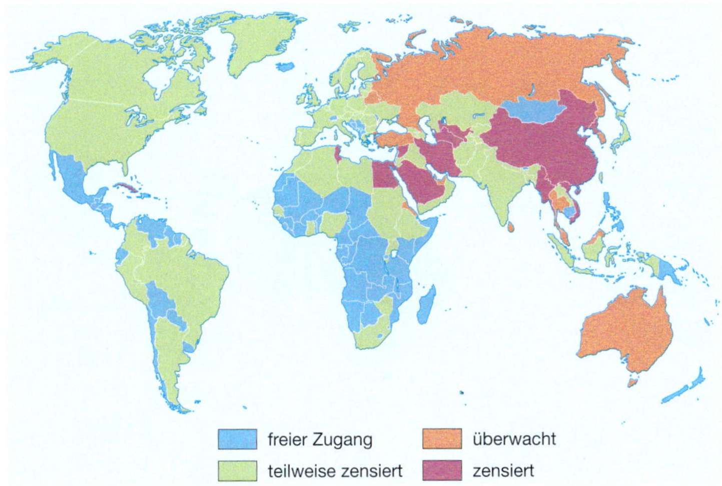

M 1 **Einschränkungen der Freiheit im Internet** *(Quelle: RSF, Stand: 2008)*

M 2

Ist ein Medium nicht „jugendfrei", darf es nicht für Kinder und Jugendliche zugänglich sein. Der Betreiber muss „geeignete" Maßnahmen ergreifen, um den Zugang zu verhindern. Das kann zum Beispiel ein wirksamer Alterscheck auf der Homepage sein.

M 3 **Altersbeschränkung**

Das Internet – Die große Freiheit?

Viele halten das Internet für ein unkontrolliertes Medium. Hier scheint es angeblich alles zu geben: Bombenbauanleitungen, Waffen, Sex und absolute Meinungsfreiheit. Das stimmt aber nur teilweise. Denn immer wieder hören wir Berichte, dass in Ländern wie China oder Iran der Zugang zum Internet eingeschränkt wird. In den genannten Ländern und einigen anderen (siehe M 1) werden die Medien durch den Staat überwacht. Es darf nur veröffentlicht werden, was vorab durch Behörden geprüft und genehmigt wurde. Diktatorische Regierungen versuchen so ihr politisches Handeln zu verschleiern und Einfluss auf die Meinungsbildung der Bevölkerung zu nehmen. Von dieser Zensur ist neben Fernsehen, Rundfunk und Printmedien auch der Zugang zum Internet betroffen.
In Deutschland ist im Grundgesetz (Artikel 5) die Pressefreiheit genauso geschützt wie die Meinungsfreiheit und das Recht der Bürgerinnen und Bürger, sich ungehindert zu informieren. Eine Demokratie kann nur funktionieren, wenn die Medien ihre Aufgaben zu informieren, zu kontrollieren und kritisieren umfassend und ohne Zensur wahrnehmen können. Eine Zensur findet nicht statt.
Doch auch wir erleben das Internet nicht „ungefiltert". Es gibt auch bei uns viele Internetseiten, die nicht oder nicht so einfach zu erreichen sind, obwohl Nutzer aus anderen Ländern uneingeschränkten Zugriff darauf haben. Denn die garantierte Pressefreiheit endet da, wo sie mit anderen Gesetzen, zum Beispiel dem Jugendschutzgesetz, in Konflikt gerät.

Was ist verboten?

Die Bonner „Bundesprüfstelle für jugendgefährdende Medien", kurz BPjM, ist nicht nur für Musik und Filme, sondern auch für die Inhalte des Internets zuständig. Viele haben schon einmal vom so genannten „Index" gehört, der jugendgefährdende Medien enthält. Ein solcher Index ist eine Liste, die es auch für das Internet gibt. Manche Listen erfassen jugendgefährdende Medien und andere komplett verbotene Inhalte. Diese dürften überhaupt nicht veröffentlicht werden. Inhalte können verboten sein, weil sie beispielsweise volksverhetzend oder gewaltverherrlichend sind.

Die Rolle der Suchmaschinen

Die Suchmaschinen haben eine besonders wichtige Rolle. Denn diese wären die „Vermittler" der Information, falls jemand über sie auf nicht jugendfreie Inhalte gerät. Um das zu verhindern, haben sich die größten Suchmaschinenbetreiber und einige andere Anbieter zur „Freiwillige Selbstkontrolle Multimedia-Diensteanbieter" (FSM) zusammengeschlossen. Diese Gruppe hat sich verpflichtet, die Liste der

indizierten Seiten zu übernehmen und diese aus ihrem Suchindex zu entfernen. Auf Anbieter im Ausland haben deutsche Behörden aber keinen Zugriff. Hier bleibt nur die Möglichkeit, die Seiten aus Deutschland unerreichbar zu machen. Rein rechtlich dürfen die Behörden mittlerweile auch so genannte „Sperrverfügungen" erlassen. Diese können einen Internetprovider zwingen, bestimmte Seiten durch technische Maßnahmen so zu filtern, dass seine Kunden auch nicht auf dem direkten Wege auf diese Seite gelangen können.

Iranische Justiz verschärft Internetzensur

(Januar 2010) Die Justiz in Iran hat eine Verschärfung der Zensur im Internet verfügt und dazu eine lange Liste mit strafbaren „Vergehen" veröffentlicht. (...) Wie iranische Zeitungen berichteten, sind laut der von einem „Expertenausschuss" zusammengestellten Liste nunmehr alle Websites verboten, deren Inhalte gegen die „soziale Moral", „religiöse Werte" oder „die Sicherheit und den sozialen Frieden" verstoßen oder die „regierungsfeindlich" sind. (...)
Unter das Verbot fallen auch Internetseiten, die den Gründer der Islamischen Republik Iran, Ayatollah Khomeiny, oder den obersten Geistlichen Führer, Ayatollah Ali Khamenei, beleidigen. Verboten sind ferner Inhalte, die gegen die Verfassung verstoßen oder für „feindliche politische Gruppen" werben. (...)
Nach den jüngsten Protesten in Iran sollen fünf der festgenommenen Demonstranten als „Feinde Gottes" vor Gericht gestellt werden. Dies meldete die amtliche Nachrichtenagentur Irna unter Berufung auf das Revolutionsgericht in Teheran.
Einzelheiten zu den Angeklagten wurden nicht genannt. Nach dem islamischen Recht droht ihnen bei einem Schuldspruch die Todesstrafe. (...)

sda/afp/Reuters, http://www.nzz.ch/nachrichten/international/iran_internet-zensur_1.4462559.html, Abruf: 4.8.2010

M4

Aufstand via Twitter, YouTube & Co.

(Juni 2009) Nach der umstrittenen Präsidentschaftswahl im Iran organisiert sich die Opposition über das Internet – trotz Zensur. Ausgetauscht werden Termine für Demonstrationen, Bilder und Videos.
„Der Marsch hat schon begonnen und befindet sich gerade an der Teheraner Uni." – „Wir gehen zur Kundgebung, betet für uns." (...) Solche Einträge kann man in Echtzeit bei Twitter lesen. (...) Unzählige Bilder aus Teheran sind auch bei Foto-Communitys wie Flickr oder Picasa zu sehen – fast live, direkt nach den Ereignissen in der Stadt: Demonstranten mit Fahnen, weinende oder verletzte Menschen und Polizeikolonnen. Offenbar mit Handy-Kameras gefilmte Videos der Aufstände haben Augenzeugen bei YouTube eingestellt. (...)

Ein bei Twitter veröffentlichtes Foto zeigt einen jungen Mann wenige Tage nach der Präsidentschaftwahl. Auf seinem Plakat ist zu lesen: Wo ist unsere Stimme?

Claudia Frickel, http://www.focus.de/digital/internet/iran-aufstand-via-twitter-youtube-und-co-_aid_408261.html, Abruf: 4.8.2010

M5

1 **a** Nennt mögliche Inhalte von Internetseiten, die dazu führen, dass sie in Deutschland eingeschränkt oder gar nicht abrufbar sind.
b Beschreibt, wie Internetseiten unzugänglich gemacht werden.

2 „Das Internet: Für alle Menschen ein frei zugänglicher Raum, wo sie ihre Meinung äußern können."
a Nehmt mithilfe von M1 Stellung zu dieser Aussage.
b Wählt in M1 einen Staat mit Internetzensur aus. Recherchiert im **Internet** Hintergründe zu den Zugangsbeschränkungen.

3 **a** Schildert mithilfe von M5 und dem Lexikon, was 2009 im Iran passiert ist.
b Beschreibt, welche Funktion das Internet für die Gegner des iranischen Präsidenten hatte.
c Erläutert das Vorgehen der iranischen Regierung (M3).

4 Vergleicht die Einschränkungen im Iran mit denen in Deutschland (Text und M4).

5 Ergänzt M2 und begründet.

Gruppenpuzzle: Bewerten im Internet – hilfreich oder üble Nachrede?

Boom der Bewertungsportale

Von Ärzten und Handwerkern über Spielplätze, Restaurants und Hotels bis hin zu DVD-Playern und Kameras können Nutzer alles beurteilen. Möglich ist dies zum einen bei Onlinehändlern wie Amazon.de als auch bei speziellen Berwertungsportalen wie Qype.de. Für den Nutzer hat dies viele Vorteile. So langt zum Beispiel vor dem Kauf eines neuen Computerspiels ein Blick ins Internet aus, um zu sehen, wie andere das Spiel finden.
Die Bewertungen sind aber auch umstritten: Wer prüft, ob die Nutzer, die etwas bewerten, wirklich Ahnung davon haben? Wie sehr schadet eine schlechte Bewertung einem Geschäft? Darf man Menschen öffentlich mit Noten beurteilen wie bei dem Schülerportal spickmich.de?

Gesamtbewertung des Hostels „Young & Happy“:

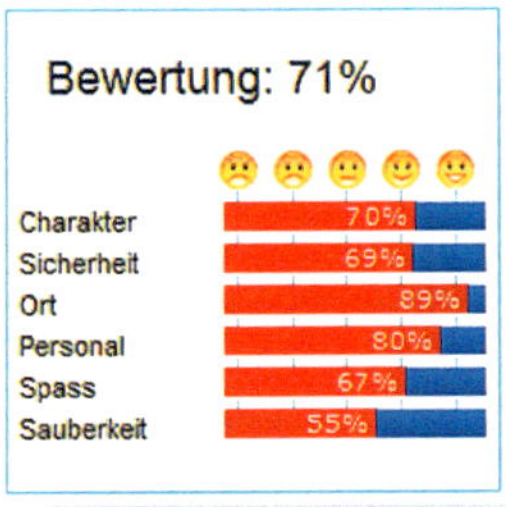

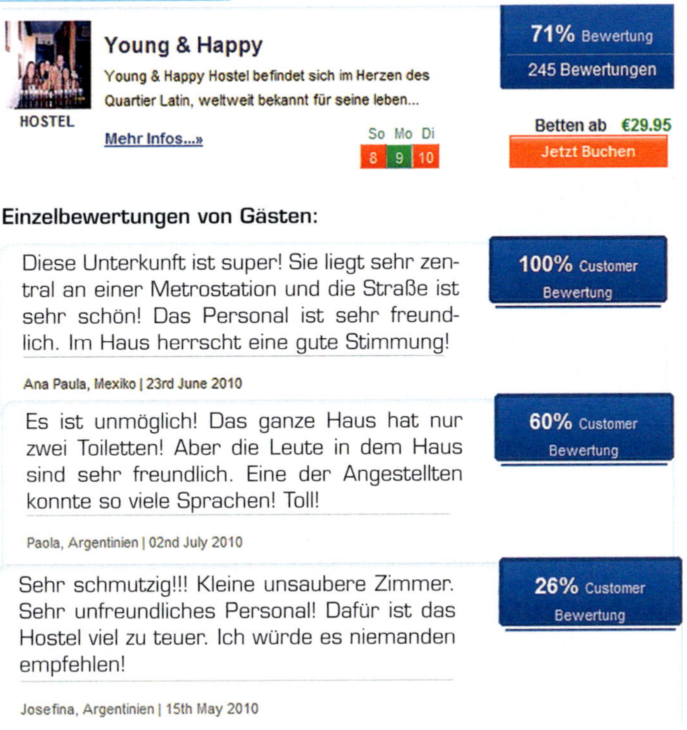

M1 **Beurteilungen eines Hostels in Paris auf www.hostelworld.com**

M2 **Internet-Bewertungsportal Ciao nicht zur Löschung negativer Beiträge verpflichtet**

Das Internet-Bewertungsportal Ciao ist nicht verpflichtet, negative Beiträge Dritter zu löschen, die lediglich wahre Tatsachen wiedergeben und die Grenze zur Schmähkritik nicht überschreiten.
[Ein Autovermietungsunternehmen] verlangte von dem Online-Bewertungsportal Ciao die Löschung eines kritischen Beitrags. In diesem hatte sich ein Kunde [der Autovermietung] darüber beschwert, dass er sich aufgrund der Abwicklung eines angeblichen Schadens an dem gemieteten Auto „über's Ohr gehauen“ fühle. Er vermutete weiter, dass zu Unrecht Reparaturkosten abgerechnet worden seien. Insgesamt bewertete er [die Autovermietung] mit den Worten „Nie wieder! Finger weg! Besser etwas mehr bei einer anderen Autovermietung bezahlen. In der Summe komme ich dort billiger weg und spare mir dazu noch den Ärger“.
[Ciao weigerte sich, den Beitrag zu löschen. Es kam zur Klage, die von den Richtern abgewiesen wurde.] Sie begründeten ihre Entscheidung damit, dass der Beitrag zu großen Teilen wahre Tatsachenbehauptungen enthalte. Der User und ehemalige Kunde der Klägerin habe diese Behauptungen daher bei Ciao einstellen dürfen.

nach: Martin Bahr, http://www.online-und-recht.de/urteile/Internet-Bewertungsportal-Ciao-nicht-zur-Loeschung-negativer-Beitraege-verpflichtet-325-O-206-09-Landgericht-Hamburg-20091027.html, Abruf: 5.8.2010

M 3 Spickmich-Lehrerin zieht vors Verfassungsgericht

Eine Deutschlehrerin ist von Schülern auf dem Online-Bewertungsportal spickmich.de schlecht bewertet worden. Die Frau (…) scheiterte mit Klagen gegen die Benotung im Internet bisher in allen Instanzen. Nun will sie [beim Bundesverfassungsgericht] in Karlsruhe erreichen, dass ihre Daten gelöscht werden. (…) Die Klage stütze sich auf die Verletzung des Grundrechts auf informationelle Selbstbestimmung, zitierte das Magazin [Focus] den Anwalt. Die Daten der Lehrerin würden in dem Internetportal ohne Einwilligung verwendet.

Die Lehrerin aus Nordrhein-Westfalen ist mit ihrer Klage bislang in allen Instanzen gescheitert. Zuletzt hatte der Bundesgerichtshof am 23. Juni [2009] die Revision der [Lehrerin] gegen die früheren Urteile zurückgewiesen. Die Bewertungen in dem Portal seien Meinungsäußerungen, die die berufliche Tätigkeit der Klägerin beträfen, bei der der Einzelne grundsätzlich nicht den gleichen Schutz wie in der Privatsphäre genieße, hieß es zur Begründung. Das Gericht hatte darauf verwiesen, dass es nach Abwägung des Rechts auf informationelle Selbstbestimmung und des Rechts auf freie Meinungsäußerung zu diesem Urteil gekommen sei, das aber eine Einzelfallentscheidung und nicht grundsätzlich auf andere Internet-Bewertungsportale übertragbar sei.

Auf spickmich.de können registrierte Schüler ihre Lehrer mit Schulnoten von 1 bis 6 bewerten. Die Lehrerin war von Schülern in dem Onlineportal mit der Gesamtnote 4,3 im Schulfach Deutsch bewertet worden.

http://www.welt.de/wirtschaft/webwelt/article4195092/Spickmich-Lehrerin-zieht-vors-Verfassungsgericht.html, Abruf: 5.8.2010

M 4 Lehrerbenotung bei www.spickmich.de

1 **a** Berichtet über eigene Erfahrungen mit Bewertungsportalen.
b Wie wichtig ist euch die Bewertung anderer bei Entscheidungen in Bezug auf …? Legt eine Tabelle an (wichtig/nicht wichtig) und ordnet zu: Kleidung, Bücher, Musik, Fahrräder, Elektrogeräte, Filme, Essen, Freunde, …
c Vergleicht mit eurem Tischnachbarn und begründet eure Entscheidung.

2 **a** Buchen oder nicht? Wie entscheidet ihr euch bezogen auf das Hostel „Young & Happy"? Begründet.
b Erläutert mithilfe von M 2, ob der Betreiber des Hostels ein Recht darauf hätte, dass Einträge wie der von Josefina (M 1) gelöscht werden.

3 **a** Erläutert, wogegen sich die Lehrerin in M 3 wehrt.
b Sie beruft sich auf ihr Grundrecht auf „informationelle Selbstbestimmung". Erkläre dieses Recht mithilfe des Lexikons.
c Gebt die Begründung für das Urteil gegen die Lehrerin (M 3) mit eigenen Worten wieder.
b Wie würdet ihr in diesem Fall entscheiden? Recht auf informationelle Selbstbestimmung oder Recht auf freie Meinungsäußerung? Begründet eure Entscheidung.

4 Diskutiert die Ausgangsfrage: Sind Internet-Bewertungen hilfreich oder nur üble Nachrede?

Gruppenpuzzle: Cyber-Mobbing

M1 In einem Internetforum kann man folgenden Eintrag von daisy15 lesen

Hallo erst mal! Ich bin mir nicht sicher, ob das, was ich hier schreibe, wirklich hier hineingehört, aber ich bin wirklich fertig, und deshalb schreibe ich einfach mal: Es fing alles an vor einem Jahr, da bekam ich plötzlich fremde SMS und E-Mails, die saublöd waren. „Du blöde Kuh" stand da und „Pass ja auf – wir kriegen dich". Am Anfang war mir das egal, aber irgendwann nervte es doch ziemlich. Nach ein paar Wochen sagte eine Klassenkameradin, dass ich ja wohl nicht richtig ticke, solche Dinge in Internetforen zu schreiben, und ich wusste gar nicht, wovon sie redet. Dann hat sie es mir gezeigt: Irgendwelche Idioten haben in meinem Namen Einträge gemacht, mal finde ich Hitler gut, dann mal wieder hasse ich alle Lehrer, will mit allen Jungs schlafen, die sich melden und und und … klaro, dass mein Name mit Adresse und Telefonnummer dort auftauchte. Bei schülerVZ gab es eine Hassgruppe mit meinem Namen. Ich habe mich kaum mehr in die Schule getraut, und ich hatte dauernd Bauchschmerzen. Irgendwann kamen auch meine Eltern auf meine schlechte Laune und meine Probleme zu sprechen, und wir haben alle Forenbetreiber angeschrieben, diese Einträge zu löschen. Es tauchten aber immer wieder neue auf. Und da ging es mir schon richtig schlecht, und ich hatte schlaflose Nächte, bekam das Zittern und muss dauernd aus dem kleinsten Anlass heulen. Kaum jemand in der Schule wollte noch etwas mit mir zu tun haben. Seit etwa acht Wochen kursieren in meiner Schule angebliche Nacktbilder von mir, die per E-Mail verbreitet werden. Die ganze Schule kennt sie, und wenn ich irgendwo vorbeigehe, flüstern sie mir „Pornoqueen" hinterher. Aber ich bin sicher, dass es keine Nacktbilder von mir gibt, jedenfalls habe ich es nie gemerkt, dass ich fotografiert worden bin, nackt natürlich. Mir ist das voll megapeinlich, obwohl ich sicher bin, dass es nicht meine Fotos sein können. Aber wenn ich in die Schule komme, geht dieses Getuschel los. Es ist so weit, dass ich mich in den Pausen auf dem Klo verstecke, wenn ich überhaupt in die Schule gehe, denn ich habe regelrechte Panikattacken morgens. Am liebsten würde ich alles hinschmeißen, sogar an den endgültigen Weg habe ich schon gedacht. Warum machen diese Idioten so etwas? Ich weiß noch nicht mal genau, wer dahintersteckt, auch wenn ich einen Verdacht habe. Meine Eltern haben mich zu einer Psychologin geschickt, und ich nehme jetzt Medikamente gegen diese Angstzustände. Sie riet meinen Eltern zu einem Schulwechsel, aber so einfach weg-

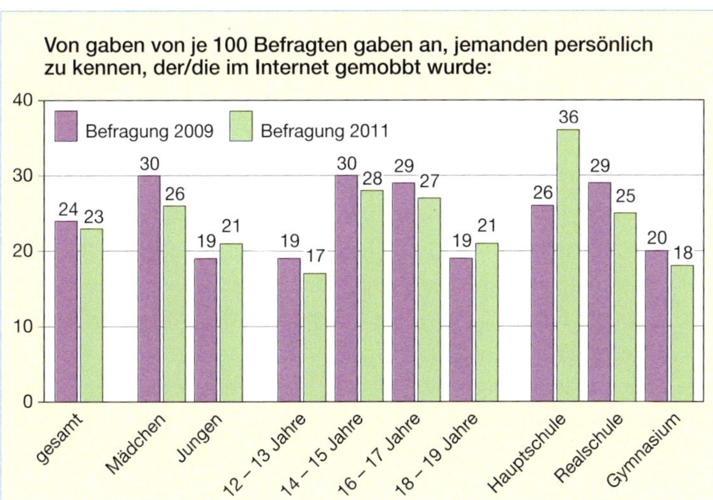

M2 **Umfrage Cyber-Mobbing unter Jugendlichen,** *JIM-Studie 2011*

laufen? Aber so kann es auch nicht weitergehen. Ich fühle mich so miserabel. Muss ich erwähnen, dass meine Leistungen in der Schule im Keller sind? Dabei will ich doch nur meine Ruhe! !!!

M3 Cyber-Mobbing – Was ist das?

Unter Cyber-Mobbing versteht man das absichtliche Beleidigen, Bedrohen, Bloßstellen oder Belästigen anderer mithilfe moderner Kommunikationsmittel – meist über einen längeren Zeitraum. Cyber-Mobbing findet entweder im Internet (z. B. durch E-Mails, Instant Messenger wie beispielsweise ICQ, in Sozialen Netzwerken, durch Videos auf Portalen) oder per Handy (z. B. durch SMS oder lästige Anrufe) statt. Oft handelt der Täter – den man „Bully" nennt – anonym, sodass das Opfer nicht weiß, von wem die Angriffe stammen.

Gerade bei Cyber-Mobbing unter Kindern und Jugendlichen kennen Opfer und TäterInnen einander meist auch in der „realen" Welt. Die Opfer haben fast immer einen Verdacht, wer hinter den Attacken stecken könnte. Cyber-Mobbing geht in der Regel von Personen aus dem eigenen Umfeld aus – der Schule, dem Wohnviertel, dem Dorf. Fälle, in die gänzlich Fremde involviert sind, sind wenig verbreitet.

M1 und M3, Stefanie Rack/Marco Fileccia, Was tun bei Cyber-Mobbing? Zusatzmodul zu Knowhow für junge User. Materialien für den Unterricht., 2. Auflage 2009, https://www.klicksafe.de/cms/upload/user-data/pdf/klicksafe_Materialien/LH_Zusatzmodul_Cyber-Mobbing.pdf, Abruf: 9.8.2010

M4 **Fertigmachen ist tabu. Tipps zum Umgang mit Cyber-Mobbing**

1 Welche Erfahrungen habt ihr mit Cyber-Mobbing? Vergleicht mit M2.

2 Mobbing ist nicht neu und kommt häufig vor. Nennt mithilfe von M3 die Besonderheiten von Cyber-Mobbing.

3 **a** Erstellt eine Liste zum Ablauf des Cyber-Mobbings in M1.

1. Fremde SMS und E-Mails mit Nachrichten: „Du blöde Kuh" ...
2. Gefälschte Einträge in Internetforen
3. ...

b Stellt euch vor, „daisy15" ist eine Freundin von euch. Erarbeitet mithilfe von M4 zu jedem Punkt der Liste Möglichkeiten, wie ihr hättet helfen können. (Weitere Tipps: siehe Webcode.)

4 Was sagt das Gesetz? Erstellt mithilfe des Webcodes eine Übersicht.

Webcode: PE643561-111

METHODE Arbeitsergebnisse präsentieren

M 1 **Präsentation mit Plakaten (oben); Präsentation mithilfe des Overheadprojektors (unten); freier Vortrag mit Notizen auf Karteikarten (rechts)**

Präsentation vorbereiten

Wenn die verschiedenen Arbeitsgruppen eurer Klasse die einzelnen Themen zu Chancen und Gefahren des Internets erarbeitet haben, steht die Präsentation der Arbeitsergebnisse auf der Tagesordnung. Nichts ist langweiliger als ein langweiliges Referat! Also müsst ihr die Präsentation eurer Arbeitsergebnisse gut vorbereiten.

Wenn ihr dabei einige Regeln beachtet, gelingt euch sicher ein spannender Vortrag, dessen wichtigste Ergebnisse auch nicht gleich wieder vergessen werden.

1. Schritt:

Gliederung der Präsentation

In der **Einleitung** solltet ihr die Aufmerksamkeit der Zuhörerinnen und Zuhörer wecken, indem ihr das Thema benennt und beschreibt, welche Frage ihr untersucht und klären wollt. Ein Bild, eine Karikatur oder eine kleine Geschichte hilft das Interesse zu wecken. Am Ende der Einleitung informiert ihr eure Zuhörer auch darüber, auf welche Materialien und Quellen ihr eure Präsentation stützt.

Im **Hauptteil**, der wiederum gut gegliedert sein muss, informiert ihr anhand von Materialien (Schaubildern, Grafiken, Tabellen, Textauszügen) schrittweise über euer Thema, indem ihr die Frage aus der Einleitung wieder aufnehmt und mit klaren Aussagen beantwortet.

Der **Schlussteil** (Zusammenfassung) fasst die wesentlichen Aussagen zum Thema nochmals zusammen und zeigt auf, welche Fragen offen geblieben sind.

2. Schritt:
Gliederung und Kernaussagen visualisieren (veranschaulichen)

Ihr alle wisst aus Erfahrung, dass nach kurzer Zeit während eines Vortrages die Aufmerksamkeit nachlässt. Dem kann man mit verschiedenen Hilfsmitteln entgegenwirken. Auf jeden Fall sollte man die Gliederung der Präsentation an die Tafel oder auf eine Overheadfolie schreiben. Wenn man die wichtigsten Aussagen des Hauptteils auf Overheadfolien oder in einer PowerPoint-Präsentation in den Vortrag einblendet, unterstützt man die Zuhörerinnen und Zuhörer. Der Einsatz einer PowerPoint-Präsentation lohnt nur bei einem längeren Vortrag. Der Einsatz der Folien (Overhead/PowerPoint) muss sparsam erfolgen. Eingeblendete Materialien sind kein Selbstzweck, vielmehr sollen sie den Informationsgehalt der Präsentation verstärken und nicht von ihr ablenken. Anstelle einer PowerPoint-Präsentation könnt ihr euer Material auch an einer Wandzeitung oder an der Tafel darstellen.

3. Schritt:
Frei und zur Klasse sprechen

Abgelesene Texte schläfern ein! Also müsst ihr versuchen, möglichst frei zu sprechen und immer zur Klasse und nicht zur Tafel oder zu der Projektionswand. Das frei Sprechen kann man üben: Zunächst notiert ihr euch Stichworte eures Vortrages und lernt die Reihenfolge auswendig. Dann „probt" ihr den Vortrag vor Freunden oder vor einer kleinen Gruppe, das machen Politiker und bekannte Redner auch! Jetzt seid ihr fit für eine spannende und interessante Präsentation. Wenn ihr beim Vortrag hängen bleibt, sagt ihr einfach: „Jetzt muss ich mal auf meinen Zettel schauen", das nimmt euch niemand übel.

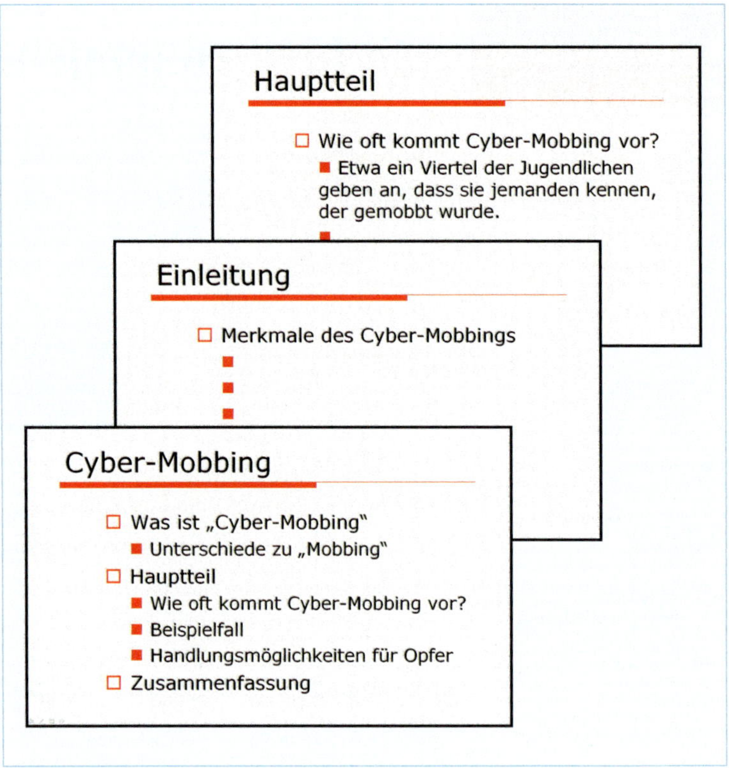

M2 Beispiel zur Gliederung von PowerPointfolien

4. Schritt:
Handout verteilen

Am Ende eurer Präsentation verteilt ihr ein Blatt (Handout) mit den wichtigsten Ergebnissen an die Klasse und fordert zur Diskussion auf.

Wichtiger Hinweis

Oft scheitert eine Präsentation daran, dass im entscheidenden Augenblick der Laptop oder der Beamer nicht funktioniert oder gerade ausgeliehen ist bzw. ein wichtiges Kabel fehlt. Deswegen müsst ihr das benötigte Gerät frühzeitig reservieren, überprüfen und ausprobieren.

1 Erarbeitet mithilfe der vier Schritte die Präsentation zu einem Thema aus dem Bereich der Chancen und Gefahren des Internets.

2 Bittet nach eurer Präsentation um eine Rückmeldung (Feedback) zu Inhalt und Darstellung eurer Arbeit.

KOMPETENZ-Trainer

Mit Medien umgehen

1	Zensur	**V**	Prozentzahl der Zuschauer, die eine Sendung sehen.
2	Öffentlich-rechtliches Fernsehen	**E**	Journalisten werden in der Berichterstattung nicht behindert. Artikel 5 des Grundgesetzes garantiert dies.
3	Volksverhetzung	**P**	Diese Sender finanzieren sich aus Rundfunkgebühren und Werbeeinnahmen.
4	Medienkompetenz	**R**	„Gespräch" im Netz.
5	Chat	**N**	Datenbank, welche die Suche nach bestimmten Informationen im Netz ermöglicht.
6	Einschaltquote	**G**	Was haben Zeitung, Fernsehsen, Internet oder Radio gemeinsam? Sie sind …
7	Pressefreiheit	**G**	Jeder darf selbst über die Verwendung seiner personenbezogenen Daten bestimmen.
8	Privatsender	**U**	Absichtliches Beleidigen, Bedrohen, Bloßstellen mithilfe moderner Kommunikationsmittel.
9	„digitaler Schatten"	**E**	Straftat: etwa durch Aufruf zur Gewalt gegen Teile der Bevölkerung.
10	BPjM	**F**	Daten, die jeder Mensch unbewusst erzeugt.
11	Recht auf informationelle Selbstbestimmung	**R**	Die Fähigkeit, sich die Informationen aus Zeitung, Radio, Fernsehen oder Internet auswählen und beurteilen zu können.
12	Cyber-Mobbing	**S**	Das Gegenteil von Pressefreiheit.
13	Suchmaschine	**Ü**	Prüft Medien auf jugendgefährdende Inhalte und setzt sie eventuell auf den „Index".
14	Massenmedien	**E**	Diese Sender finanzieren sich allein aus Werbeeinnahmen.

M1 Medienquiz

M2 Sendungen im Fernsehen: 1 Talkshow; 2 Sportübertragung; 3 Nachrichten; 4 Wissenssendung

Web 2.0 – Demokratie 2.0?

Die Idee des „Web 2.0", nämlich die, jeden im „weltweiten Netz" die Möglichkeit zu geben, seine Gedanken und Meinungen zu seinen Interessen zu äußern, ist genauso alt (…) [wie] das Internet selbst. (…) Längere Zeit war diese Technik Experten vorbehalten (…). Seit aber 1993 das World Wide Web aufkam, entdeckten immer mehr Menschen den Nutzen des Computers als „Sprachrohr" zu einem (…) immer größer werdenden Publikum (…). Heute können wir so auf eine Vielzahl (…) so genannter „sozialer Netzwerke" blicken, Webportale, in denen man alte Kameraden wiederfinden oder neue Gleichgesinnte suchen soll. Viele Jugendliche tummeln sich also in einem oder gleich mehreren solcher Netzwerke. Wer zuvor das Web 2.0 mit der „Demokratie 2.0" gleichsetzte, wird nach kurzer Zeit feststellen, dass Portale wie „schuelerVZ" oder „wer-kennt-wen" rein gar nichts mit Politik zu tun haben. Es scheint vielmehr darum zu gehen, sich selbst bestmöglich – will sagen, möglichst „cool" – zu inszenieren, indem man pikante Details wie sexuelle Vorlieben und den Hang zu Alkohol oder Zigaretten weltweit publik macht. (…) Politisches Interesse scheint übrigens als uncool zu gelten – zumindest wird man auf der Mehrzahl der erwähnten Profile die Bemerkung „unpolitisch" finden. Sinnvolle, womöglich politische Diskussionen sucht man in vielen Bereichen des von jungen Menschen dominierten Web 2.0 also vergeblich. (…) Das Web 2.0 ist eine feine Sache – wenn man es denn zu nutzen weiß.

M3 Beitrag von Niklas Bildhauer (17 Jahre) auf www. http://jetzt.sueddeutsche.de, *abgerufen am 8.7.2009*

„Nicht nur passiv konsumieren"

Frau Schelhowe, Jugendliche in Deutschland nutzen das Internet ganz selbstverständlich und verbringen Studien zufolge 134 Minuten am Tag im Netz. Man könnte meinen, es sei gut um die Medienkompetenz Jugendlicher bestellt.

Das stimmt. Es geht aber um mehr, als Medien nur bedienen zu können. Die Fähigkeit, sich in komplexe Programme einzuarbeiten etwa, ist bei vielen zu gering.

Zu diesem Schluss ist die Expertenkommission des Bundesbildungsministeriums jetzt gekommen, die Sie leiten?

Dass es diese Kommission überhaupt gibt, ist bereits eine Reaktion auf Klagen über zu geringe Medienkompetenzen bei Jugendlichen aus der Arbeitswelt. (...) Da braucht es die Fähigkeit, zu verstehen, was Programme tun und wie sie funktionieren.

Das ist es, was fehlt?

Nicht nur. Es reicht nicht, beispielsweise das Wort „Käfer" in eine Suchmaschine eingeben zu können und die zehn ersten Ergebnisse zu nutzen. Man muss wissen, ob die Maschine den gleichen Käfer wie man selbst meint, man muss die Informationen einordnen können. (...)

[Soll das an der Schule geschehen?]

Nicht nur. Jugendliche sind im Netz hauptsächlich in ihrer Freizeit unterwegs. Deshalb muss Medienpädagogik vor allem an der Schnittstelle von Schule und Freizeit ansetzen. (...) [Zum Beispiel] Angebote, die Jugendlichen vor allem einen produktiven Umgang mit Medien vermitteln. (...) Dort lernen sie beispielsweise, eigene Internet-Videos zu erstellen. Dabei geht es darum, ihnen zu zeigen, wie sie kreativ mit Medien umgehen und dabei ihren eigenen Interessen nachgehen können – anstatt Medien nur passiv zu konsumieren. (...)

Ist den Jugendlichen selbst bewusst, dass sie ihre Medienkompetenzen aus der Freizeit durchaus auch im Berufsleben brauchen können?

Das ist vor allem bei Jugendlichen aus bildungsbürgerlichen Familien so. Haupt- und Realschüler dagegen nehmen die Bereiche als stark getrennt wahr. (...) Diese Übergänge müssen wir ihnen in der Bildungsarbeit zeigen.

Teresa Havlicek, http://www.taz.de/1/nord/bremen/artikel/1/nicht-nur-passiv-konsumieren, Abruf: 9.8.2010

M4 Jugend und Medien – ein Interview

M5 Das Zeitalter des Mikroblogging

Webcode: PE643561-115

Sachwissen

1 Ordnet den Begriffen in M1 die richtige Erklärung zu. Die Buchstaben ergeben ein Lösungswort. Erklärt es.

2 Beschreibt mit M2 wichtige Aufgaben der Medien in der Demokratie.

Methoden- und Analysekompetenz

3 In M3 äußert sich ein Jugendlicher zur Frage, ob das „neue" Internet (Web 2.0) auch eine demokratischere Gesellschaft mit sich bringt.
  a Tragt zusammen, was ihr über das „Web 2.0" wisst.
  b Fasst Niklas' Beurteilung kurz zusammen. Nehmt Stellung dazu.
  c Nennt Möglichkeiten, die das Web 2.0 für die demokratische Gesellschaft bietet. Recherchiert dazu auch im **Internet** und bringt wenn möglich aktuelle Beispiele (siehe Webcode).

4 a Wertet die **Karikatur** M5 aus. Welche Kritik enthält sie?
  b Inwiefern passt sie zu Niklas' Meinung? (M3)

Urteils- und Handlungskompetenz

5 a Was wird an der Medienkompetenz Jugendlicher in M4 kritisiert?
  b Wie schätzt ihr die Medienkompetenz Jugendlicher ein?
  c Was sollten Jugenliche über Medien lernen? Erstellt einen Lehrplan für Jugendliche, in dem ihr die wichtigsten Ziele nennt. Beispiele:
    1. Jugendliche sollten ihre Rechte im Internet kennen.
    2. Jugendliche sollten die wichtigsten Programme (Word, ...) beherrschen.
    3. ...

5 Mit Fremden leben

Am Ende dieses Kapitels kannst du

- an Beispielen zeigen, was eine/deine Kultur ist.
- den Begriff „Migration" erklären und verschiedene Migrationsgruppen unterscheiden.
- über den Migrationshintergrund der Bevölkerung Thüringens berichten.
- Vorteile aber auch Probleme beim Zusammenleben von Menschen aus verschiedenen Kulturen benennen. Für Probleme kannst du unterschiedliche Lösungsansätze nennen und beurteilen.
- verschiedene Gründe nennen, warum Menschen ihre Heimat verlassen und in unser Land kommen. Außerdem kannst du über ihre Lebenssituationen berichten.

Alexander Bäsecke, 9 Jahre,
1. Preisträger Altersklasse 6–10

Kim Jatho, 10 Jahre,
1. Preisträgerin Altersklasse 6–10

M 1 Beiträge von Kindern und Jugendlichen beim Karikaturenwettbewerb „Anders – na und?". *(Studienkreis/www.nachhilfe.de)*

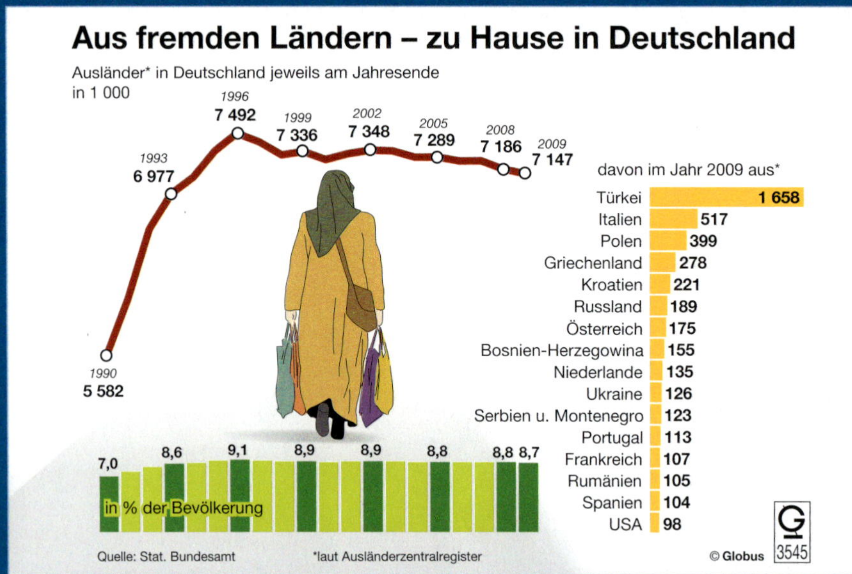

M 2 **Ausländische Bevölkerung in Deutschland 2009**

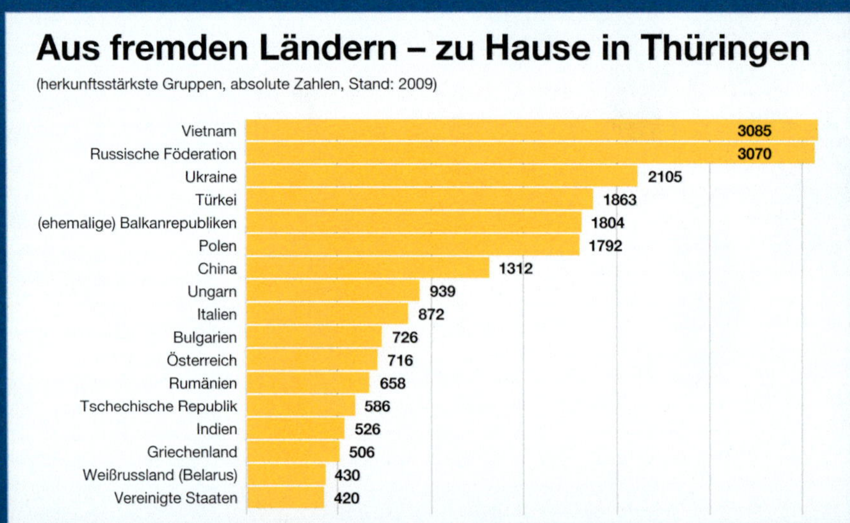

M 3 **Ausländische Bevölkerung in Thüringen nach nationaler Herkunft 2009**
(Quellen: Statistisches Bundesamt und ITW Institut für Wirtschaft Thüringen GmbH)

1 Stellt Vermutungen dazu an, welche Gedanken die Kinder und Jugendlichen in M 1 ausdrücken wollten.

2 Erarbeitet in Kleingruppen selbst Ideen für eine Zeichnung zum Thema „Anders – na und?".

3 Wertet M 2 und M 3 aus (**Schaubilder auswerten**).

4 Überlegt, welche Fragen mit M 2 und M 3 beantwortet werden können und welche nicht.

Was heißt hier fremd?

M 1

M 2 In einem Eisenbahnabteil

A Nun öffnen zwei weitere Passagiere die Tür des Abteils. (...)

B Zwei Passagiere sitzen in einem Eisenbahnabteil. Wir wissen nichts über ihre Vorgeschichte, ihre Herkunft oder ihr Ziel. Sie haben sich häuslich eingerichtet, Tischchen, Kleiderhaken, Gepäckablagen in Beschlag genommen. Auf den freien Sitzen liegen Zeitungen, Mäntel, Handtaschen herum.

C Dabei verhalten sich die ursprünglichen Fahrgäste, auch wenn sie einander gar nicht kennen, eigentümlich solidarisch. Sie treten den neu Hinzugekommenen gegenüber als Gruppe auf. Es ist ihr Raum, der von den Neuen besetzt wird. Jeden, der neu zusteigt, betrachten sie als Eindringling. Ihr Selbstverständnis ist das von Eingeborenen, die den ganzen Raum für sich in Anspruch nehmen.

D Die Tür öffnet sich und zwei neue Reisende treten ein. Ihre Ankunft wird nicht begrüßt. Ein deutlicher Widerwille macht sich bemerkbar, zusammenzurücken, die freien Plätze zu räumen, den Stauraum über den Sitzen zu teilen.

Nach: Hans-Magnus Enzensberger, Die große Wanderung – 33 Markierungen, Frankfurt am Main, 1994, S. 88

1 Berichtet über Situationen, in denen ihr selbst einmal „fremd" wart.

2 **a** Beschreibe das Verhalten der Personen in M 1.
b Wer ist die Fremde/sind die Fremden in der Abbildung? Begründe.

3 Die kurze Geschichte in M 2 ist durcheinandergeraten.
a Bringt die Geschichte in die richtige Reihenfolge.
b Die Geschichte ist noch nicht zu Ende. Schreibt sie weiter. Vergleicht schließlich eure Enden miteinander.

4 Überlegt, wie die Situation in M 1 gelöst werden könnte. Macht Vorschläge.

5 Schreibt eine kurze Erläuterung zu dem Begriff „fremd" in euer Heft.

Nicht nur Menschen, sondern auch Kulturen können uns „fremd“ sein. Oft wird dies jedoch als eine reizvolle Tatsache gesehen. Bestimmt kennt ihr auch Werbeanzeigen für Reisen, die mit „interessanten Landschaften und fremden Kulturen“ werben. Doch was ist eigentlich eine Kultur? Um diese Frage zu beantworten, ist es am besten, sich über seine eigene Kultur klar zu werden.

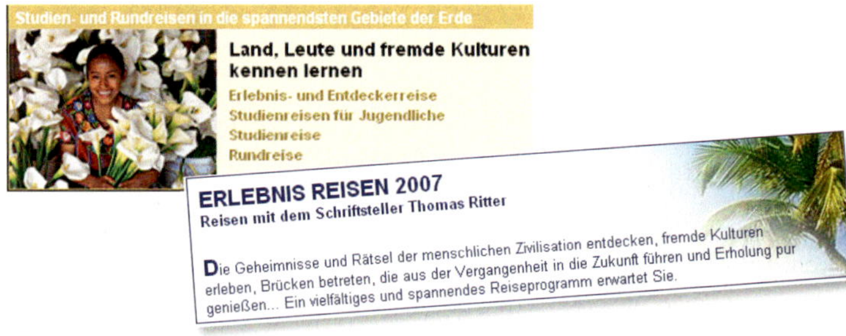

M4 Reisewerbung

Seine Kultur vorstellen

Kultur hat viele Seiten: Eine Schulklasse wollte Partnerschülern in Frankreich etwas über ihre Kultur mitteilen. Sie entschied sich, eine kleine Ausstellung über Feste und Bräuche in der Region ihrer Schule zu machen.

Auf den Bildern (M 3 und M 5) siehst du zwei Beispiele aus dieser Ausstellung. Am Schulort gibt es jedes Jahr einen schönen Weihnachtsmarkt. Außerdem ist das Scheibenschlagen eine regionale Besonderheit: Einmal im Jahr werden glühende Holzscheiben in den Nachthimmel geschleudert, um den Winter zu vertreiben.

M 5

M 3 Aus einer Ausstellung über Feste und Bräuche einer Schulklasse

6 Erklärt, was an „fremden Kulturen“ so reizvoll sein kann, dass damit geworben wird (M 4).

7 Führt ein Brainstorming zum Thema Kultur durch.

8 Überlege mit deiner Klasse, ob ihr etwas Ähnliches machen wollt. Wenn es Schülerinnen und Schüler aus verschiedenen Ländern oder Kulturen in der Klasse gibt, wird solch ein Vorhaben besonders interessant.

Verstehen – mit Wörtern und ohne sie

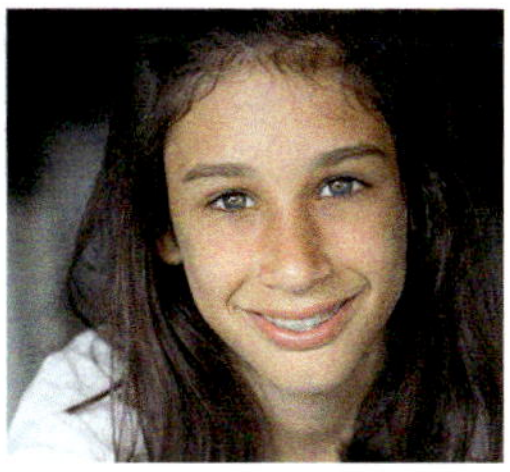

Anita: Bom dia!

Aljoscha: Dobry dien!

Päivi: Hyväa päivää!

Claudine: Bonjour!

Leylâ: Merhaba!

Guten Tag – Bonjour – Hello – Salve – Merhaba

Eines der wichtigsten Merkmale von Kultur ist die Sprache. Jeder Mensch hat eine Muttersprache. Das ist die Sprache, die man von Kind auf in der Familie gelernt hat und dort spricht.
In der Schule lernt man Fremdsprachen, die Sprachen anderer Länder und Kulturen. Sprache ist das wichtigste Mittel, um uns miteinander zu verständigen.

Verständigung – ganz ohne Wörter?

Wenn ihr euch nicht über Wörter (verbal) verständigen könnt, weil ihr keine gemeinsame Sprache sprecht, könnt ihr mit dem Körper „sprechen": Die Körpersprache mit ihren nonverbalen, wortlosen Botschaften kann die Verständigung der Menschen im Alltag auch über Sprachgrenzen hinweg durchaus erleichtern.
Aber: Nicht überall haben diese Botschaften auch dieselbe Bedeutung.
Das Beispiel der in Europa typischen Kopfbewegungen für „Ja" und „Nein" (M 1) verdeutlicht: Nonverbale Verständigung kann auch scheitern.
Ein Wissenschaftler berichtet:

M 1 Ja oder Nein? Missverständnisse und Verwirrung

Viele Leute glauben, dass sie durch ein Kopfnicken grundsätzlich ein „Ja" signalisieren und durch ein Kopfschütteln grundsätzlich ein „Nein". Das ist ein Irrtum.
Allein in Europa gibt es nicht weniger als drei verschiedene Codes (Zeichensysteme) für Kopfbewegungen, die „Ja" oder „Nein" signalisieren.

Der Nick-Schüttel-Code

Der erste Code ist der „Nick-Schüttel-Code", bei dem man mit dem Kopf auf und ab nickt, wenn man „Ja" meint, und ihn seitlich von links nach rechts schüttelt, wenn man „Nein" meint.
Dies ist der bei weitem häufigste Code in Europa. Seine Verbreitung reicht von Portugal im Westen bis nach Russland im Osten und von Skandinavien im Norden bis nach Spanien im Süden.

M 2 Der Nick-Schüttel-Code

Der Senk-Werf-Code

Der zweite Code ist der „Senk-Werf-Code", bei dem man den Kopf für ein „Ja" ruckartig nach vorn fallen lässt und für ein „Nein" in den Nacken wirft.

M 3 Der Senk-Werf-Code

Dieser Code findet sich in Griechenland, in der Türkei, auf Sizilien und in Süditalien.

Der Roll-Werf-Code

Der dritte Code der Kopfbewegungen für „Ja“ und „Nein“ in Europa ist der „Roll-Werf-Code“. Bei diesem Code signalisiert man seine Zustimmung durch ein Kopfwackeln von Schulter zu Schulter – fast so wie bei dem west- und nordeuropäischen Schulterzucken. Der Roll-Werf-Code findet sich ausschließlich in Bulgarien.

M4 Der Roll-Werf-Code

Missverständnisse in Griechenland

Zwischen Menschen, die den Nick-Schüttel-Code und den Senk-Werf-Code benutzen, kann es leicht zu Missverständnissen kommen. Ein Deutscher in Griechenland wird wahrscheinlich das griechische Zurückwerfen des Kopfes („Nein“) für ein kurzes, zustimmendes Nicken halten.
Stellt euch vor, ein Tourist in Athen parkt seinen Leihwagen im Parkverbot. Er entdeckt einen Verkehrspolizisten und fragt ihn per Zeichensprache, ob er den Wagen dort ein paar Minuten stehen lassen darf. Der Polizist wirft seinen Kopf zurück, um „Nein“ zu signalisieren.

Peter Collett: Der Europäer als solcher … ist unterschiedlich. Düsseldorf 1996, S. 231 ff.

Webcode: PE643561-121

Mitunter kommt es auch bei großen Unternehmen zu kulturellen Missverständnissen. Mit oben gezeigtem Beispiel wollte ein deutscher Automobilhersteller für sein neues Auto in China werben. Die Gruppe der deutlich schwitzenden Läufer, die die Form des Wagens darstellen, sollte die Sportlichkeit des Autos unterstreichen. In letzter Sekunde wurde die Werbeaktion gestoppt. Schweiß gilt in China als äußerst unangenehmes Zeichen.

M5 Teure Missverständnisse

1 Findet heraus, aus welchen Ländern die Kinder auf den Fotos der Seite 112 kommen.

2 Stellt fest, welche Muttersprachen in eurer Klasse gesprochen werden. Ordnet die Schülernamen den verschiedenen Muttersprachen zu.

3 Lass dir von Mitschülern Begrüßungen in anderen Sprachen beibringen und zeigen, mit welchen Gesten man sich in der anderen Kultur begrüßt. Spiele die verschiedenen Begrüßungen mit einer Mitschülerin oder einem Mitschüler der Klasse vor.

4 Gestaltet ein **Lernplakat** und tragt darin die Herkunftsländer eurer Mitschüler und die Begrüßungsformel in deren Muttersprache ein. Ergänzt das Plakat um weitere Länder und Sprachen, die euch bekannt sind.

5 Probiert die drei Ja-Nein-Codes selbst aus (M2–M4).
Lasst euch beim Üben von Mitschülerinnen/Mitschülern korrigieren.

6 Spielt – ohne zu sprechen – die im Text geschilderte Szene im Parkverbot in Athen. Wie geht es weiter?

7 Probiert nonverbale Botschaften (Gesten, Mienenspiel) aus, die einen handgreiflichen Streit verhindern können.

8 Schildert eigene Erfahrungen:
Wie es beim Austausch von nonverbalen Botschaften zu Missverständnissen kam …

Nebeneinander oder zusammen?

M1 Karikatur

M2 Migranten wollen nicht in Thüringen leben

Migranten wollen einer Studie zufolge Thüringen so schnell wie möglich den Rücken kehren. „Die meisten Befragten haben ein Verbleiben im Freistaat abgelehnt", sagte der Autor der Studie, Doran Kiesel, bei der Vorstellung in Erfurt.

„Thüringen wird in Zukunft auf Migranten angewiesen sein", sagte Kiesel voraus. …

Die Studie hat aber ergeben, dass sich eine Vielzahl der Migranten im Freistaat nicht wohlfühlt. „Sie fühlen sich zum Beispiel in den Behörden ausgegrenzt und diskriminiert", sagte Kiesel. Außerdem gebe es in Schulen oder bei der Polizei gewisse Ressentiments gegenüber den Migranten. „Um eine Willkommenskultur zu erreichen, muss die Politik einen Plan entwickeln und ein Netzwerk aufbauen", sagte Kiesel. … Es müssten jedoch auch die Migranten mit den Spielregeln der hiesigen Gesellschaft bekannt gemacht werden.

Für die Ausländerbeauftragte Heß war die Erstellung der Studie nur ein erster Schritt. … „Die Vorbehalte, die es gibt, müssen abgebaut werden, auch wenn es zurzeit noch nicht so viele Migranten im Freistaat gibt", sagte sie. …

thüringer-allgemeine.de vom 01.03.12; http://www.thueringer-allgemeine.de/web/zgt/politik/detail/-/specific/Migranten-wollen-nicht-in-Thueringen-leben-1421975316; Abruf am 10.05.2012

Webcode: PE643561-122

Wir alle essen gern beim Italiener oder Griechen, kaufen Obst und Gemüse beim Türken, benutzen japanische Fernsehgeräte und MP3-Player und reisen in alle Welt. Aber im **Zusammenleben** mit unseren ausländischen Mitbürgern gibt es immer wieder Probleme.
Den Menschen, die vor einigen Jahrzehnten dringend als Arbeitskräfte benötigt wurden, begegnen heute viele mit Misstrauen und Ablehnung. Da es heute nur noch wenige Arbeitsplätze gibt, sind sie nun Konkurrenten.

Andererseits bleiben z. B. viele Russlanddeutsche oder Vietnamesen nur in ihren eigenen Bekanntenkreisen. So bleibt man sich gegenseitig fremd und Vorurteile werden nicht abgebaut. Außerdem führt das Leben nur unter den eigenen Landsleuten dazu, dass selbst Kinder aus ausländischen Familien, die schon Jahrzehnte in Deutschland leben, die deutsche Sprache nicht beherrschen. Das verringert ihre Chancen in der Schule und auf dem Arbeitsmarkt.

Sowohl die Bundesregierung als auch die Landesregierung Thüringens sowie viele Institutionen und Verbände bemühen sich deshalb darum, die ausländischen Mitbürger besser in die Gesellschaft zu **integrieren** (einzugliedern), damit aus Fremden mit der Zeit Mitbürger werden.

M3 Integration vor allem im Schulwesen

Während der Ausländeranteil in den alten Ländern der Bundesrepublik bei etwa 8 Prozent der Bevölkerung liegt und in manchen städtischen Ballungsgebieten mehr als 20 Prozent erreicht, liegt er in Thüringen bei zwei Prozent (Ende 2010 waren es mit 49 143 Ausländern 2,2 Prozent).

Das Land Thüringen unterstützt die Integration von Ausländern vor allem im Schulwesen. Vom Schuljahr 2005/2006 an haben alle Schülerinnen und Schüler, bei denen Deutsch nicht die Muttersprache bzw. Herkunftssprache ist, einen Anspruch auf individuelle Förderung beim Erlernen der deutschen Sprache. Dabei ist sowohl Einzel- als auch Gruppenunterricht möglich.

Für den ergänzenden Deutschunterricht werden den Schulen zusätzliche finanzielle Mittel zur Verfügung gestellt. So kann künftig davon ausgegangen werden, dass in Thüringen bei normal begabten Kindern mangelnde Deutschkenntnisse und eine damit zusammenhängende Schulresignation nicht die Ursache für Bildungsversagen mit den entsprechenden negativen sozialen Folgen sein werden. Die Regelung dürfte die Chancengerechtigkeit für Immigrantenkinder deutlich verbessern.

entnommen aus: Ausländer in Thüringen (Daten aktualisiert), http://www.thueringen.de/de/ab/info/alth/content.html; Abruf am 10.05.2012

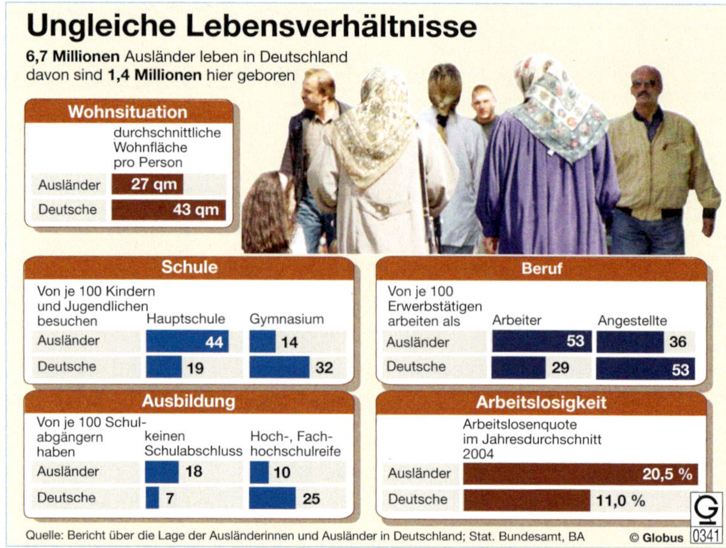

M5 Lebensumstände der Ausländer in Deutschland

Merkmal	**insgesamt**	**Ausländer**
Sozialversicherungspflichtige **Beschäftigte**		
am Wohnort	802 713	6 238
am Arbeitsort	722 768	6 736
Arbeitslose (Jahresdurchschnitt)	136 250	3 471
Arbeitslosenquote bezogen auf alle Erwerbspersonen (Jahresdurchschnitt)	11,4 %	22,8 %

M6 Erwerbstätigkeit in Thüringen 2009 *(Quelle: Bundesagentur für Arbeit)*

M4 „Deutsche Sprach-Cooltur“

1 Erkläre die Karikatur M1.

2 Sammelt Vorurteile gegenüber Fremden und benennt Gründe für das problematische Zusammenleben mit den Einheimischen (M1, M2, M4, M5).

3 a Erläutert mithilfe des Lexikons den Begriff Integration.
  b Verständigt euch ausgehend von M3 über wichtige Bedingungen für die Integration von Ausländern in die Gesellschaft und schreibt sie auf. Überlegt, was ihr selbst dazu beitragen könnt.

4 Erklärt, was der Zeichner mit der Karikatur M4 aussagen wollte.

5 Vergleiche die Lebensumstände von Deutschen und Ausländern (M5, M6).

Kulturen entdecken: auf Spurensuche vor Ort

Insbesondere in den größeren Städten deiner Umgebung leben Menschen aus verschiedenen Kulturen. Wenn du mit offenen Augen durch die Stadt gehst, wirst du einige Hinweise darauf finden: die italienische Eisdiele, das Geschäft mit ausländischen Lebensmitteln oder vielleicht eine Moschee. Du wirst sicherlich noch viel mehr entdecken.

Bei einem Stadtrundgang könnt ihr die Ergebnisse einer Spurensuche zusammentragen und dokumentieren:

- Fotografiert Gebäude, Einrichtungen und Hinweise auf andere Kulturen.
- Tragt in eine Kopie des Stadtplans ein, wo ihr diese Entdeckungen gemacht habt.
- Gestaltet im Klassenzimmer mit Stadtplan und Fotos eine Wandzeitung. Beschriftet die Fotos.

M1 Mariendom und Severikirche – christliche Wahrzeichen der Stadt

M2 Neue Synagoge – jüdisches Versammlungs- und Gotteshaus

M3 Restaurant „Russischer Hof“

M4 Kurdisches Bistro

M 6 Chinesisches Restaurant

M 5 Innenstadt Erfurt

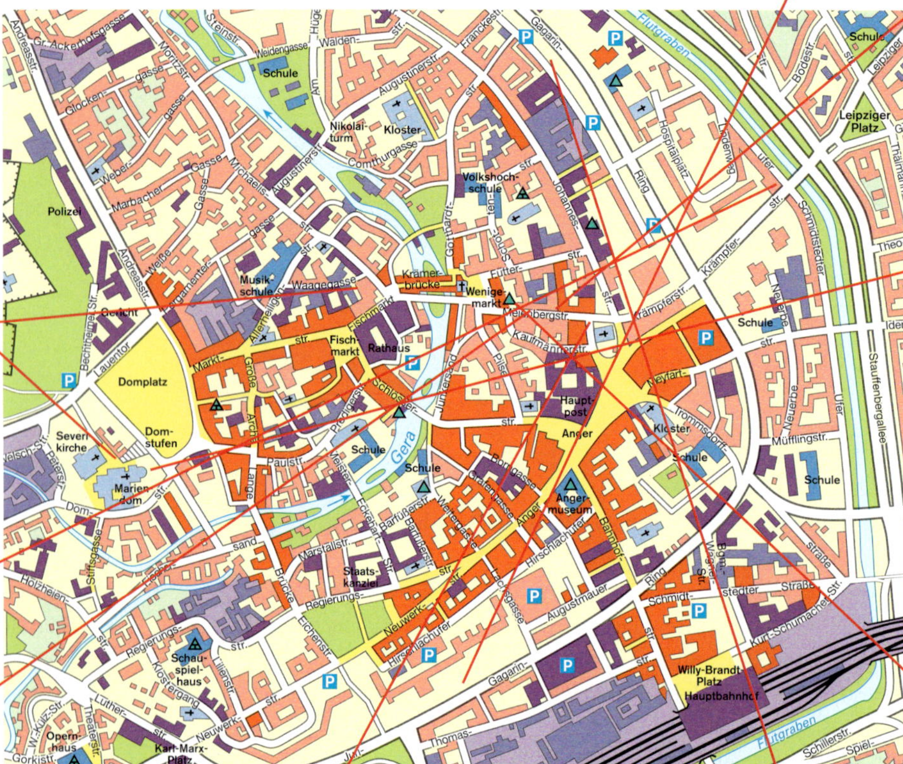

M 7 Sudanesisch-orientalisches Bistro

M 8 Indisches Restaurant

M 9 Türkischer Imbiss

M 11 Geschäft für orientalische Lebensmittel

M 10 Geschäft für ungarische Spezialitäten

Migration: Menschen verlassen ihre Heimat

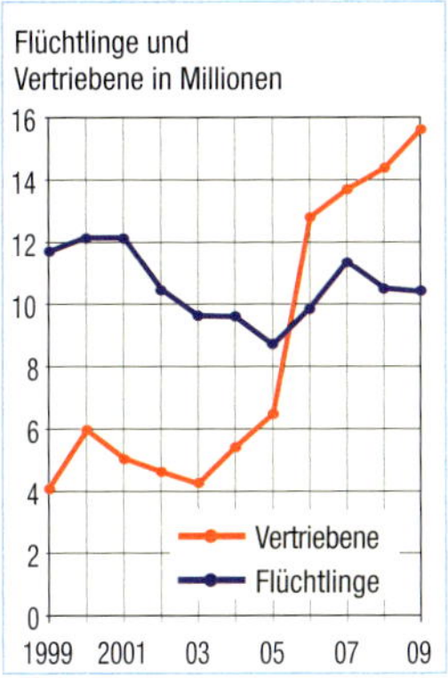

M 1
Menschen auf der Flucht (weltweit)
Quelle: Welt-Flüchtlingswerk (UNHCR)

1999	673 873
2000	649 249
2001	685 259
2002	658 341
2003	601 759
2004	602 182
2005	707 000
2006	682 000
2007	681 000
2008	682 000
2009	721 013

M 2
Menschen, die nach Deutschland gekommen sind
Quelle: Statistisches Bundesamt

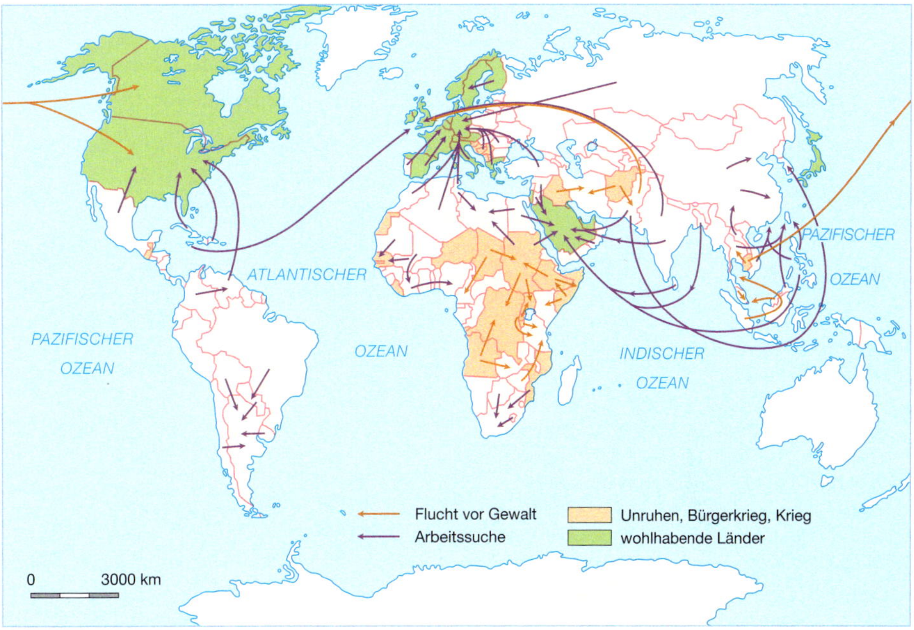

M 3 **Weltweite Wanderungen zu Beginn des 21. Jahrhunderts**

Menschen verlassen aus den unterschiedlichsten Gründen ihre Heimat. Manche tun dies freiwillig, andere können nicht in ihrer Heimat weiterleben, auch wenn sie dies wünschten.
„Migrare“ ist lateinisch und bedeutet „wandern“. Von Migration spricht man, wenn Menschen ihre Heimat für längere Zeit oder für immer verlassen, um an einem anderen Ort oder in einem anderen Land zu leben. Dies kann freiwillig oder unfreiwillig geschehen.
Migration findet dauernd statt. Die Karte zeigt dir, an welchen Orten auf der Welt die größten Wanderungen von Menschen stattfinden.
Die Gründe für diese Migration sind sehr unterschiedlich: Krieg, Verfolgung, Armut oder Umweltkatastrophen sind einige Ursachen. Manche Gründe sind aber auch in der Geschichte der Menschen zu suchen.

Auf den nächsten Seiten lernt ihr einige Menschen kennen, die aus ihrer Heimat ausgewandert sind. Ihr könnt die Seiten 120–125 in einem Gruppenpuzzle bearbeiten, um so mehr über die Hintergründe dieser Menschen zu erfahren.

2002	623 300
2003	626 300
2004	697 600
2005	628 000
2006	639 000
2007	637 000
2008	738 000
2009	734 000

M 4 **Zahl der Menschen, die aus Deutschland auswanderten**
Quelle: Statistisches Bundesamt

Webcode:
PE643561-127

M 5 Als Ausländer in Deutschland

Drei ausländische Jugendliche über ihre alltäglichen Probleme in Deutschland:

Ich wohne, seit ich klein bin, in dieser Stadt. Hier wohnen viele türkische Jugendliche. Doch viele Lehrer an meiner Schule können oft nicht einmal unsere Namen richtig aussprechen, auch nach drei Jahren oder so nicht.
Dass die sich keine Mühe geben, finde ich nicht gut, denn die englischen Namen von deutschen Schülern können sie ja auch aussprechen. Da fühlt man sich schon irgendwie als Ausländer. *Yasemin (14)*

Da sind welche, und du gehst vorbei und dann sagst du „Hallo", und sie sagen nur: „Hau ab!" Manche Deutsche, wenn sie Russisch hören, gucken irgendwie ganz komisch. Dann sagst du „Hallo" und sonst nichts, dann machen sie ein Gesicht, als ob du was Schlimmes getan hättest.
Aleksander (16)

Also, ich bin ein Mensch aus Kroatien, der in Deutschland lebt und wahrscheinlich auch in Zukunft in diesem Land leben wird.
Ich kann mich nicht so verhalten, als lebte ich auf einer Insel, deshalb muss ich mich an Regeln halten, die in diesem Land nun einmal gültig sind. *Resmija (16)*

M 6 *Zeichnung: Vangelis Pavlidis*

1 Beschreibt die Karte M 3 mit wenigen Worten.

2 Wertet M 3 aus:
- **a** Auf welchen Kontinenten finden große Migrationsbewegungen statt?
- **b** Welche Migrationsbewegungen gibt es zwischen Kontinenten?
- **c** Wie ist Europa von Migration betroffen?

3 Überlegt gemeinsam: Welche Informationen zum Thema Migration könnt ihr mithilfe der Karte gewinnen? Was bleibt offen?

4 Vergleiche die Flüchtlingszahlen in M 1
- **a** mit der Einwohnerzahl deiner Stadt und
- **b** mit der Einwohnerzahl Thüringens.

5 Stellt fest: In welchen Jahren zogen mehr Menschen aus Deutschland weg, als ins Land kamen (M 2, M 4)?

6 Erklärt, welche Probleme ausländischer Jugendlicher in M 5 angedeutet sind.

7 Versucht zu beschreiben, was der Zeichner mit M 6 aussagen wollte.

„Gastarbeiter“: Menschen kommen, um zu arbeiten

„Gastarbeiter“ in Deutschland

1960 ging es der deutschen Wirtschaft gut: Fabriken und Unternehmen, die im Zweiten Weltkrieg zerstört wurden, waren wieder aufgebaut. Die deutsche Bevölkerung hatte Arbeit und lebte im Frieden. Aber: In Deutschland lebten nicht genug Menschen, um alle Arbeit in den Fabriken zu erledigen.

In Südeuropa dagegen (z. B. in der Türkei und in Süditalien) gab es kaum Arbeit und vielen Menschen ging es nicht so gut. Darum machte die deutsche Regierung Menschen aus diesen Ländern das Angebot, nach Deutschland zu kommen und hier zu arbeiten.

Ich war jung. Ich lebte in Istanbul und hatte sogar einen recht guten Job. Aber ich wollte einfach mal etwas anderes sehen. Wenn das hieß, dass ich eine Zeit lang als Hilfsarbeiter arbeiten muss, dann war es für mich auch in Ordnung.

In manchen Gegenden der Türkei müssen Frauen tun, was die Männer wollen. Ich wollte wissen, ob ich mein Leben auch selbst in die Hand nehmen kann. Ein fremdes Land schien dafür nicht schlecht.

Ich wollte unbedingt ein tolles schnelles Auto haben und ein schönes Haus. Ich wollte ein paar Jahre nach Deutschland und reich in die Türkei zurückgehen.

Mein Mann war sehr früh gestorben. In dem anatolischen Dorf, in dem ich gelebt habe, gab es kaum Arbeit für mich. Und meine Tochter musste ich auch irgendwie ernähren. In Deutschland gab es Arbeit.

M 1 Warum Gastarbeiter zu uns kamen

M 2 Ein türkischer Gastarbeiter erinnert sich

In den ersten Jahren hatten wir Probleme in Deutschland, die nicht einmal ein „normaler“ deutscher Urlauber im Ausland hat. Aus Glaubensgründen essen Muslime kein Schweinefleisch, das hier ein ganz normales Lebensmittel ist. Wenn man sich mit den deutschen Lebensmitteln nicht auskennt und auch die Aufschriften in den Geschäften nicht versteht, weiß man nicht, was man kaufen soll. Um Schweinefleisch zu vermeiden, ernährten wir uns nur von Nudeln, Eiern und Dosenfisch. Auch der Kauf von Gemüse machte uns Probleme, denn viele südländische Gemüsesorten gab es in Deutschland nicht zu kaufen. Das hat sich jetzt glücklicherweise geändert. In vielen deutschen Supermärkten gibt es ein internationales Angebot.

M 3 **Inländer oder Ausländer? Schüler, die in Deutschland türkische Jugendliche genannt werden, sind oft hier geboren.**

Die „Gastarbeiter" bleiben in Deutschland

Zunächst dachte jeder, die Gastarbeiter würden nur einige Zeit bleiben, in Deutschland arbeiten und dann in ihre Heimat zurückgehen.
Aber bald begannen die Familien der Gastarbeiter, die noch im Heimatland geblieben waren, auch nach Deutschland zu ziehen. Die Kinder lebten hier und besuchten die deutsche Schule. Deutschland wurde das neue Zuhause der Gäste aus Südeuropa.
Inzwischen haben die Kinder der Gastarbeiter wieder Kinder bekommen. Sie kennen häufig das Leben in der Türkei oder Italien gar nicht mehr, höchstens aus dem Urlaub bei Verwandten.

M 4 Schule in der Türkei

Selina war in den Ferien bei ihren Verwandten in der Türkei. Ein Mädchen hat ihr von der Schule in der Türkei erzählt: „In der Schule muss jeder eine Uniform tragen, damit man nicht sieht, wer arm ist und wer reich. Die Mädchen müssen eine Bluse anziehen, eine Weste und einen Rock, der über die Knie geht. Die Jungen haben lange oder kurze Hosen an und ein Hemd.
Lange Fingernägel und Ohrringe sind verboten und alle Mädchen müssen einen Zopf tragen. Die Jungen müssen das Hemd sorgfältig in die Hose stecken und alle Schüler und Schülerinnen tragen eine Krawatte."

Webcode:
PE643561-129

M 5 **Kinder auf einem Pausenhof in der Türkei**

1 Bestimmt habt ihr auch Mitschüler in der Klasse, die aus Familien aus Südeuropa stammen.
   - Lasst euch die Geschichten ihrer Familien erzählen.
   - Findet die Heimatländer der Familien auf einer Karte.
   - Tragt Informationen über diese Länder zusammen.
   - Ihr könnt Mitschüler oder die Eltern befragen, Bücher aus der Bücherei auswerten oder Informationen im Internet suchen.
   - Präsentiert die Ergebnisse der Klasse oder macht eine Ausstellung für den nächsten Elternabend.

2 Erklärt, warum Gastarbeiter nach Deutschland kamen (M 1, Text).

3 Beschreibt mit eigenen Worten:
   - Welche Probleme hatten die Gastarbeiter in den ersten Jahren (M 2)?
   - Vergleicht mit der Situation heute. Erklärt, wie es zu den Veränderungen kam.

Spätaussiedler: Rückkehr in ein fremdes Land

M 1
Junge Spätaussiedlerin liest im Deutsch-Russischen Kurier. Neben einer Zusammenfassung der wichtigsten Nachrichten aus Deutschland und Russland enthält die Zeitschrift Tipps sowie spielerische Anreize zur Verbesserung der Sprachkenntnisse (z. B. durch Sprach-Kreuzworträtsel).

Migrationsgrund: Geschichte

M 3 Viktor (13 Jahre) erzählt:

„Früher habe ich in Kasachstan gelebt. Als ich acht Jahre alt war, beschlossen meine Eltern nach Deutschland zu ziehen. In Kasachstan war alles sehr teuer und das Leben war nicht einfach, besonders für meine Eltern.

Sie haben dann alles aus unserer Wohnung verkauft und wir sind nur mit ein paar Koffern nach Deutschland geflogen. Zunächst kamen wir in ein Lager, wo wir einige Wochen alle zusammen in einem Zimmer wohnen mussten. Dann konnten wir endlich in eine richtige Wohnung umziehen. Meine Eltern haben beide angefangen zu arbeiten und ich kam in die Schule."

C. Breithack u. a., Menschen – Märkte – Räume 1, Berlin 2004, S. 278

M 4 Tatjana (14 Jahre) erzählt:

„Unsere Wohnung in Deutschland liegt in einer Siedlung, in der fast nur Spätaussiedler wohnen. Ich finde das nicht so gut, weil alle Russisch miteinander sprechen. Dabei möchte ich doch so gut wie möglich Deutsch lernen und brauche eigentlich Übung im Sprechen.

Meine deutschen Freunde aus der Schule besuchen mich hier auch nicht. Sie sagen, sie hätten Angst in meiner Siedlung, weil alles so fremd ist und sie niemanden verstehen.

Am Anfang habe ich mich ähnlich gefühlt: Alles in Deutschland war fremd und verstanden habe ich auch nichts. Das ist jetzt zum Glück besser."

C. Breithack u. a., Menschen – Märkte – Räume 1, Berlin 2004, S. 278

M 2
Bilder aus einem Durchgangslager für Aussiedler. Das Lager mit Platz für 2000 Personen ist für viele Aussiedler die erste Station in ihrer neuen Heimat.

M5 Anastasia (13 Jahre) erzählt:

„Am Anfang hatte ich es nicht sehr leicht in der Schule, weil ich kaum Deutsch konnte. Ich habe nicht verstanden, was die Lehrerin gesagt hat, und wenn ich aufgerufen wurde, habe ich oft nichts gesagt, obwohl ich manchmal die Lösung wusste. Aber ich habe schnell Deutsch gelernt. Heute merkt keiner mehr, dass ich nicht von hier komme. Ich habe viele deutsche Freunde und in der Schule bin ich gut."

C. Breithack u. a., Menschen – Märkte – Räume 1, Berlin 2004, S. 279

M6 Russlanddeutsche – Deutsche aus Russland?

Vor fast 250 Jahren (1762/1763) rief die Zarin Katharina die Große Deutsche nach Russland. Sie sollten das Land an der unteren Wolga nördlich der Stadt Wolgograd besiedeln und für die Landwirtschaft nutzbar machen. So entstanden hier Dörfer mit deutschen Namen, in denen Deutsch gesprochen wurde und in denen es deutsche Schulen gab.
Im Zweiten Weltkrieg fielen deutsche Soldaten in Russland ein. Nach dem Krieg beschuldigte die russische Regierung die Deutschen an der Wolga zu Unrecht, die deutschen Soldaten unterstützt zu haben.
Zur Strafe wurden sie zunächst nach Sibirien, später nach Kasachstan, Kirgisistan und Tadschikistan umgesiedelt. Hier mussten sie Russisch sprechen, um sich in der Öffentlichkeit zurechtzufinden. Ab 1989 wurde es möglich, dass sie zurück nach Deutschland ziehen konnten.

2000	95 615	**2004**	59 093
2001	98 484	**2005**	35 522
2002	91 419	**2006**	7 747
2003	72 855	**2008**	4 362

M7 Spätaussiedler-Zahlen
Statistisches Bundesamt, 2010

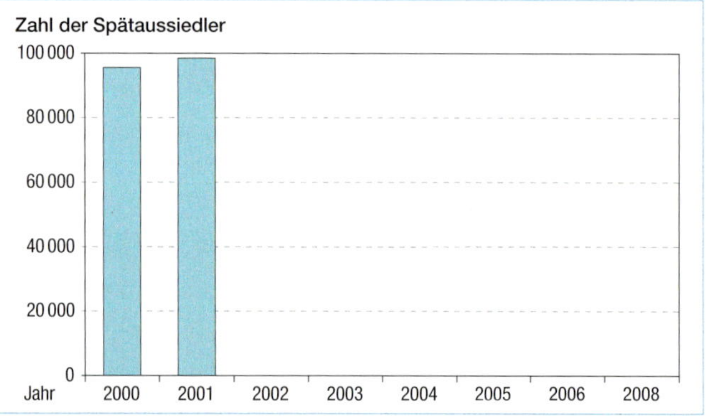

M8 Ein Säulendiagramm erstellen

M9 Siedlungsgebiete der Russlanddeutschen vor und nach dem Zweiten Weltkrieg

1 Viktor hat an verschiedenen Orten gelebt (in Kasachstan, im Lager, in der neuen Wohnung und Schule). Überlege dir zu jedem Ort eine Begebenheit, die Viktor dort erlebt haben könnte (M3).

2 Welche Probleme ergeben sich für Tatjana aus der Lage ihrer Wohnung (M4)?

3 Mit welchen Problemen musste Anastasia in der Schule kämpfen? Kennst du ähnliche Probleme auch?

4 Erkläre mit eigenen Worten den Begriff Spätaussiedler (M6, Lexikon).

5 Stelle die Zahlen in der Tabelle (M7) in einem Säulendiagramm dar (Hochachse: Anzahl der Spätaussiedler – Querachse: Jahr) (M8).

6 Überlegt euch, welche Bedeutung eine Zeitschrift wie in M1 für die hier genannten Menschen haben kann.

Flüchtlinge: Menschen brauchen unsere Hilfe

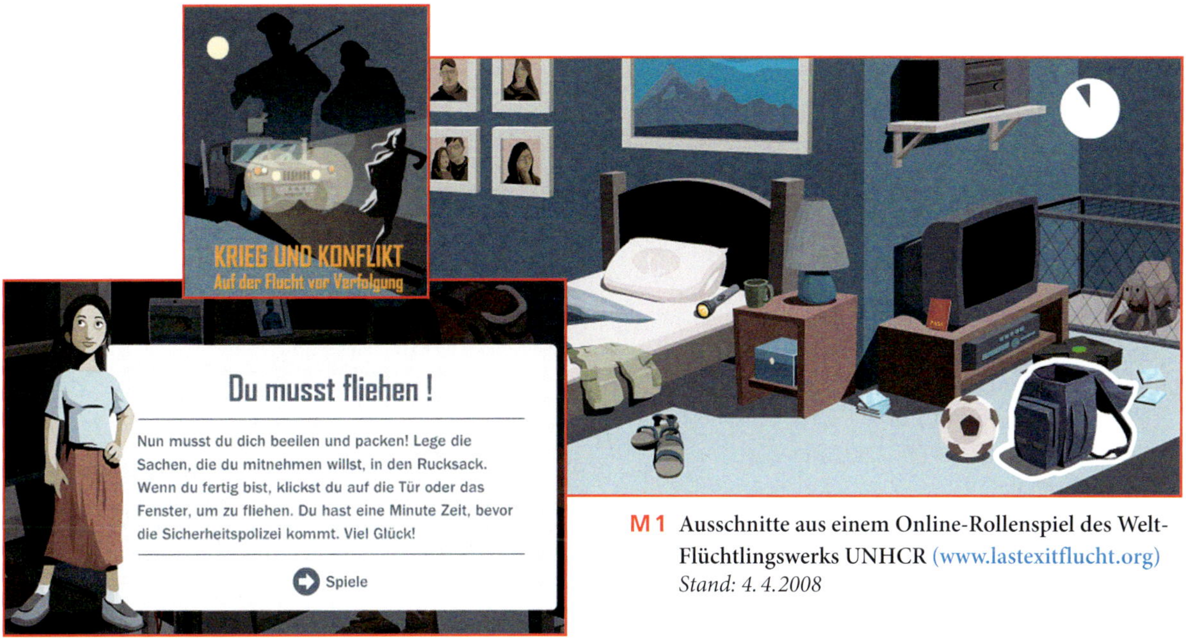

M 1 **Ausschnitte aus einem Online-Rollenspiel des Welt-Flüchtlingswerks UNHCR** (www.lastexitflucht.org) *Stand: 4. 4. 2008*

M 2 **Kindersoldat in Liberia**

M 3 **Amado ist mit 13 Jahren aus Liberia geflüchtet**

„Ich kann nicht nach Afrika zurückgehen. Mein Vater ist tot und ich weiß nicht, wo meine Mutter ist. In Afrika könnte ich umgebracht werden.

Rebellen haben unser Dorf niedergebrannt. Ältere Menschen konnten weglaufen. Wir Jugendlichen wurden festgenommen und in den Wald gebracht. Dort sollten wir zu Kindersoldaten gemacht werden und lernen, wie man Menschen tötet. Da bin ich weggelaufen. Mit viel Glück konnte ich entkommen. Ich bin mehrere Tage gelaufen – ohne Essen und Trinken. Ich konnte mich bis in eine Hafenstadt im Nachbarland Elfenbeinküste durchschlagen. Dort lebte ich mehrere Wochen im Hafen, bis ich von einem Mann entdeckt wurde, der versprach, mich mitzunehmen. Er versteckte mich mehrere Wochen im Laderaum eines Schiffes. Es war kalt, dreckig und hat sehr gestunken.

Irgendwann wurde ich geholt. Wir waren wieder an Land und ich sollte möglichst schnell weglaufen. Der Hafen war in Hamburg, Deutschland. Von diesem Land hatte ich noch nie etwas gehört. Man sah mir natürlich an, dass ich nicht dorthin gehörte, und ich landete ziemlich schnell bei der Polizei. Ich kam in ein Heim und hatte mit der Ausländerbehörde zu tun. Dort stellte ich einen Asylantrag. Ich hoffe, dass ich irgendwie hierbleiben kann.“

Frankfurter Rundschau vom 26.9.1998

Wer ist ein Flüchtling?

Menschen, die ihre Heimat wegen einer gefährlichen Notlage verlassen müssen, sind Flüchtlinge. Solche Notlagen können Kriege sein, aber auch Umweltkatastrophen, wie Vulkanausbrüche. Außerdem gibt es auch politische Flüchtlinge.

Die **Genfer Konvention** zur Rechtsstellung der Flüchtlinge, die seit 1951 von vielen Staaten unterzeichnet wurde, legt fest, wer politischer Flüchtling ist. Dort steht: Wer aus Gründen der Rasse, der Religion, der Nationalität, der Zugehörigkeit zu einer bestimmten gesellschaftlichen Gruppe oder der politischen Meinung im eigenen Land verfolgt wird und sich darum außerhalb des eigenen Herkunftslandes befindet, ist politischer Flüchtling.

Was bedeutet „Asyl"?

Menschen aus anderen Ländern können in Deutschland Asyl beantragen.

Wenn ihr Antrag angenommen wird, dürfen diese Menschen in Deutschland bleiben und hier leben.

Ein Asylantrag wird dann angenommen, wenn die Menschen in ihrem Heimatland wegen ihrer Religion, ihrer politischen Meinung oder ihrer Zugehörigkeit zu einer gesellschaftlichen Gruppe verfolgt werden und um ihre Freiheit sowie ihr Leben fürchten müssen.

Bekommen diese Menschen Asyl in Deutschland, können sie hier in Sicherheit leben.

Allerdings gibt es eine Liste mit Ländern, die als sicher gelten. Menschen, die von dort kommen, erhalten grundsätzlich kein Asyl in Deutschland, auch wenn sie in diesem Land doch in Gefahr geraten.

Woher kommen die Asylbewerber?

Man kann nicht über viele Jahre hinweg sagen, aus welchen Ländern die meisten Asylbewerber kommen. Wenn irgendwo ein Krieg oder eine andere politische Krise ausbricht, kommen plötzlich sehr viele Menschen aus dieser Region nach Deutschland. Besonders, wenn das Land nicht so weit entfernt liegt. In den Jahren 1999 bis 2003 kamen die meisten Asylbewerber aus folgenden Ländern: Irak, Serbien, Montenegro, Vietnam.

Webcode: PE643561-133

M4 **Zwei weitere Szenarien aus dem Online-Rollenspiel**

1 In dem Rollenspiel des UNHCR (M 1) könnt ihr Situationen von Flüchtlingen nachspielen.
   a Erklärt die abgebildete Szene.
   b Stellt eine Liste zusammen, was ihr in der angegebenen Zeit packen würdet.
   c Vergleicht eure Liste mit der eures Tischnachbarn.
   d Überlegt, was dies für euer zukünftiges Leben bedeuten könnte.

2 1998 war Amado 13 Jahre alt. Wie alt ist er heute und was könnte aus ihm geworden sein (M 3)?

3 Warum sind Menschen auf der Flucht? Erstelle ein Schaubild.

4 Erkläre den Begriff „Asyl" mit eigenen Worten.

5 Benenne die Probleme von Asylsuchenden, die in M4 dargestellt sind.

6 Welches sind die aktuellen Hauptherkunftsländer von Flüchtlingen in Deutschland? Informiere dich im Internet.

7 Arbeite mit dem Atlas und der Karte M 3, Seite 118. Welche Länder sind die Hauptaufnahmeländer für Flüchtlinge?

KOMPETENZ-Trainer

Mit Fremden leben

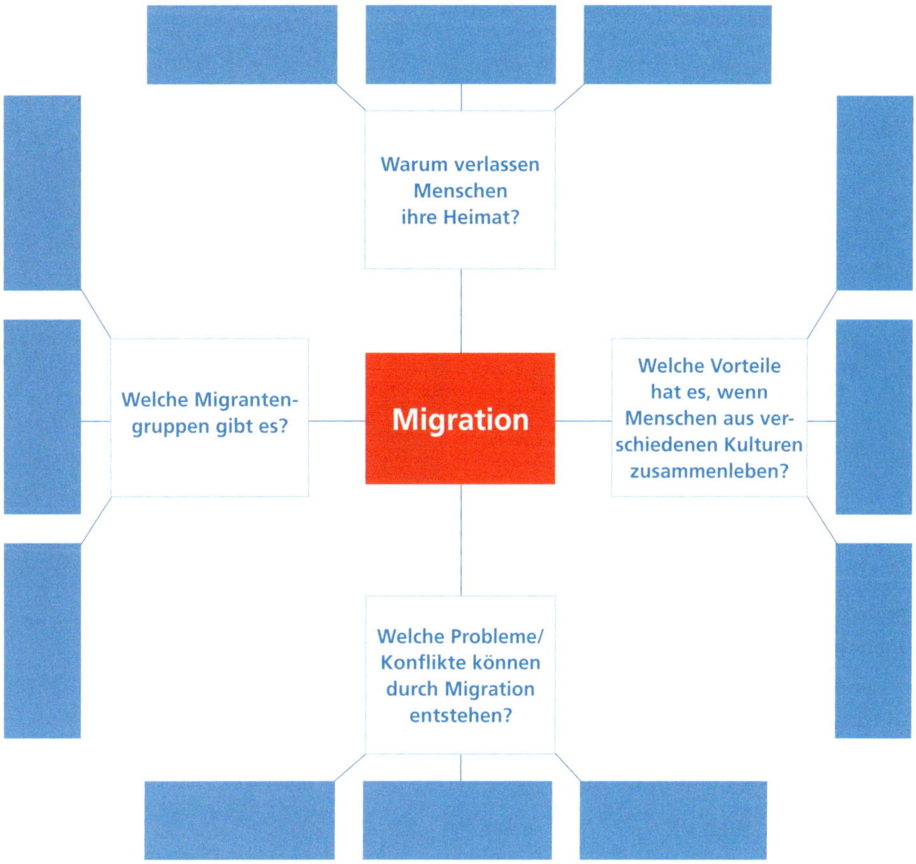

M 1 Migration. Ursachen und Folgen

Sachwissen und Analysekompetenz

1 Übertrage das Schema M 1 in dein Heft. Ergänze und vervollständige es.

Analyse- und Methodenkompetenz

2 Werte die Plakate M 2 und M 3 aus (Werbung auswerten). Welche Problembereiche werden angesprochen?

Urteilskompetenz

3 Integration kann gelingen!
   a Nenne Beispiele aus dem Kapitel, wie Integration unterstützt werden kann.
   b Findet mithilfe eines Ideenkarussells weitere Möglichkeiten und diskutiert sie in der Klasse.

M 2 Gummibärchen

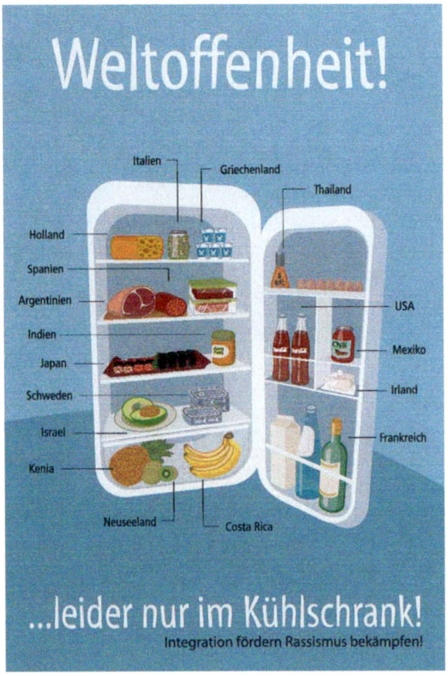

M3 Weltoffenheit?

M4 Zusammenleben gestalten

Viele verschiedene Kinder sind in eurer Schule. Sie kommen aus vielen verschiedenen Regionen Deutschlands, Europas und vielleicht sogar der Welt. Im Laufe dieser Unterrichtseinheit habt ihr erfahren, worin ihr euch unterscheidet. Ihr habt einige Besonderheiten anderer Länder kennen gelernt – andere Feste, Bräuche, Sprachen und Kulturen. Dieses Wissen solltet ihr nutzen, um z. B. einen Klassenraum für alle zu gestalten oder um kleinere Projekte durchzuführen.

M5 Internationales Festessen in einer 5. Klasse

Handlungskompetenz

4 Schaut euch die folgenden Vorschläge an und überlegt, welche ihr durchführen wollt. Sammelt in eurer Klasse weitere Ideen.
- Eine Ausstellung gestalten, in der die ausländischen Mitschüler/-innen aus eurer Klasse ihre Herkunftsländer vorstellen.
- Lieder aus euren Herkunftsländern vorsingen und gemeinsam einüben.
- Ein Theaterstück vorbereiten, proben und aufführen, in dem die Ankunft einer Familie in Deutschland gespielt wird.
- Ein Fest mit den deutschen und ausländischen Familien in eurer Klasse feiern.
- Einen Stadtführer für ausländische Kinder in verschiedenen Sprachen schreiben, malen, fotografieren.
- Eine Weltkugel basteln und dorthin Fähnchen stecken, wo die Kinder geboren sind.
- Einen Festtagskalender für eure Klasse herstellen, in dem die Feste der verschiedenen Kulturen eingetragen werden.
- Herausfinden, ob es eine Flüchtlingsunterkunft in eurem Ort gibt, und dort eine Erkundung durchführen.

6 Umwelt geht uns alle an

Am Ende dieses Kapitels kannst du

- Beispiele für nachwachsende und nicht erneuerbare Rohstoffe nennen. Außerdem kannst du an Beispielen unseren Bedarf an Rohstoffen aufzeigen und damit zusammenhängende Probleme sowie dazugehörige Lösungsmöglichkeiten benennen.
- Ursachen und Folgen des Klimawandels benennen und mithilfe des „Treibhauseffekts" erklären, wie es zur Erderwärmung kommt.
- erklären, wie die Weltgemeinschaft versucht, den Klimawandel zu stoppen. Außerdem kannst du Schwierigkeiten benennen, die dieses Vorhaben behindern und dir dazu ein Urteil bilden.
- an Beispielen beschreiben, wie du selbst etwas für den Umweltschutz tun kannst.

1 Führt in der Klasse eine Kartenabfrage durch. Eine Hälfte der Klasse notiert auf roten Karten, wodurch die Umwelt belastet wird (immer ein Stichwort). Die andere Hälfte der Klasse notiert auf grünen Karten, wie die Umwelt geschützt werden kann. Anschließend werden die Ergebnisse gesammelt und geordnet.

Leben auf der Erde

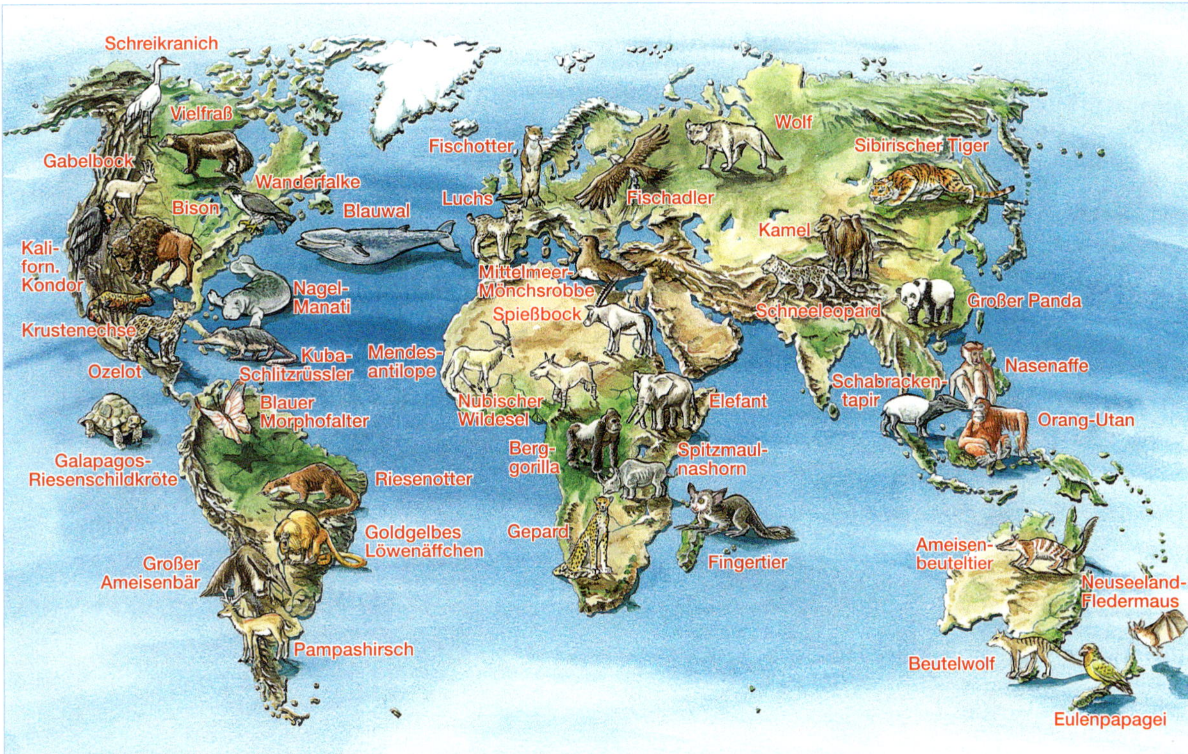

M 1 Gefährdete Tiere der Erde

Tiere und Pflanzen in Not

Unsere Erde ist die Heimat von über sechs Milliarden Menschen. Sie ist aber auch der Lebensraum für Millionen verschiedener Tier- und Pflanzenarten. Tiere und Pflanzen haben sich ihrer Umgebung angepasst und können zum Teil sogar in ganz heißen und trockenen oder auch in sehr kalten Gebieten überleben.

Viele Tiere sind Pflanzenfresser. Raubtiere dagegen ernähren sich von anderen Tieren. Diese Beutetiere sterben dadurch allerdings ebenso wenig aus wie die Pflanzen. Die Natur hält ein ökologisches Gleichgewicht, das aber sehr oft vom Menschen gestört wird.

Auch Pflanzen gibt es fast überall auf der Erde. In vielen Gegenden gibt es Laub- oder Nadelwälder. Wenn das Klima zu trocken ist, entstehen Grasländer. Im Gebirge wachsen ab einer bestimmten Höhe keine Bäume mehr. Um den Äquator, wo die Temperaturen immer zwischen 25 und 30 °C liegen, sind zum Teil Regenwälder entstanden, in denen sehr viele immergrüne Bäume wachsen. In trockenen Gebieten haben Bäume und Sträucher harte Blätter, um so den heißen Sommer zu überstehen. Viele Pflanzen und Tiere sind durch Eingriffe des Menschen in die Natur bedroht. Wälder werden gerodet, Sümpfe trockengelegt und Hecken abgeholzt. Der Lebensraum zahlreicher Tiere wird dadurch zerstört. So sterben allein in den Regenwäldern der Welt jedes Jahr über 17 000 Arten aus – jeden Tag mehr als 50. Stirbt eine Art aus, so kann das wegen der starken Abhängigkeiten untereinander auch das Ende für viele andere Arten sein.

M 2 Die Sumpfschrecke steht in Thüringen auf der Roten Liste.

Webcode:
PE643561-139

M3 **1 Sumpfland in Florida, 2 Tropischer Regenwald, 3 Wälder Nordamerikas, 4 Antarktis, 5 Wüste in Australien, 6 Korallenriff**

Rote Listen und Artenschutz

Bedrohte Tier- und Pflanzenarten werden in so genannten **Roten Listen** aufgenommen. Die von der Internationalen Naturschutz-Union alle zwei Jahre herausgegebene Liste notiert weltweit 17 038 bedrohte Arten. Das Bundesamt für Naturschutz veröffentlicht Rote Listen für Deutschland und es gibt auch Listen für die Bundesländer. Nach der 2012 herausgegebenen Roten Liste für den Freistaat Thüringen sind über 40 Prozent der Tier- und Pflanzenarten gefährdet, darunter Farne und viele Vogelarten.

1 Beschreibe die Landschaften in M3. Finde heraus, worin sich die Abbildungen unterscheiden.

2 Ordne folgende Tiere den Abb. 1 bis 6 in M3 zu: Elch – Alligator – Pinguin – Eidechse – Känguru – Seestern – Papagei – Eichhörnchen. Begründe deine Entscheidung.

3 Wähle aus M1 ein Tier aus, das dich interessiert. Informiere dich über das Tier und seinen Lebensraum in einem Lexikon oder im Internet und berichte in der Klasse.

4 Überlegt gemeinsam: Welchen Beitrag können Rote Listen für den Artenschutz leisten?

5 Was hat das Artensterben mit uns zu tun? Kann es uns nicht egal sein, ob Tiger in Sibirien oder Gorillas im Kongo aussterben? Diskutiert in der Klasse.

Fallstudie: Kann Telefonieren tödlich sein?

M1 Gorilla

M2 Coltan – abgebaut in der Demokratischen Republik Kongo

Webcode: PE643561-140

M3 Eilmeldung: Zahl der Gorillas drastisch gesunken

Im Kahuzi-Biéga-Nationalpark (siehe NP in M8) in der Demokratischen Republik Kongo ist die Zahl der Östlichen Flachlandgorillas, die zu den seltensten Tieren der Welt gehören, von 258 auf 168 zurückgegangen. Außerdem lebten früher 350 Elefantenfamilien im Park, zuletzt waren es nur noch zwei. Der Rest ist geflohen oder wurde erschossen.

M4 Tagesschau: Schuften für den Elektronikspaß anderer

Eine Mine im Kongo: Mühselig schlagen Arbeiter Brocken für Brocken aus dem Gestein – auch Kinder sind unter ihnen. Sie suchen Coltan, ein Mischerz, aus dem das Metall Tantal gewonnen wird. Tantal ist ein wichtiger Rohstoff für die Elektronikbranche. In mehr als zwei Milliarden Handys weltweit ist es verbaut, außerdem in Spielekonsolen, Laptops und Autoelektronik. Das alles ist ein blühendes Geschäft – bei dem die Arbeiter in den Minen die Verlierer sind. Die Männer und Kinder schuften wie Sklaven, sagt der Kongolese Charles Chalondakwa: „Sie buddeln praktisch nackt, es gibt keine Schutzkleidung, keine Helme, keine Handschuhe und als einziges Werkzeug Hammer und Meißel. Oft stürzen Minen ein und begraben Arbeiter unter der Erde. (...) Die Zustände sind unvorstellbar."

Tagesschau 22.08.2010

M5 Aus einer Radiosendung: Bedrohung für Mensch und Tier

In der Demokratischen Republik Kongo treffen eine Umwelt- und eine menschliche Katastrophe aufeinander. Es herrscht seit gut eineinhalb Jahrzehnten ein Krieg, der schon Millionen Menschen das Leben kostete. Die Waffen für diesen Krieg werden zum Teil mit Geld aus dem Coltanhandel bezahlt. Gleichzeitig steigt weltweit die Nachfrage nach Coltan. Nicht nur die Menschen leiden unter den schrecklichen Bedingungen, auch die Natur. Immer weiter dringen die Minengräber in den bislang unberührten Urwald vor und verdrängen die Tiere aus ihrem Lebensraum und zerstören ihn. Schlimmer noch, um die Fleischversorgung für die dort arbeitenden Menschen zu sichern, werden die Gorillas massenweise gewildert. Aber Massen von ihnen gibt es schon heute nicht mehr.

25.04.2009
Ein Kilo Coltan kostet derzeit etwa 100 US-Dollar. Der Preis wird aber vermutlich steigen, je weniger Coltan übrig ist. Die Reserven reichen noch ca. 150 Jahre, bis jetzt gibt es keine Alternative für die Elektronikindustrie.

07.06.2009
Allein in Deutschland werden dieses Jahr 26,3 Millionen Handys verkauft werden. Es gibt 113 Millionen Mobilfunkanschlüsse.

15.11.2010
Der Verkauf von Handys wird im Jahr 2011 in Deutschland voraussichtlich um 6 Prozent auf 28,4 Millionen Stück steigen.

M6 Nachrichten im Internet

M7 Aus einem Interview: Coltanabbau – Folgen und Verantwortung

Frau Schneider, Sie sind Umweltschützerin. Was halten Sie vom Coltanabbau in der Demokratischen Republik Kongo?

Es ist ein großes Unglück für die Natur und die Menschen. Wenn man verhindern möchte, dass beispielsweise die Gorillas aussterben, muss man ihn so schnell wie möglich stoppen. Solange aber eine Nachfrage besteht, wird im Kongo Coltan abgebaut werden.

Gibt es denn alternative Orte der Förderung?

Es gibt Minen in Australien, Asien und Brasilien. Unternehmen achten jedoch vor allem auf den Preis und kaufen bei den billigsten Anbietern – und die sind im Kongo. Die größte Mine Australiens hat 2008 wegen der afrikanischen Billigpreise zugemacht. Derzeit kommt mehr als die Hälfte des weltweit geförderten Coltans aus Afrika.

Welche Forderungen haben Sie?

Unternehmen dürften nur umweltfreundlich abgebautes Coltan verwenden. Machen sie das nicht freiwillig, sollte öffentlicher Druck ausgeübt werden. Das Ziel muss sein, weder Raubbau und Wilderei, noch Bürgerkriege und unmenschliche Arbeitsbedingungen zu unterstützen.

Was können die Verbraucher/-innen tun?

Man sollte sich bewusst sein, worum es geht. Wer will schon mitverantwortlich sein für einen grausamen Krieg? Wer will unbesorgt telefonieren, wenn dafür Tiere sterben müssen? Eine Möglichkeit ist, die Konzerne unter Druck setzen. Verbraucher haben oft mehr Einfluss, als sie denken. Außerdem können alte, kaputte Handys zurückgeben werden, damit das Coltan daraus recycelt und weniger neues benötigt wird. Die Recyclingrate liegt erst bei 25 bis 30 %.

M9 Krieg im Kongo: Bewaffneter Kämpfer, Menschen auf der Flucht

M8 Demokratische Republik Kongo

1 Bei einer solchen Fülle an Informationen ist Gruppenarbeit angesagt. Teilt euch in drei Gruppen auf.
   - Die erste Gruppe macht sich zu Experten über die Bedrohung des Dschungels und der Menschen im Kongo (M3, M4, M7).
   - Die zweite Gruppe konzentriert sich auf die Arbeitsbedingungen beim Abbau von Coltan (M4).
   - Die dritte Gruppe besteht aus Spezialisten des internationalen Handymarkts (M4, M6, M7).

2 Diskutiert zwischen euren Gruppen die Aussage: „Jeder Mensch auf der Welt soll auf Handys verzichten. So kann Krieg verhindert und ein Stück Regenwald gerettet werden." Tauscht die Argumente aus, die die anderen nicht kennen können.

3 Wie steht es bei euch persönlich? Möchtet ihr ein Handy haben oder wollt ihr lieber darauf verzichten? Sammelt Argumente dafür und dagegen. Stellt fest, ob sich unter den Argumenten auch Ausreden verstecken.

4 Verbände wie z. B. Greenpeace und der WWF setzen sich für den Schutz der Umwelt ein. Informiere dich über die Aufgaben dieser Verbände und bewerte ihre Arbeit.

Auch Rohstoffe sind begrenzt

M 1 Karikatur „So leben wir alle Tage“

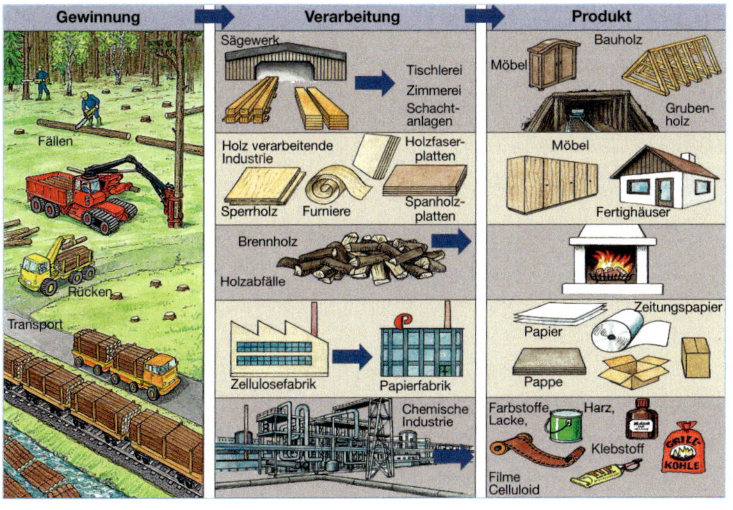

M 2 Gewinnung und Verarbeitung des Rohstoffes Holz

M 3 Holzvollernter

Rohstoffe aus aller Welt

Strom kommt aus der Steckdose, Benzin aus der Zapfsäule, die Jeans aus dem Kaufhaus und das Auto vom Autohändler …
All diese Güter, die uns jeden Tag so selbstverständlich zur Verfügung stehen, müssen erst von Handwerks- und Industriebetrieben hergestellt werden. Dabei werden verschiedene Materialien verarbeitet: Bretter, Bleche, Kabel, Kunststoffrohre, Zement, Stoffe, Leder und viele andere. Sie alle werden aus **Rohstoffen** gewonnen, die Deutschland selbst erzeugt oder aus der ganzen Welt einführt und zu hochwertigen und damit teuren Produkten weiterverarbeitet.

Was sind Rohstoffe?

Rohstoffe sind ursprüngliche, völlig unbearbeitete Stoffe, die die Natur liefert. Sie werden für die Herstellung von Produkten umgewandelt und verbraucht. Herstellung, Transport und schließlich Müllbeseitigung der Güter verschlingen zudem große Mengen an Energie.
Pflanzen und Tiere liefern wertvolle, **nachwachsende Rohstoffe**. Baumwolle ist ein wichtiger Rohstoff für die Textilindustrie. Tiere liefern neben Fleisch und Milch auch Felle und Wolle. Tierhäute werden gegerbt und zu Leder verarbeitet. Aus dem Öl der Rapspflanze wird Bio-Diesel erzeugt. Holz ist einer der vielseitigsten nachwachsenden Rohstoffe (siehe M 2).
Bei anderen Rohstoffen, z. B. Erdöl oder Kohle, sind die Vorräte begrenzt, sie wachsen nicht nach. Viele Lagerstätten entstanden vor mehreren Hundert Millionen Jahren. Fachleute sprechen deshalb auch von knappen oder endlichen, **nicht erneuerbaren Rohstoffen**.

M4 **Arbeiter auf einer Ölplattform**

Rohstoffe sind knapp

Oft gehen wir in Europa und in den Industrieländern sorglos mit Rohstoffen um, als hätten wir genug davon. Dies hat uns den Beinamen **Wegwerfgesellschaft** eingebracht. „Wir müssen umdenken", meint ein Umweltexperte. „Im Umgang mit Rohstoffen kann für uns nur gelten: vermeiden, verringern und verwerten."

M5 **Nachhaltige Entwicklung**

Die Nachhaltigkeit ist ein Prinzip, das in der Forstwirtschaft entwickelt wurde. Danach darf von Naturgütern wie Holz nur so viel geschlagen werden, wie nachwachsen kann. Sonst könnten zukünftige Generationen den Wald nicht mehr nutzen. Baumschulen ziehen Setzlinge auf, die auf den geschlagenen Flächen zur Wiederaufforstung gepflanzt werden. Es werden kleinere Flächen als früher abgeholzt, einzelne ältere Bäume bleiben zur Samenbildung stehen.

C. Breithack u. a.: Menschen – Märkte – Räume 1. Berlin, 2004, S. 20

Gedruckt auf säurefreiem Papier aus nachhaltiger Forstwirtschaft

M6 **Logo**

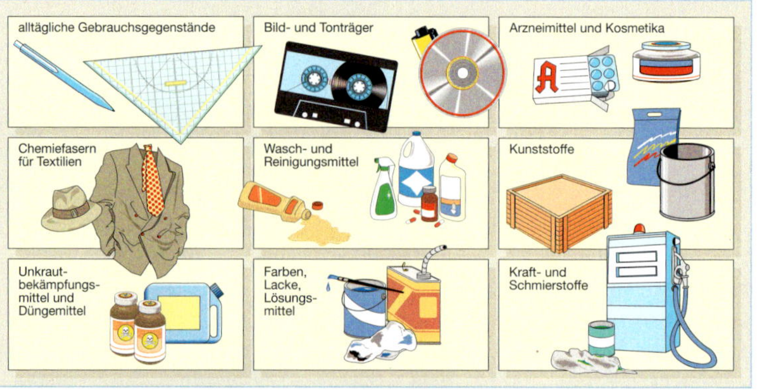

M7 **Die weiterverarbeitende Industrie stellt vielfältige Güter aus Erdölprodukten her**

M8 **„Ich jedenfalls verleih nie wieder was!"** *Zeichnung: Haitzinger*

1 Erkläre die Aussage der Karikatur (M1). Welchen Zusammenhang siehst du mit der Überschrift dieser Doppelseite?

2 Beschreibe, wie der Rohstoff Holz genutzt wird (M2).

3 Stelle fest, was eine nachhaltige Forstwirtschaft auszeichnet (M5, M8). Nenne weitere Beispiele für einen nachhaltigen Umgang mit Energie und Rohstoffen.

4 Suche M6 in diesem Buch. Welche Funktion hat das Logo für die Leser (Käufer) und für den Verlag (Verkäufer)?

5 In rund vierzig Jahren werden die Erdölvorräte der Erde verbraucht sein. Wie könnte es ohne weitergehen? Schreibt ein Ideenkarussell (M4, M7).

Alles Müll?

Wohin mit dem alten Computer?
Ausrangierte Computer gehören nicht in den Hausmüll, sondern müssen recycelt werden, denn sie enthalten neben Rohstoffen (Metall, Kunststoffe [z. B. Kabel], Bildröhrenglas) auch Umweltgifte. Sie sollten deshalb über die Sperrmüllsammlung, auf dem Recyclinghof ab- oder beim Händler zurückgegeben werden.

M 1 Zur Wiederverwendung gesammelter Kunststoffmüll

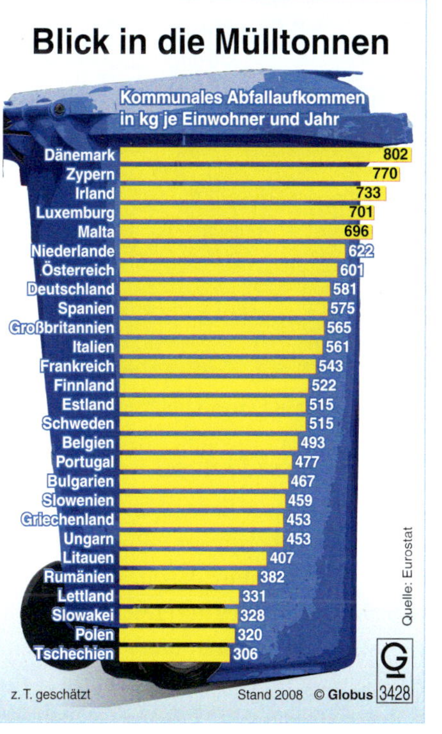

M 3 Müllaufkommen und Recycling im Vergleich

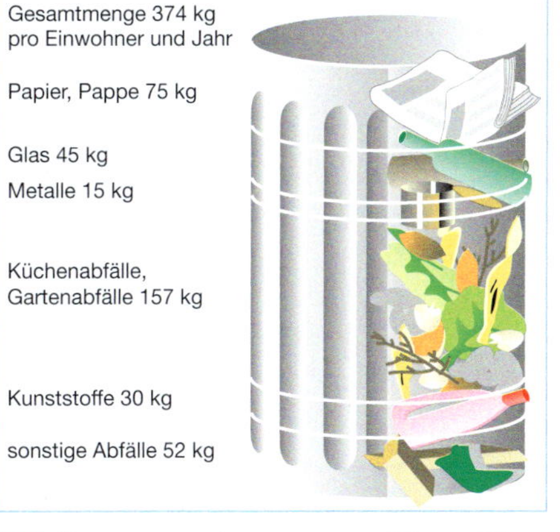

M 2 Zusammensetzung unseres Hausmülls

Abfallberge

Türmt man den Müll, der jährlich in Deutschland produziert wird, übereinander, dann sähe selbst der Watzmann – das ist ein ganz gewaltiger Berg in den Alpen – daneben wie ein Maulwurfshügel aus.

Der stetig wachsende Müllberg ist eine Kehrseite des Konsums. Ein Bewohner Londons, New Yorks oder Düsseldorfs produziert während seines Lebens so viel Abfall wie fünfzig Inder oder Afrikaner.

Was ist Müll?

Müll ist das, was man selbst nicht mehr verwenden kann und was auch sonst niemand mehr haben will. Dazu gehört z. B. Verpackungsmüll. Müll wird in zwei Gruppen eingeteilt: Abfall, der beseitigt werden muss (z. B. Bauschutt, Chemikalien), und Abfall, der verwertet werden kann (z. B. Glasflaschen, Papier).

Wohin mit dem Müll?

Beseitigt wird Müll zum einen durch die Ablagerung auf Deponien (Ablagerungsplätzen), zum anderen durch Ver-

Webcode: PE643561-144

brennung in modernen Müllverbrennungsanlagen. Viele Bestandteile des anfallenden Mülls lassen sich auch zu Kompost verarbeiten. Das sind alle Speisereste, Gartenabfälle und sonstigen natürlichen Stoffe. Abfall, der kompostiert werden kann, wird deshalb gesondert in Bio-Tonnen oder Bio-Säcken gesammelt. Das **Recycling** (die Wiederverwertung oder Wiederverwendung von Abfall) ist in Deutschland die wichtigste Form der Abfallbehandlung. Über die Hälfte des Abfalls wird inzwischen wiederverwertet.

Holz – Papier – Altpapier

Jeder Einwohner in Deutschland verbraucht jedes Jahr 235 Kilogramm Papierprodukte. Mehr als 50 % unseres Papierbedarfs wird heute aus Altpapier gedeckt. Zeitungen, Kartons und Verpackungen werden gesammelt und wiederverwertet. Bei der Aufarbeitung werden die Druckfarben mithilfe von Chemikalien herausgelöst und Folienbeschichtungen, Schmutz sowie Metallteile entfernt. Manchmal werden auch frische Holzfasern beigemischt, um die Papierqualität zu verbessern.

Einweg ist kein Weg!

Fruchtsäfte, Limonaden, Mixgetränke und Mineralwässer werden in verschiedenen Verpackungen angeboten. Die meisten sind in Glasflaschen abgefüllt.
365 Einwegflaschen oder sechs Mehrwegflaschen? Wenn du täglich eine Einwegflasche (0,5 l) aus Glas verbrauchst, so ergibt das eine Altglasmenge von 50 Kilogramm im Jahr. Um diese Menge Glas wieder aufzuarbeiten, braucht man so viel Energie, wie ein Auto für eine Fahrtstrecke von 500 Kilometern benötigt. Für den gleichen Getränkeverbrauch benötigt man nur sechs Mehrwegflaschen.

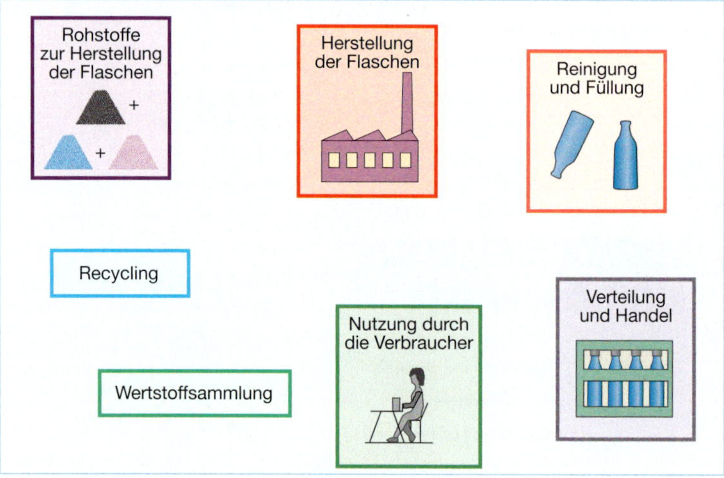

M4 **Welche Wege geht eine Getränkeflasche?**

Aus Schrott wird Gold

Die Firma Elektrocycling in Goslar macht aus Schrott Geld. Fast zwei Drittel des Umsatzes von 30 Millionen Euro pro Jahr stammen aus dem Verkauf von Aluminium und Kupfer. Diese Rohstoffe bleiben übrig, nachdem ein Schredder alte Elektrogeräte wie Kaffeemaschinen oder Föhne zu kleinen Körnern zermalmt hat. Ein Windgebläse trennt die Körner. Es wirbelt die Plastikteilchen auf, während die schwereren Metallkörner liegen bleiben. Von Handys bleibt sogar Gold übrig. Die Kontakte in den Mobiltelefonen sind mit dem Edelmetall überzogen.

Süddeutsche Zeitung vom 21.6.2002

M5 **Zeitungsartikel**

1 Werte die Schaubilder M2 und M3 aus und beschreibe, was dir auffällt.

2 Nehmt eine Personenwaage. Packt bündelweise alte Zeitungen, Papier und Verpackungen darauf. Legt die Bündel auf einen Haufen und notiert die Gewichte, bis insgesamt 374 Kilogramm erreicht sind.

3 Beschreibe, wie ihr in der Schule und zu Hause mit Altpapier und Altglas umgeht.

4 a Übertrage die Grafik M4 in dein Heft. Trage mit roten Linien den Weg einer Einwegflasche ein, mit grünen Linien den Weg einer Mehrwegflasche. Vergleiche und beschreibe das Ergebnis.
b Wie kann durch die Verwendung von Mehrwegflaschen Energie eingespart werden? (M4, Text)

5 Erkläre den Begriff „Wertstoff" am Beispiel von M5.

Abfall verwerten und vermeiden

BERLIN SAMMELT!

VERPACKUNGSABFÄLLE RICHTIG SORTIEREN

Verpackungen sind Wertstoffe, die wieder verwertet werden sollen. Das spart Geld und schont die Umwelt. Solche Verpackungen sind mit dem Grünen Punkt gekennzeichnet.

GELBE TONNE

Leere Verpackungen mit dem Grünen Punkt aus Kunststoffen, Weißblech, Aluminium und Verbundstoffen gehören in die Gelben Tonnen.

✔ **RICHTIG**: Kunststoffflaschen, -becher und -folien, Milch und Safttüten, Vakuumverpackungen aus Verbundstoffen, Weißblechdosen und -deckel, Menüschalen, Deckel und Folien aus Aluminium

✘ **FALSCH:** Pappe, Papier, Glas, Bioabfälle, Restmüll, Asche, Windeln, Sperrmüll, Sondermüll, Bauabfälle, Altkleider, Elektroschrott

BLAUE TONNE

Pappe und Papier mit und ohne Grünen Punkt gehören in die Blauen Tonnen.

✔ **RICHTIG**: Papiertüten, Pappschachteln, Zeitungen Zeitschriften, Werbeprospekte

✘ **FALSCH:** Tapetenreste, verschmutztes Papier (Hygienepapier, Menü-Pappen), beschichtetes Papier (Wachs- und Fotopapier, grafisches Papier), Blaupapier

WEISSGLAS-TONNE

Farbloses Behälterglas mit dem Grünen Punkt gehört in die Weißglas-Tonnen.

✔ **RICHTIG**: Konservengläser, Flaschen aus farblosem Glas

✘ **FALSCH:** Farbiges Glas, Glühlampen, Bleikristall, Labor-, Fenster-, Spiegelglas, Keramik, Cerankochfelder

GRÜN-/BRAUNGLAS-TONNEN

Farbiges Behälterglas mit dem Grünen Punkt gehört in die Grün-/Braunglastonnen.

✔ **RICHTIG**: Flaschen und Gläser aus farbigem Glas

Grün- und Braunglas werden an öffentlichen Standorten getrennt gesammelt. Hier gehört eine blaue Flasche zum Grünglas. Auf Müllplätzen gibt es für farbiges Glas oft nur eine Tonne.

✘ **FALSCH:** Farbloses Glas, Glühlampen, Bleikristall, Labor-, Fenster-, Spiegelglas, Keramik, Cerankochfelder

M 1 Verpackungsabfälle richtig sortieren. Infoblatt der Berliner Stadtreinigung

1. **Aus welchem Material bestehen Getränkekartons?**
   - ❒ Pappe ❒ Pappe und Glas
   - ❒ Pappe, Kunststoff und Aluminiumfolie ❒ Pappe und Kork
2. **Welcher der folgenden Gegenstände gehört in die Tonne für weißes Glas?**
   - ❒ Porzellanteller ❒ Spiegelglas
   - ❒ Fensterscheibe ❒ leeres Marmeladenglas
3. **Verpackungen für die Gelbe Tonne muss man vorher …**
   - ❒ abwaschen ❒ entleeren ❒ auskochen ❒ auswiegen
4. **Dein Zimmer soll renoviert werden. Wohin mit der alten Tapete?**
   - ❒ in die Papiertonne ❒ in die Gelbe Tonne
   - ❒ in die Hausmülltonne ❒ in die Biotonne

M 2 Müllquiz

Wiederverwerten ist gut

Seit 1992 gibt es den **„Grünen Punkt"**. Um die Verpackungsflut in den Griff zu bekommen, haben Politiker die Verpackungsordnung erlassen, die Industrie und Handel dazu verpflichtet, Verkaufsverpackungen zurückzunehmen und der Verwertung zuzuführen. Zu diesem Zweck wurde das **Duale System** gegründet, eine Dachorganisation, die mit Entsorgungsunternehmen zusammenarbeitet. Diese Firmen stellen Glas- und Papiercontainer sowie Wertstofftonnen auf, sammeln die Verpackungen, Papier und Wertstoffe ein und verwerten sie. Finanziert wird das Duale System durch Gebühren, die Handel und Wirtschaft für

den Grünen Punkt bezahlen. „Dual" heißt das System, weil es ein zweites System zur Abfallentsorgung darstellt. Die Restmüllentsorgung für andere Abfälle auf Deponien und durch Müllverbrennungsanlagen wird nach wie vor durch die Gemeinden und Kreise erledigt.

Müll vermeiden ist besser

Wer schon beim Einkauf nachdenkt, kann in erheblichem Maße Müll vermeiden und die Umweltbelastung durch Müll verringern. Nicht nur Getränke, auch Milchprodukte wie Joghurt, Kefir, Sahne und Quark werden in Pfandgläsern angeboten. Einige Geschäfte sind zu einem Zapf-System übergegangen. Wasch- und Reinigungsmittel sowie Haarshampoos werden in Großkanistern zum Selbsttanken angeboten. Wer einen Taschenrechner kauft, kann einen Solarrechner erwerben. Das spart Batterien und ist durch die Nutzung von Sonnenenergie besonders umweltfreundlich. Wenn schon Batterien benötigt werden, dann sollten es Akku-Batterien sein. Umweltfreundlich sind Schulhefte aus Altpapier, Textmarker ohne Lösungsmittel usw.

Recycling mit dem „Grünen Punkt"?

Der grüne Punkt auf nahezu jeder Einwegverpackung (z. B. Getränkedosen) verspricht, dass die Verpackung recycelt wird. Das hört sich recht umweltfreundlich an, ist es aber häufig leider nicht.
Denn zum einen ist schon die Herstellung mit sehr hohem Energieaufwand verbunden und zum anderen landen viele Verpackungen trotz grünem Punkt auf Mülldeponien oder in der Müllverbrennung.
Außerdem ist das versprochene Recycling oft kein wirkliches Recycling. Denn Recycling bedeutet Kreislauf. So müsste zum Beispiel aus einer Getränkedose wieder eine Getränkedose entstehen. Aber genau das passiert nicht: Es kommt immer nur ein minderwertigeres Produkt (z. B. Draht oder Baustahl) heraus – es wird also „downgecycelt" (down heißt herunter). Nimmt man dagegen eine Pfandflasche, dann sieht die Sache schon ganz anders aus.

Greenpeace e. V. (Hrsg): Alles Müll? TAT-ORT SCHULE. Hamburg, 2002, S. 6

M3 **Artikel aus einer Greenpeace-Broschüre**

M4 **Pappsatt**

®

Der Grüne Punkt –
Duales System Deutschland GmbH

DER BLAUE ENGEL
weil solarbetrieben und schadstoffarm
schützt das KLIMA

M5 **Umweltlogos**

1 Bearbeite das Müllquiz (M 2). Tipps für die Lösungen bietet M 1.

2 Erkläre den Begriff „Duales System" (Text).

3 Erläutere an weiteren Beispielen den Begriff „downcyceln" (M 3).

4 Zeige auf, warum in M 3 „Recycling" nur als eine zweitbeste Lösung bewertet wird.

5 Nenne Möglichkeiten, wie du Abfall vermeiden kannst (Text/M 4).

6 Informiere dich, wie in deiner Gemeinde die Müllentsorgung funktioniert.

Umweltschutz und Sparen – ein Widerspruch?

M 1 **Patronen für Tintenstrahldrucker sind manchmal teurer als der Drucker selbst**

Tintenstrahldrucker: billig = teuer?

Webcode: PE643561-148

Ein moderner Tintenstrahldrucker kostet oft unter 60 Euro. Ein Schnäppchen, könnte man meinen. Doch die Hersteller verdienen nicht am Drucker selbst, sondern an den Tintenpatronen. Sind Schwarz- und Farbpatrone dann zum ersten Mal leer, erlebt man eine teure Überraschung: Die Patronen sind teurer als der Drucker selbst. Der von einigen Verbrauchern angewandte Trick, sich bei leeren Patronen einfach den nächsten Drucker zu kaufen, ist sicherlich nicht umweltfreundlich. Doch es gibt auch andere Möglichkeiten zu sparen. Die Druckkosten für ein DIN-A4-Farbfoto liegen nach Stiftung Warentest je nach Druckermodell zwischen 0,35 Euro und 5,80 Euro. Wie sind diese riesigen Unterschiede zu erklären? Die Drucker bestimmter Hersteller sind zwar teurer, bieten dafür aber für jede Farbe einen eigenen Tank. Nur der jeweils leere Tintentank und nicht die gesamte Farbpatrone mit Druckkopf muss ausgetauscht werden. Dies bedeutet nicht nur weniger Müll, sondern auch deutlich geringere Kosten. Bereits nach wenigen Ausdrucken ist dadurch der Drucker mit den höheren Anschaffungskosten im Gesamtpreis – Kaufpreis und Tinte – günstiger.

Das EU-Energielabel

Seit 1998 müssen verschiedene Elektrohaushaltsgroßgeräte mit dem EU-Label gekennzeichnet werden (siehe M 2).
Grundlage dieses Labels sind Richtlinien der Europäischen Union, die hierdurch den Verkauf und die Entwicklung von besonders sparsamen Haushaltsgeräten fördern will. Auf dem europaweit einheitlichen Etikett finden sich in der jeweiligen Landessprache in kompakter Form die wichtigsten technischen Daten für jedes Gerät – u. a. Daten zum Strom- und Wasserverbrauch. Das auffälligste und wichtigste Merkmal dieses Labels ist die Angabe der Energieeffizienz der Geräte in farbiger Pfeilform.
Weil die Hersteller seit 1998 große Einsparungen beim Energieverbrauch erreicht haben, wurde 2004 die beste Energieeffizi-

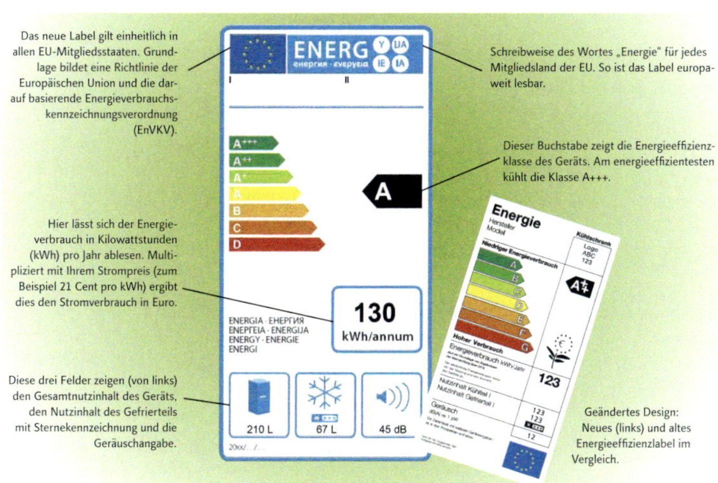

M 2 Neues EU-Energielabel (Bsp. Kühlschrank)

BERECHNUNG LEICHT GEMACHT - KÜHLGERÄTE 2

Bitte füllen Sie mindestens alle Felder für das Gerät A aus.

KÜHLGERÄT A

Kaufpreis (in Euro)	999
Energieverbrauch pro Jahr (in kWh)	194
Kosten für Energie pro kWh (in Euro)	0.17
Nutzungsdauer des Kühlgerätes (in Jahren)	15

BERECHNEN

KÜHLGERÄT B

Kaufpreis (in Euro)	666
Energieverbrauch pro Jahr (in kWh)	416

BERECHNEN & VERGLEICHEN

BERECHNUNG LEICHT GEMACHT - KÜHLGERÄTE 2

Beim Kauf von Modell A entstehen Ihnen Mehrkosten in Höhe von ... 333 Euro

Beim Betrieb des Kühlschranks B benötigen Sie während der geschätzten Nutzungszeit gegenüber dem Gerät A Mehrkosten für Energie in Höhe von ... 425 Euro

Für Kauf und Nutzung des Gerätes B entstehen Ihnen im Laufe der Nutzungszeit Mehrkosten in Höhe von ... 92 Euro

	A	B
Kaufpreis (in Euro)	999	666
Kosten		
Energieverbrauch pro Jahr (in kWh)	194	416
Kosten für Energie pro kWh (in Euro)	0.17	0.17
Verbrauchskosten pro Jahr (in Euro)	24.74	53.04
Nutzungsdauer des Kühlschranks (in Jahren)	15	15
Verbrauchskosten über die Nutzungsdauer (in Euro)	371.03	795.6

M3 Langzeitkosten im Vergleich
Modell A: AEG Santo 3253-8 KG (Energieeffizienzklasse A++, 283 Liter Nutzinhalt), Modell B: Liebherr KGK 2833 (Energieeffizienzklasse B, 245 Liter Nutzinhalt) mit www.eu-label.de *(Stand: 4.4.2008)*

enzklasse A weiter in A, A+ und A++ unterteilt. Ein Gerät mit A++ verbraucht etwa 45 % weniger Energie als ein Gerät mit der Energieeffizienzklasse A. 2011 wurde deswegen auch ein neues Energielabel eingeführt. Unter www.eu-label.de können Geräte leicht verglichen werden. M3 zeigt ein Berechnungsbeispiel für zwei Kühlschränke mit unterschiedlicher Energieeffizienz.

Zurück Vorwärts Abbrechen Aktualisieren Startseite Auto-Ausfüllen Drucken E-Mail
Adresse: Explorer

Stand-by?

Den bequemsten Weg, ein elektronisches Gerät abzustellen, bietet oft der Stand-by-Modus. Doch auch dann wird Energie verbraucht, ohne dass man es merkt – bevor die Rechnung kommt. Allein der Stand-by-Betrieb von Computern und Druckern, Fernsehern, Musikanlagen etc. kostet einen normalen Haushalt ca. 100 Euro im Jahr.

nach: http://www.stromeffizienz.de/service-beratung/downloads/stand-by.html (Stand: 4.4.2008)

M5 Jugendzimmer unter Strom

M4 Initiative der Deutschen Energie-Agentur (dena) zum Energiesparen

1 Welche Vorteile bietet das EU-Energielabel für den Verbraucher (M2)?

2 Durch das EU-Energielabel wird auch Druck auf die Industrie ausgeübt, verstärkt energiesparende Geräte zu entwickeln. Erkläre.

3 Werte M3 aus. Erkläre: „Manches in der Anschaffung günstige Gerät entpuppt sich langfristig als teure Energieschleuder."

4 Warum ist Energiesparen sinnvoll? Auf welche Möglichkeiten des bewussten Umgangs mit Energie weisen M4 und M5 hin? Welche weiteren Möglichkeiten kennst du?

Die Erde kommt ins Schwitzen: der Treibhauseffekt

M 1 Eine schwere Dürre machte 2005 dem Amazonas zu schaffen. Flussbecken trockneten aus, der Wasserpegel in den Seen sank so weit, dass Fische verendeten. Für Wetterexperten ist der Klimawandel der Grund für die Probleme.

Dorf im Pazifik wegen Erderwärmung verlegt

Die erste klimabedingte Umsiedlung hat auf einer Pazifikinsel der Inselkette Vanuatu stattgefunden, berichtet das UN-Umweltprogramm (UNEP). Das 100-Einwohner-Dorf Lateu sei 600 Meter von der Küste weg und 15 Meter höher verlegt worden, weil durch den steigenden Meeresspiegel die Küste jedes Jahr um zwei bis drei Meter wegbricht.

UNEP-Chef Klaus Töpfer sagte: „Die steigenden Meeresspiegel sind die ersten Zeichen für die großen Veränderungen, die schließlich jeden berühren werden.“ Die Umsiedlung sollte „ein klares Signal sein, dass wir uns beeilen müssen, wenn wir die Klimakatastrophe noch verhindern wollen“, sagte Töpfer.

Der Tagesspiegel, 8.12.2005

M 2 Zeitungsartikel

Webcode: PE643561-150

M 3 Globale Erwärmung

Misst man auf unserer Erde (unserem Globus) mit ganz vielen Thermometern an vielen Orten pausenlos die Temperatur, kommt man im Durchschnitt ungefähr auf 15 Grad. Diese Messungen finden seit vielen Jahren statt. Dabei haben die Wissenschaftlerinnen und Wissenschaftler festgestellt, dass die Oberfläche der Erde sich langsam, aber sicher erwärmt. Bis zum Jahre 2100 sagt man eine weitere durchschnittliche Erwärmung von mindestens 1,4 bis maximal 5,8 Grad voraus.

Diese unnatürliche Erwärmung wird nach Meinung der meisten Fachleute von Menschen verursacht: Von Autos, Heizungen und Kraftwerken werden immer mehr Schadstoffe in die Luft gepustet. Diese Schadstoffe (vor allem Kohlendioxid – CO_2) entstehen durch die Verbrennung von Benzin, Öl, Gas und anderen Stoffen. So verschlimmert sich der so genannte Treibhauseffekt. Denn wie das Glas in einem Treibhaus verhindern Gase in hohen Luftschichten, dass zu viel Wärme von der Erde in den eiskalten Weltraum abgestrahlt wird.

Eigentlich ist es für uns auf der Erde wichtig, dass nicht alle Wärme in den Weltraum entweicht, denn sonst wäre die Temperatur auf der Erde ständig minus 33 Grad. Aber: Etwas Wärme muss abstrahlen können, damit hier die Temperatur für die Menschen erträglich ist. Weil aber die Treibhausgase durch die Schadstoffe immer undurchlässiger geworden sind, kann nicht genug Wärme abstrahlen und deshalb wird es auf der Erde immer wärmer. Computer haben die katastrophalen Folgen dieser Veränderung ausgerechnet. Die

M4 **Der natürliche Energiekreislauf (links) und der Treibhauseffekt (rechts)**

Gletscher werden schmelzen, auch die eisigen Polkappen der Erde. Das wird zu einem Anstieg des Meeresspiegels um einen Meter führen, und weite Küstengebiete in der Welt werden überschwemmt. Es wird zu starken Klimaveränderungen kommen, die schwere Auswirkungen auf die Gesundheit der Menschen und die Landwirtschaft haben.

www.hanisauland.de/lexikon (Stichwort: Globale Erwärmung, Abruf: 4. 4. 2008)

M5 **Die Zukunft des Kölner Doms?**

M6 **Die Menschen denken um**

1 Betrachte die Abbildung M1, lies den Text M2 und stelle zwischen beiden Materialien einen Bezug her.

2 Warum verenden die Fische am Amazonas?
Weshalb müssen die Bewohner einer Pazifikinsel umgesiedelt werden?
Erstellt in Gruppen ein Lernplakat, das diese Fragen beantwortet. Klärt dazu folgende Begriffe: Wetter, Klima, Kohlendioxid, Treibhauseffekt, Klimaveränderung. Hinweise geben euch die Materialien M3 und M4.

3 Erkläre die Aussage der Karikatur M6.

Klimaschutz – was ist zu tun?

M 1 Proteste mit Fantasie. Luftaufnahme von Inuit in der Arktis, die mit einer Menschenkette im ewigen Eis eine Warnung vor dem Klimawandel inszenierten. Zeitgleich fand in Montreal die Weltklimakonferenz 2005 statt.

Weltweite Vereinbarungen

Wetter und Klima sind zunehmend unberechenbar, dabei greift kaum etwas tiefer in das Leben so vieler Menschen ein. Millionen leiden schon jetzt unter Dürre, Temperaturextremen, Stürmen und Überschwemmungen.

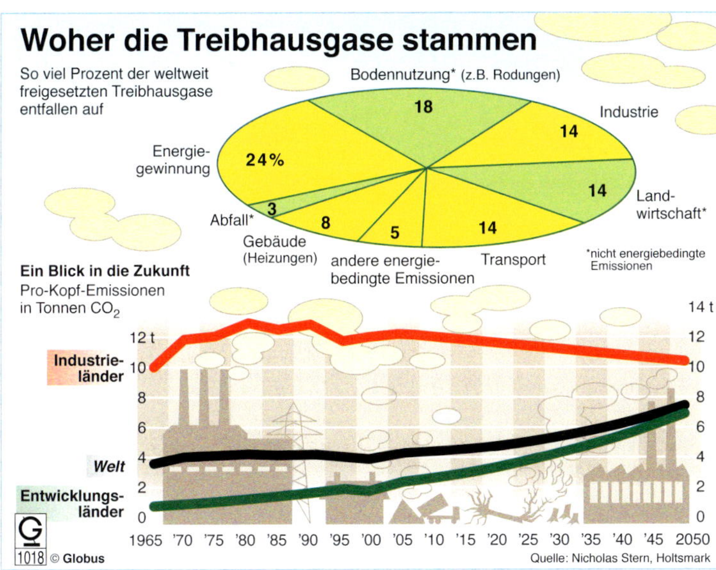

M 2 Treibhausgase – Industrie- und Entwicklungsländer im Vergleich

Verursacher	Eingesetzte Energieträger	Beispiele für Energiewandler, die CO_2 freisetzen
Verkehr	Diesel, Benzin, Flugtreibstoffe	Dieselmotor, Ottomotor, Flugzeugturbine 19 %
Haushalt, Kleinverbraucher	Heizöl, Erdgas, feste Brennstoffe	Raumheizungsanlage, Herd 19 %
Industrie	Heizöl, Erdgas, feste Brennstoffe	Industriefeuerung, Anlage zur Gewinnung von Prozesswärme 21 %
Kraftwerk, Heizkraftwerk	Stein- und Braunkohle	Kohlekraftwerk 41 %

M 3 CO_2-Verursacher in Deutschland (2006)

Der durch Wetterkatastrophen angerichtete Schaden belief sich 2008 weltweit bereits auf rund 200 Milliarden US-Dollar. Und für die Zukunft werden noch schlimmere Entwicklungen vorhergesagt. Um die globale Erwärmung aufzuhalten, muss der Ausstoß von Kohlendioxid deutlich gesenkt werden. Es gibt darum international Bemühungen, sich bei Weltklimakonferenzen darauf zu einigen, weniger Schadstoffe in die Luft gelangen zu lassen. Das ist jedoch nicht einfach, weil sich bedeutende CO_2-Produzenten wie z. B. die USA und China bisher nicht auf feste Ziele verpflichten lassen wollen.

Der Klimawandel ist ungerecht

Die Hauptverursacher des Klimawandels sind gegenwärtig und waren in der Vergangenheit die Industriestaaten in den gemäßigten Klimazonen. So wird zum Beispiel in den USA pro Kopf 20-mal mehr CO_2 erzeugt als in einigen Ländern in Afrika. Die Folgen tragen jedoch alle, und gerade die ärmsten Länder in den weniger gemäßigten Klimazonen (z. B. Tropen) treffen diese Veränderungen hart,

weil sie sich Schutzmaßnahmen nicht leisten können. Außerdem sind diese Länder auch viel direkter von selbst erzeugten Nahrungsmitteln abhängig. Ernteausfälle durch Dürre oder Überschwemmungen können sie nur schlecht ausgleichen, so kann es zu Hungersnöten kommen.
Andererseits holen Entwicklungs- und Schwellenländer in ihrem Energieverbrauch und damit der CO_2-Produktion teilweise rasant auf und tragen heute und zukünftig nicht unwesentlich zum Klimawandel bei. Es gibt deshalb viel Streit darum, wer wieviel CO_2 ausstoßen darf bzw. verringern muss und wer die Kosten für den Klimawandel tragen soll.

„Was kann ich als Einzelner schon ändern?"

Jeder Mensch erzeugt direkt oder indirekt CO_2: durch den Einsatz von Energie, die er für Geräte und Maschinen nutzt, durch Teilnahme am Verkehr, durch die Herstellung und Verwendung von Nahrungsmitteln und Konsumgütern mit den dazugehörigen Verpackungen. Jeder kann also seine persönliche CO_2-Bilanz beeinflussen.

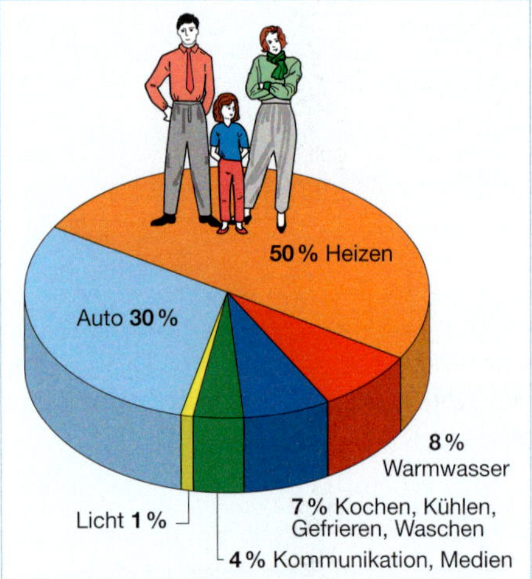

M 4 **Durchschnittliche Energieverwendung in den privaten Haushalten in Deutschland (2007)**

Checkliste für den Haushalt	
· Zimmertemperatur begrenzen (Flur und Schlafzimmer 18 °C, Wohnräume 20 °C, Badezimmer 21 °C)	❑
· in Abständen kurz, aber kräftig lüften	❑
· unnötige Beleuchtung ausschalten	❑
· besonders für Dauerbeleuchtung Energiesparlampen benutzen	❑
· Stand-by-Schaltungen für Elektrogeräte mit Fernbedienung (z. B. TV, Stereoanlage) stets ausschalten	❑
· Kühlschrank stets geschlossen halten, keine warmen Lebensmittel hineinstellen	❑
· beim Kochen kleinstmögliche Topfgröße auf passender Herdplatte nutzen, Wassermengen begrenzen	❑
· kleine Speisemengen in der Mikrowelle wärmen	❑
· beim Backen Vorheizzeiten abkürzen	❑
· nur volle Waschmaschinen oder Geschirrspüler einschalten, Spartasten benutzen	❑
· duschen statt baden	❑
· Warmwasserspeichergeräte bei mehrtägiger Abwesenheit ausschalten	❑

M 5 **Energiesparprogramm für den Haushalt**

Sanfte Energiegewinnung als Alternative?

Unter sanfter Energiegewinnung versteht man Techniken, die auf erneuerbaren Energiequellen wie z. B. Sonne, Wind oder Wasserkraft beruhen und die Umwelt weniger belasten. Wie viel Energie sie liefern können, ist umstritten. Und auch bei diesen Formen der Energiegewinnung können sich Umweltprobleme ergeben.

1 Nenne Möglichkeiten und Probleme, die mit weltweiten Verträgen zum Klimaschutz verbunden sind (Text). Berücksichtige dabei insbesondere das Schaubild M 2.

2 Wie kann jeder von uns zum Klimaschutz beitragen (M 3 – M 5)? Informiert euch über Energiespartipps (Verbraucherzentralen, Rathaus, Greenpeace, Energieversorger).

3 Nenne Vorteile und Nachteile, die mit Windkraftanlagen verbunden sind (Text).

KOMPETENZ-Trainer

Umwelt geht uns alle an

A Cola, Limo und Saft trinke ich 1 fast immer aus Mehrwegflaschen oder Kartons. 2 meistens aus Plastik-Wegwerfflaschen und Kartons. 3 fast nur aus der Dose.	**G Recycling** 1 ist eine neue Sportart. 2 ist die Wiederverwertung von Abfällen. 3 bedeutet die Verlängerung einer Monatskarte.
B Nicht genutzte Geräte schalte ich ganz aus und nicht Stand-by. 1 Immer, ist doch klar. 2 Wenn ich dran denke und die Zeit dafür habe. 3 Hä? Wozu soll Stand-by sonst gut sein?	**H Wie viel länger leuchtet eine Energielampe im Vergleich zu einer Glühbirne?** 1 8-mal so lange 2 gleich lange 3 1000-mal so lange
C Meinen MP3-Player 1 betreibe ich mit wiederaufladbaren Akkus oder Netzteil. 2 mit hochwertigen Batterien, die lange halten. 3 mit Billig-Batterien. Muss ich nur öfter wechseln.	**I CO_2 ist die Abkürzung für** 1 zwei cellophanverpackte Ostereier. 2 Kohlendioxid. 3 Cola im Doppelpack.
D Unterwegs bin ich 1 meistens sportlich mit Fahrrad, Kickboard, Inlinern, Skateboard und, wenn's regnet, mit Bus oder Bahn. 2 oft mit dem Auto, aber auch mit Bus und Bahn. 3 ausschließlich mit dem Auto.	**J Rohstoffe sind kostbar, deshalb muss man** 1 sie billiger machen. 2 sie möglichst schnell verbrauchen. 3 sorgfältig mit ihnen umgehen.
E Zu Hause ist Mülltrennung 1 längst Routine. 2 eigentlich üblich, wird aber in der Eile oft vergessen. 3 unbekannt. Ich werfe alles in die Restmülltonne.	**K Wozu brauchen wir eine nachhaltige Entwicklung?** 1 zur Herstellung haltbarer Fotos 2 zur Sicherung unserer Zukunft 3 für tolle Farbdrucke aus dem Computer
F Eine umweltfreundliche Getränkeverpackung ist 1 eine grüne Dose. 2 ein Sack aus grünem Plastik. 3 eine Mehrwegflasche.	**L Was verursacht die zunehmende Erwärmung der Erde?** 1 das Eis aus der Antarktis 2 Kohlendioxid aus Auspuffen und Schornsteinen 3 die Sonne, wenn sie im Sommer richtig scheint

M 1 Lifestyle-Check und Umweltquiz

M 2 Projekt: Weniger Müll an unserer Schule

Wir beschließen, in unserer Klasse weniger Müll zu produzieren.
Um zu erkennen, welche Einsparmöglichkeiten es gibt, untersuchen wir unseren Klassenmüll.

Wir wollen feststellen, wie viel anfällt und wie er sich zusammensetzt.

- Eine Woche lang leeren wir die Müllbehälter nicht.
- Einige Mutige sortieren den Haufen auseinander.

M 3 *Karikatur: Plaßmann*

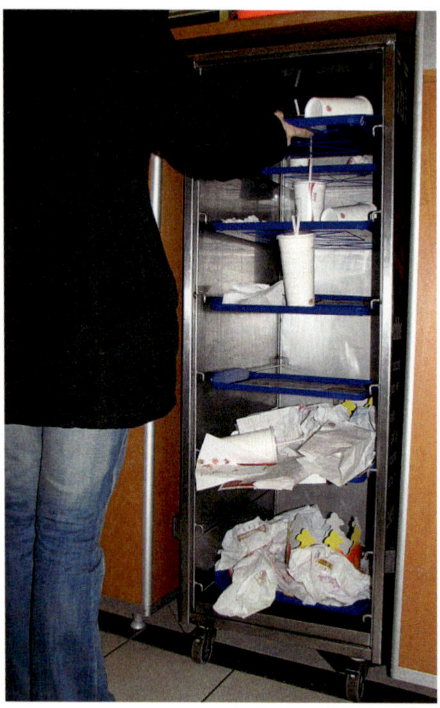

M 4 Was übrig bleibt

Schrott-Export – Entwicklungsländer kriegen giftigen Elektromüll

Computer sind etwas Wunderbares, sie verbinden uns mit der ganzen Welt, auch am Ende ihres Lebens, allerdings anders als gedacht. Denn rund hundert Millionen Computer werden jedes Jahr ausgemustert, landen wie all der andere Elektroschrott unserer Gesellschaft auf dem Müll. Und allzu oft eben nicht sorgfältig recycelt, sondern irgendwo in der Dritten Welt, wo Menschen durch die hochgiftigen Stoffe zu Schaden kommen.

Recyclingunternehmen zerlegen und sortieren Computer gegen Geld. Ihre Arbeit ist gesetzlich streng geregelt, denn viele Bestandteile sind hochgiftig. Asbest, Quecksilber, Blei. Besonders verseuchte Geräte müssen auch besonders aufwändig recycelt werden. Und das kostet. Doch es geht auch einfacher. Weg mit dem Giftmüll in die Dritte Welt – z. B. Afrika. Allein in Nigerias Hauptstadt Lagos landen jeden Monat etwa 500 Container mit Computern und Monitoren. Hier sind die Gesetze weniger streng und Arbeitskräfte billig. Schutzkleidung, Filter und Umweltschutz sind weitgehend unbekannt. Viele Computer werden achtlos verbrannt und vergiften vor allem die Kinder, aber auch Ziegen und Hühner, die der Bevölkerung als Nahrung dienen. Ein schmutziges Geschäft. Dabei ist die Ausfuhr von Elektromüll ausdrücklich verboten. Nur der Handel mit funktionsfähigen Geräten ist legal. Aber die Grenze zwischen erlaubter Handelsware und verbotenem Schrott ist in der Praxis schwer zu ziehen. Das nutzen skrupellose Händler aus. Der Recycler kassiert Geld für die Annahme der Geräte und spart sich die Entsorgung. Der weite Weg nach Afrika tut dem Geschäft keinen Abbruch.

Nach: www.zdf.de, frontal 21, Sendung vom 17.1.2006, von Peter Moers und Frank Papenbrook

M 5 Auszug aus einer Fernsehsendung

Für vier Euro am Tag recycelt diese Chinesin Computer-Platinen aus Europa. Sie „kocht", wie es heißt, die Platinen in einer Zinnsuppe. Die giftigen Dämpfe werden ihre Lunge zerfressen – am Ende der Müllkette.

M 6 Am Ende der Müllkette

Sachwissen und Analysekompetenz

1 Bearbeite M 1. Besprecht eure Lösungen in der Klasse.

Methoden- und Urteilskompetenz

2 **a** Erläutere die Aussage der Karikatur M 3.
b Diskutiert in der Klasse, ob M 4 mit der Karikatur in Verbindung gebracht werden kann.

Urteils- und Handlungskompetenz

3 Nimm Stellung zu M 5 und M 6.

7 Wandel der Bedürfnisse und der Arbeitsweise

Am Ende dieses Kapitels kannst du

- den Zusammenhang von Wünschen und Bedürfnisse erklären und verschiedene Bedürfnisse der Menschen unterscheiden.
- an Beispielen aufzeigen, wie Werbung funktioniert und wie auch „versteckt" geworben wird.
- beschreiben, wie sich die Arbeits- und Berufswelt im Laufe der Zeit verändert hat und sich weiter wandelt.
- aufzeigen, welche neuen Arbeitsformen und Berufe entstanden sind.

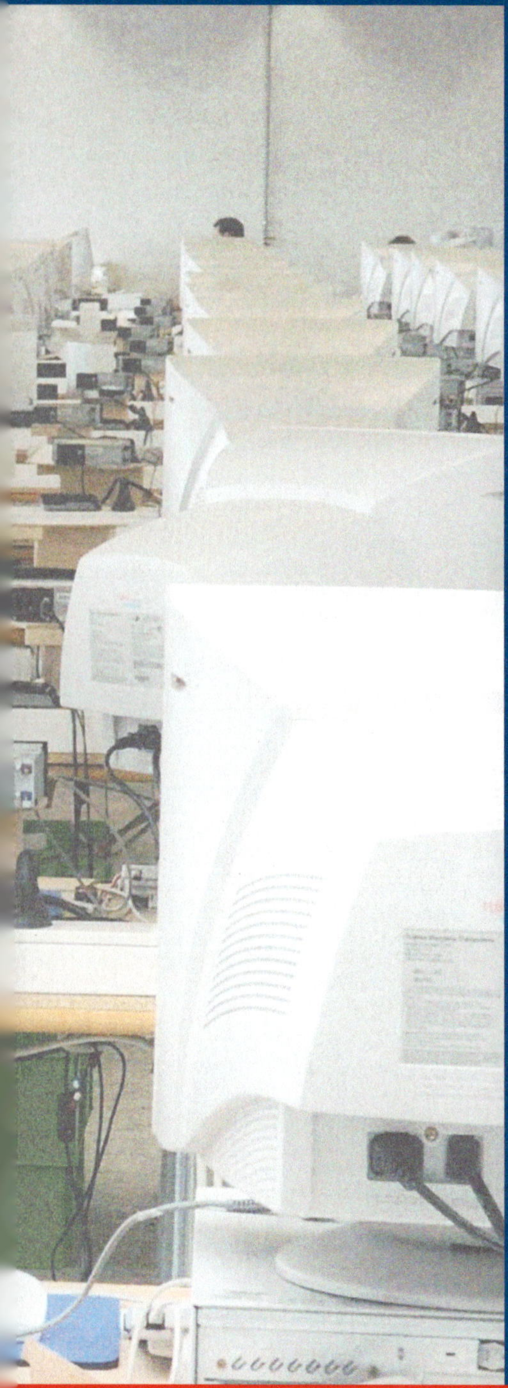

Menschen haben sehr unterschiedliche Bedürfnisse. Sie reichen vom Wunsch nach ausreichender Nahrung und regelmäßigem Einkommen bis hin zu dem Wunsch, ein Luxusgut zu besitzen. Im Lauf der Zeit hat sich auch die Art des Wirtschaftens und der Arbeit verändert. In diesem Kapitel könnt ihr untersuchen, wie sich die Bedürfnisse und die Art der Arbeit verändert haben.

1 Auf welche Veränderungen weisen die Bilder dieser Doppelseite hin?

2 Interpretiere die Karikatur. Welcher Berufswunsch würde zur Situation heute passen?

Was man zum Leben braucht

Überleben auf einer Insel

Du sollst für ein ganzes Jahr auf einer einsamen Insel im Ozean überleben. Dazu darfst du nur 15 Gegenstände der folgenden Liste mitnehmen.

Sommerurlaub am Mittelmeer

Du fährst in den Sommerferien für drei Wochen in ein Hotel am Mittelmeer. Dazu darfst du nur 15 Gegenstände der folgenden Liste mitnehmen.

1. Adressbuch
2. Armbanduhr
3. Axt
4. Badehose/Badeanzug
5. Batterien
6. Block und Bleistift
7. Büchereiausweis
8. Deodorant
9. Digitalkamera
10. Dosenöffner
11. Erste-Hilfe-Set
12. Fernglas
13. Fußball
14. Gabel und Löffel
15. Gaskocher
16. Geldbeutel
17. Gesichtswasser
18. Gummibärchen
19. Handy
20. Hosen
21. Inlineskates
22. Insektenspray
23. Kartenspiel
24. Kompass
25. Konserven
26. Laptop
27. Luftmatratze
28. Luftpumpe
29. MP3-Player
30. Musikinstrument
31. Papiertaschentücher
32. Playstation
33. Pullover
34. Regenjacke
35. Reisepass
36. Roman
37. Sandalen
38. Schaufel
39. Schlafsack
40. Schlauchboot
41. Seife
42. Skateboard
43. Sonnencreme
44. Sonnenschirm
45. Stiefel
46. Streichhölzer
47. Taschenmesser
48. Topf
49. T-Shirt
50. Unterwäsche
51. Wasserflasche
52. Winterjacke
53. Zahnbürste
54. Zahnpasta
55. Zeitschriften
56. Zelt

1 Übertragt die Tabelle M 1 in euer Heft und füllt sie aus.

2 Vergleicht in Kleingruppen eure Ergebnisse von Aufgabe 1. Einigt euch anschließend auf jeweils zehn Gegenstände, die ihr auf die Insel bzw. in den Urlaub mitnehmen wollt. Notiert diese.

3 Untersucht in eurer Gruppe, worin sich die beiden Listen unterscheiden. Welche Gründe findet ihr?

4 a Führt ein Brainstorming zu „Was brauchen Menschen zum Leben?" durch. Notiert jeden Gedanken auf einer Karte.

b Welche Karteikarten gehören zusammen? Ordnet sinnvoll.

5 a Was fällt euch bei den Antworten der Jugendlichen in M 2 auf?

b Wie erklärt ihr euch das Experiment M 3?

15 Gegenstände für die einsame Insel	15 Gegenstände für den Sommerurlaub
1. …	1. …
2. …	2. …
3. …	3. …
4. …	4. …
5. …	5. …
6. …	6. …
7. …	7. …
…	…

M 1 Tabelle

„Was braucht ihr zum Leben? Was ist für euch das Wichtigste?"
Mitarbeiter von Brot für die Welt haben Jugendliche in verschiedenen Ländern befragt:

Tansania

„Wir brauchen Ausbildung, wir benötigen Wasser und eine gesunde Umwelt. Wir brauchen Liebe und Geld für unsere grundlegenden Bedürfnisse."

„Unser Problem hier ist das Wasser. Auch haben wir nicht die medizinische Versorgung, die wir benötigen."

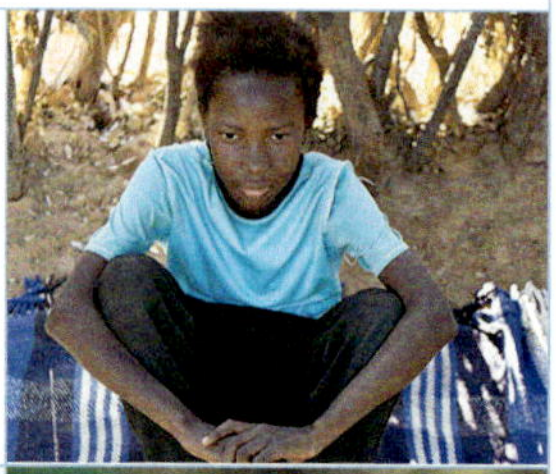

Thailand

„Zum Leben braucht man nur Luft, Wasser und etwas zu Essen. Dies ist lebenswichtig. Schön wäre es, für ein gutes Leben auch ein Auto, ein Haus und ein gutes Ansehen zu haben."

„Unser Leben basiert auf Liebe. Für uns Kinder ist die Liebe der Mutter und des Vaters sehr wichtig. Sie zahlen und sorgen für uns."

Kuba

„Oft möchte ich samstags ausgehen, aber ich habe nicht die richtigen Schuhe zum Anziehen. Ab und zu gibt es etwas zu kaufen, dann kauft mir meine Mutter irgendetwas, was mir aber oft nicht passt."

„Bei der Geburt meines kleinen Bruders vor 8 Jahren wurde meine Mutter schwer krank und ist seither ans Bett gefesselt. Ich vermisse ihre Liebe und Fürsorge."

Deutschland

„Wichtig ist für mich, dass ich viel von der Welt sehe und das Leben genießen kann. Ich möchte so leben können, wie ich das will, und nicht so, wie es mir vorgeschrieben wird."

„Das Wichtigste im Leben ist für mich, dass ich Menschen habe, auf die ich mich verlassen kann – wie meine Familie und meine beste Freundin."

M2 Aussagen von Jugendlichen *Brot für die Welt [Hrsg.]: CD-ROM „Basic needs". 2003 (gekürzt und vereinfacht)*

M3 Ein Experiment aus dem Jahr 1939

Zwei amerikanische Psychologen nahmen aus einem Waisenhaus eine zufällige Gruppe von Säuglingen und brachten sie in ein Heim für geistig behinderte Mädchen. Ältere Mädchen, die nicht zu stark geistig behindert waren, erhielten je ein Kind, um es zu betreuen. Zur Überraschung der Psychologen kümmerten sich diese Mädchen sehr intensiv um die Säuglinge: Sie übten mit ihnen, wie man isst und sich wäscht, sie zeigten ihnen das Laufen und spielten mit den Kindern. Nach zwei Jahren zeigten die Kinder, die bei den Mädchen waren, einen großen Anstieg bei der Intelligenz. Die Kinder, die im Waisenhaus geblieben waren, zeigten dagegen eine Abnahme der Intelligenz. Eine Nachuntersuchung 30 Jahre später ergab, dass die Kinder, die von den geistig behinderten Mädchen betreut worden waren, alle einen Beruf gelernt hatten und selbstständig geworden waren. Die Kinder, die im Waisenhaus groß wurden, waren alle in verschiedenen Anstalten (Kliniken, Heimen, Gefängnissen, …) untergebracht oder inzwischen gestorben.

Hans Göttmann: Soziologie, Studienkolleg Darmstadt, S. 3

Wünsche und Bedürfnisse

M 1 Rangordnung der menschlichen Bedürfnisse nach A. H. Maslow
Nach dieser Theorie versucht der Mensch zuerst die Bedürfnisse der untersten Stufe zu befriedigen. Sobald eine Stufe erreicht ist, strebt er nach der nächsthöheren Stufe. Die erste Stufe stellen die physiologischen (körperlichen) Grundbedürfnisse dar.

Webcode: PE643561-160

- Anerkennung
- Essen
- freie Entfaltung der Persönlichkeit
- Freundschaft
- Gemeinschaft
- Geselligkeit
- Kleidung
- Macht
- Schlaf
- Schutz
- Selbstständigkeit
- sicherer Arbeitsplatz
- Trinken
- eigene Ideen verwirklichen
- Wohnung

M 2 Wunschliste

Jeder Mensch – egal wo und wie er lebt – hat Bedürfnisse und Wünsche. So verschieden die Menschen sind, so unterschiedlich sind ihre Bedürfnisse.

Von einem Bedürfnis spricht man, wenn ein Mensch einen deutlichen Mangel empfindet und den starken Wunsch verspürt, diesen Mangel zu beseitigen. Hat man diesen Mangel dann behoben, also das Bedürfnis befriedigt, wird schnell der nächste Wunsch dringender und damit zu einem Bedürfnis. Auch wenn es jemandem gut geht, die Bedürfnisse gehen ihm nie aus, sie sind unbegrenzt. Je nach Situation sind nicht alle Bedürfnisse gleich dringend:

Grundbedürfnisse sind grundlegende Voraussetzungen, damit der Mensch überleben kann. Zu ihnen zählen z. B. Ernährung und Bekleidung. Man nennt sie auch Exis-tenzbedürfnisse, weil sie zum Existieren, also Überleben, notwendig sind. Luxusbedürfnisse und Kulturbedürfnisse sind dagegen nicht lebensnotwendig, sie können aber die Lebensqualität verbessern und das Ansehen erhöhen. Kulturbedürfnisse sind z. B. lesen oder eine Ausbildung. Luxusbedürfnisse sind dagegen z. B. die Urlaubsreise oder eine Playstation.

Neben dieser Einteilung der Bedürfnisse nach Dringlichkeit kann man sie auch nach der Art in materielle (dingliche) und immaterielle Bedürfnisse unterscheiden. Während man materielle Bedürfnisse durch den Kauf von Waren und Dienstleistungen befriedigen kann, können immaterielle Bedürfnisse, wie Liebe oder Erfolg, kaum mit Geld erworben werden. Viele immaterielle Bedürfnisse stellen ein Grundbedürfnis dar, weil Menschen Liebe, Nähe und Geborgenheit zum Leben benötigen. Experimente (wie z. B. M 3 auf der vorherigen Seite) ergaben, dass Menschen sogar sterben können, wenn diese über längere Zeit nicht befriedigt werden.

M3 Luxus- und Kulturbedürfnisse der Menschen unterscheiden sich …

Während die Grundbedürfnisse bei Menschen aller Altersstufen, jeglicher Bildung, sämtlicher Nationalitäten weitgehend gleich sind, weisen Luxus- und Kulturbedürfnisse starke Unterschiede auf.
Diese Unterschiede richten sich …

- nach dem Alter und der Entwicklungsstufe: Ein Fünfjähriger hat kaum das Bedürfnis nach einer Tageszeitung, ihm ist ein Kinderbuch wichtiger.
- nach dem persönlichen Umfeld: Familie und Freunde beeinflussen unsere Wünsche und Bedürfnisse.
- nach Kultur und Religion: Sie beeinflussen z. B. Ernährung und Kleidung.
- nach den natürlichen Umweltbedingungen: So kann ein Verkäufer sich in der Sahara noch so bemühen, Regenmäntel zu verkaufen, er wird scheitern.
- nach dem technologischen Fortschritt: War das Mobiltelefon vor 20 Jahren noch eine sehr seltene und teure Attraktion, kommt es heute in Deutschland einem Massenbedürfnis entgegen.
- nach den wirtschaftlichen und politischen Verhältnissen in einer Gesellschaft: Wenn man die Wünsche von Menschen verschieden regierter Länder miteinander vergleicht, wird man große Unterschiede erkennen.

Nach: Bundesverband deutscher Banken (Hrsg.): Im Kreislauf der Wirtschaft. Köln 2005, S. 18–19

M4 Wunschlos glücklich!?

M5 Karikatur

1 **a** Das Modell M 1 ist ein Stufenmodell. Erklärt.
b Übertragt M 1 ins Heft und ordnet die Begriffe aus M 2 zu.

2 Prüft die folgenden Aussagen. Verbessert, wenn nötig.
a Die Grundbedürfnisse sind bei jedem Menschen anders.
b Die Bedürfnisse des Menschen sind unendlich groß.
c Luxusbedürfnisse nennt man auch Grundbedürfnisse.
d Nach Maslow (M 1) sind alle Bedürfnisse gleich wichtig.

3 Wertet die Karikaturen M 4 und M 5 aus.

4 Ordnet die Wünsche der Personen von M 2 auf der vorherigen Buchseite nach Grundbedürfnis, Kultur- und Luxusbedürfnis.

5 Luxus- und Kulturbedürfnisse der Menschen unterscheiden sich! Notiert zu den in M 3 genannten Punkten Beispiele.

Bedürfnisse wecken: Werbung

M1 Karikatur

Quadratisch, praktisch, gut!

Keiner macht mehr an!

Ich liebe es™

Wohnst du noch oder lebst du schon?

M3 Markenlogos und Slogans

M2 Prominente als Imageträger

Tricks der Werbemacher

Werbung muss **auffallen**! Aufmerksamkeit erreichen Werbemacher z. B. durch Farben, *Gestaltung* oder Musik ♪.

Werbung will **Bedürfnisse wecken**! „Das ist toll! Das muss ich haben!" – ist die gewünschte Reaktion. Dazu wird das Produkt in einer angenehmen, schönen und erstrebenswerten Traumwelt präsentiert. „Nette, junge, hübsche Menschen benutzen das Werbeprodukt in einer traumhaften Umgebung, sind gut drauf, haben Spaß und sind glücklich." Viele Anzeigen und Spots bedienen sich dieses Grundmusters und versprechen damit, dass mit dem Kauf diese Traumwelt ein Stückchen näher heranrückt. Werbung mit Prominenten arbeitet oft mit einer ähnlichen Formel: „XY ist toll und hat das auch!"

Werbung spricht somit auch **Gefühle** an! Oft schwingen Liebe, Sexualität, Genuss, Gesundheit, Naturerlebnisse, Geborgenheit oder Angst mit.

Werbung arbeitet mit **Bildern**. Für die gewünschte Aufmerksamkeit und Gefühle, aber auch zur schnellen Information spielen Bilder eine wichtige Rolle.

Werbung muss **unterhalten**! Die wichtigsten Mittel sind Spannung, Überraschung, Verfremdung und Humor. Die meisten Werbespots „erzählen" deshalb oft Kurzgeschichten mithilfe dieser Stilmittel.

Werbung arbeitet mit gezielter Sprache! Häufig sind Steigerungen wie „Bigger. Better. Burger King.", Übertreibungen wie „Super Saugkraft. Extra stark." sowie Hervorhebungen wie „Für Mütter, die das Beste geben".

Werbung spricht zunehmend auch das **Preisbewusstsein** der Verbraucher an! Diese Einstellung wird in der Regel nicht so offen ausgesprochen wie bei dem Slogan (Schlagwort) in M 2.

Werbung will **im Gedächtnis bleiben**! Mancher wäre froh, wenn er sich Vokabeln genauso gut und leicht wie Werbesprüche merken könnte. Werbung arbeitet eben mit effektiven Methoden: Durch häufige Wiederholungen und leicht einprägsame Slogans (Schlagwörter), Jingles (Werbelieder) und Logos (Firmen- und Markenzeichen) wird der Konsument immer wieder an das Produkt oder die Marke erinnert. Nur wenn das Produkt oder die Marke dauerhaft im Gedächtnis der Kunden bleibt, ist die Werbung wirklich erfolgreich gewesen.

M4

M5

M6

Fast 30 000 000 000 Euro werden jedes Jahr in Deutschland für Werbung ausgegeben und über 350 000 Beschäftigte arbeiten in der Werbewirtschaft.
Beim Fernsehen, Radiohören, Zeitschriftenlesen, Surfen im Internet und selbst beim Warten an der Bushaltestelle – Werbung ist unser ständiger Begleiter. Durchschnittlich prasseln 1200 Werbebotschaften Tag für Tag auf jeden nieder.

Die Unternehmen betreiben diesen hohen Werbeaufwand zur Verkaufsförderung. Werbung soll uns auf neue Produkte oder Dienstleistungen hinweisen, uns über diese informieren und Bedürfnisse für diese wecken. Zunehmend zielt Werbung auch darauf ab, eine Marke bekannter zu machen und ihr Image zu verbessern. Durch Werbung sollen bereits gewonnene Kunden erhalten und neue Kunden gewonnen werden.

Kritiker meinen, dass die Werbung den Einzelnen zu stark beeinflusst, denn um ihre Ziele zu erreichen, greifen die Werbemacher tief in die Trickkiste. Neueste Erkenntnisse der Psychologie werden eingesetzt, um die Zielgruppe zu erreichen und zum Kaufen zu bewegen.

M7

Webcode: PE643561-163

1 Ordnet die Slogans aus M 3 den passenden Logos zu. Nennt weitere Slogans. Warum fällt diese Aufgabe den meisten leicht?

2 Wertet die Karikatur M 1 aus (Karikatur auswerten).

3 Wertet M 4, M 5, M 6 und M 7 aus. Welche Informationen liefern die Anzeigen? Welcher „Tricks" bedienten sich die Werbemacher?

4 Sucht in Zeitschriften Anzeigen oder nehmt Werbespots auf und wertet diese ebenfalls kritisch aus.

5 Wie viele Werbebotschaften begegnen euch pro Tag? Notiert Medium (Zeitschrift, Radio, Internet, …) und Zeit.

Werkstatt: Werbung unter der Lupe

Mach dich fertig für den Baggersee!

Das Sommergefühl 2006: BAGGERSEE! Für Bübchen und für Girlies. Zwei langweilige, verregnete Düfte. Total öde, mit Volksmusik und Baggerseegefühlen. Der Sommer ist verregnet, die Regenmäntel …

M 1 Schülertext

M 2 Bilder und Text aus einer Werbebroschüre der Parfümerie Douglas

M 3 Ausschnitt einer Schülercollage zu versteckter Werbung in der Zeitschrift Sugar

Ergebnis der Schülergruppe: Im untersuchten Heft waren 42 von 115 Seiten Kauftipps und Verlosungen. „Echte" Werbeanzeigen zählten die Schüler bei den 42 Seiten nicht mit, es waren aber im untersuchten Heft sehr wenige als Werbung klar erkennbare Anzeigen. Dieses Ergebnis ist nicht verwunderlich, denn für versteckte Werbung in Form von Kauftipps bezahlen die Firmen eine Menge Geld: bis über 50 000 Euro für eine Zeitschriftenseite und damit meist mehr als für „echte" Werbeanzeigen.

M4 Planung einer Werbekampagne

Versteckte Werbung

Direkte Werbung erreicht immer nur einen kleinen Teil der gewünschten Zielgruppe. Viele Leser blättern bei den meisten Anzeigen weiter, ohne sie näher zu beachten. Werbeblocks im Fernsehen werden gerne als Auszeit genutzt, um zum Kühlschrank oder zur Toilette zu gehen. Dies wissen auch die Werbemacher. Deshalb werden versteckte Werbeformen wie „Product Placement" oder Gewinnspiele immer häufiger angewandt:

Gewinnspiele: In Zeitschriften, im Internet usw. lenken Gewinnspiele die Aufmerksamkeit auf die zu gewinnenden Produkte. Für Gewinnspiele in Jugendzeitschriften stellen die Unternehmen oft Gewinne kostenlos zur Verfügung, teilweise bezahlen sie zusätzlich sogar noch dafür.

Product Placement: Die bezahlte Verwendung von Markenartikeln in nicht als Werbung gedachten Filmen, Fernsehsendungen und Zeitungsartikeln.

Produktproben: Ob Cremes oder Demo-CDs – Produktproben erregen Aufmerksamkeit und sollen zum Kauf anregen.

Sponsoring: „Diese Sendung wird ihnen präsentiert mit freundlicher Unterstützung von ..." Für diese kurze Nennung im Fernsehen bezahlt ein Sponsor viel Geld und hofft sein Image zu verbessern.

M5 Gestaltungselemente eines Werbeplakates (Schülerarbeit)

1 Werbung verfremden!

a Eine Schülerin schrieb den Text „Get ready for Jamaica!" (M2) um. Übernehmt den Text (M1) in euer Heft und setzt ihn fort.

b Zeichnet entsprechende Bilder dazu.

2 (Versteckte) Werbung erkennen!

a Produkttipps und Gewinnspiele in Zeitschriften sind Werbung. Erklärt mithilfe des Autorentextes und M3.

b Schlagt im Lexikon die Begriffe *Product Placement* und *Schleichwerbung* nach.

c Untersucht verschiedene Jugendzeitschriften auf (versteckte) Werbung und dokumentiert eure Ergebnisse in einer Collage.

3 Werbeplakat gestalten!

a Gestaltet in Kleingruppen ein Werbeplakat zu einem Thema eurer Wahl. Verwendet für die Planung auch M4 und M5.

b Stellt euch die Werbeplakate gegenseitig vor und bewertet sie.

Veränderung der Arbeitsweise

M 1 Fließbandproduktion bei Ford 1914

M 2 Automobilproduktion bei VW 2004

Arbeitsteilung

Bis ins 17. Jahrhundert hinein verzeichneten Landwirtschaft und Handwerk nur relativ geringe Produktionsfortschritte. In den dann aufkommenden Manufakturen fand zum ersten Mal eine produktivitätssteigernde **Arbeitsteilung** statt. Die einzelnen Arbeitsschritte bei der Herstellung eines Produktes wurden auf verschiedene Arbeitskräfte verteilt. Obwohl immer noch von Hand gefertigt wurde, ging die Arbeit wesentlich schneller voran.

Webcode: PE643561-166

Mechanisierung

Mit der Erfindung der Dampfmaschine setzte die industrielle Revolution ein. Von nun an wurde die menschliche Arbeitskraft mehr und mehr von Maschinen ersetzt. Damit begann die industrielle Massenproduktion, die 1914 zur Einführung der **Fließbandfertigung** durch Henry Ford in der Automobilproduktion führte.
Die Fließbandarbeit, die zur Produktionssteigerung und zu einer Senkung der Herstellungskosten führte, ist bis heute weit verbreitet. Dabei werden die Arbeitsschritte in **kleinste Teilschritte** zerlegt. Der Rhythmus des Fließbandes bestimmt das Arbeitstempo. Die Fließbandarbeit ist deshalb für den Arbeiter belastend, da sie sehr eintönig ist und zu einseitigen körperlichen Beanspruchungen führt.

Automatisierung

Von Automatisierung spricht man, wenn die Maschine auch die Steuerung und Kontrolle eines Arbeitsprozesses übernimmt. Seit einigen Jahren übernehmen immer mehr Roboter und **automatisierte Fertigungsstraßen** die Produktion. Während 1990 in Deutschland erst 28 000 Roboter in der industriellen Fertigung eingesetzt wurden, waren es 2004 bereits 120 500. In den fast menschenleeren Produktionshallen sind nur noch wenige Arbeitskräfte erforderlich, die die Wartung und Programmierung der Roboter übernehmen.
Die Automatisierung führte zum Verlust vieler Arbeitsplätze in der industriellen Produktion. Das gilt in besonderem Maße für die vielen ungelernten Fließbandarbeiter, die die hoch qualifizierte Arbeit an den Robotern und Computern nicht übernehmen können. Gleichzeitig führte die Automatisierung zu einer starken Entfremdung vom Produkt.

Schlanke Produktion in Gruppenteams

Heute ist man darum bemüht, die Motivation und Arbeitsleistung jedes einzelnen Mitarbeiters dadurch zu erhöhen, dass man ihn mehr in die Entstehung des Produktes einbindet. Arbeiter, Ingenieure und Programmierer arbeiten eng zusammen, entwickeln gemeinsam neue Ideen und setzen diese direkt bei der Produktion um. Durch **Teamarbeit** sollen die Fähigkeiten und Erfahrungen aller an der Güterproduktion Beteiligten ausgeschöpft werden.

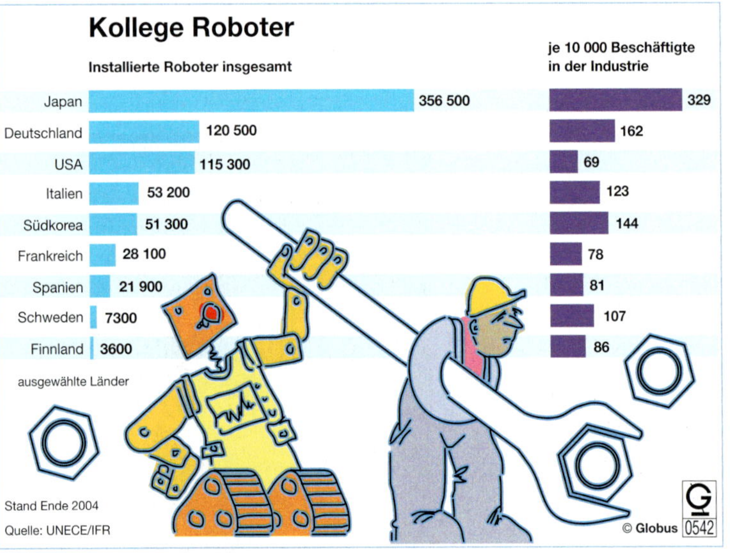

M4 Roboter übernehmen die Arbeit

M3 „Schlanke Produktion"

Ausgelöst wurde die Lean-Welle der Achtzigerjahre durch die neidvollen Blicke der Autobauer nach Fernost. Honda, Nissan und Toyota benötigten damals weniger Entwicklungszeit und weniger Fertigungsstunden als ihre Kollegen in Europa und in den Vereinigten Staaten – und ihre Marktanteile stiegen beängstigend. Die angenommene Ursache: „Der Japaner" arbeitete angeblich wieselflink und ohne Unterlass, nahm niemals Urlaub und wurde nicht krank.

Experten durchleuchteten die japanische Erfolgsgeschichte unter wissenschaftlichen Gesichtspunkten. Schlank war zunächst einmal die Organisation, mit kurzen Entscheidungswegen, flachen Hierarchien und durchgehender Konzentration auf das Produkt. Als „lean" entpuppte sich auch die Produktion dank des Einsatzes aller technologischen Möglichkeiten moderner Fertigung, was gleichfalls mit einer Verringerung der Belegschaftsstärke verbunden war. „Lean" heißt auch, dass sich mit mehr Verantwortung beglückte Mitarbeiter verstärkt für die Ergebnisse ihrer Arbeit interessieren – die Qualität soll dann von ganz von alleine steigen.

In der Praxis führte Lean Management in den Achtzigerjahren zunächst einmal zu reichlich Arbeitslosen. Der amerikanische Lean-Management-Guru Daniel T. Jones behauptete freilich: „Durch Lean Management wird die Arbeit oft in andere Unternehmen – Zuliefer- oder Dienstleistungsfirmen – verlagert. Sie verschwindet also nicht." Womit er, global betrachtet, wohl Recht hatte. Früher schraubte ein Fertigungsarbeiter in Wolfsburg ein Teil zusammen – nach erfolgter Verschlankung wird es von einem Zulieferer in Griechenland bezogen. In Thessaloniki braucht man dann zusätzliche Arbeitskräfte, um den großen Auftrag von VW abwickeln zu können. Dem entlassenen Automobilwerker in Wolfsburg dürfte das ein schwacher Trost gewesen sein.

Christine Demmer, Weg mit dem Speckgürtel, Süddeutsche Zeitung, 9. 3. 2002

1 Berichtet über die Veränderungen in der Güterproduktion mithilfe des Autorentextes und M 1 bis M 4.

2 Erläutert, wie sich die jeweilige Produktionsmethode auf den einzelnen Arbeiter und den Bedarf an Arbeitskräften auswirkt.

3 Analysiert den Text M 3: Wie beurteilt die Autorin die Lean Production? Was sieht sie eher positiv, was negativ? Mit welchen Stilmitteln arbeitet sie?

4 Sucht Beispiele für Betriebe mit modernen Produktionsmethoden in eurer Region und berichtet darüber in der Klasse.

Wege in die Dienstleistungsgesellschaft

M 1 Bergwerksschließung

Immer schneller verändert sich unsere Wirtschaft vom produzierenden Gewerbe hin zu Dienstleistungen und Handel.

Weniger Industrie ...

Weit reichende Maßnahmen zur Rationalisierung von Produktionsabläufen (s. S. 66/67) haben immer mehr Arbeitskräfte in der Produktion ersetzt. Die hohen Investitionskosten, die bei der Rationalisierung anfallen, werden in kurzer Zeit durch die geringeren Lohnkosten ausgeglichen. Aber auch durch **Produktionsverlagerungen** ins Ausland fallen in Deutschland Arbeitsplätze im produzierenden Gewerbe weg.

Viele Industrieunternehmen konzentrieren sich heute auch auf ihr eigentliches Kerngeschäft, die Produktion von Gütern. Alle darum herum anfallenden Aufgaben wie Buchhaltung, Verkauf und Vertrieb werden ganz oder teilweise an spezialisierte Dienstleistungsbetriebe im Outsourcing-Verfahren vergeben. Die dort entstehenden Arbeitsplätze zählen dann nicht mehr zum produzierenden Sektor, sondern zum Dienstleistungssektor.

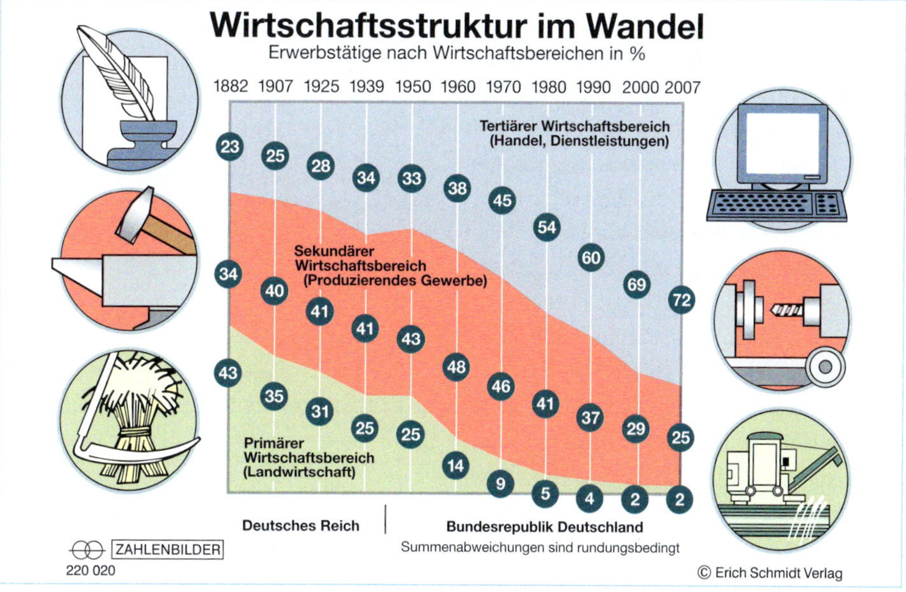

M 2 Entwicklung der Wirtschaftsstruktur

... mehr Dienstleistung

Heute arbeiten bereits fast drei Viertel aller Beschäftigten im Dienstleistungssektor, z.B. im Handel, in Banken, im Bildungsbereich, in der Gastronomie oder im Gesundheitswesen. Aber auch im Bereich der **Informationstechnologie** entstanden viele neue Arbeitsplätze.

Darüber hinaus sind viele Arbeitsplätze eng verzahnt mit dem sekundären Wirtschaftsbereich. Kaum ein Industrieprodukt kann heute ohne Forschung und Entwicklung, Qualitätskontrolle, Wartung (Service) oder Werbung und Vertrieb auf den Markt gebracht werden. Wenn diese Aufgaben nicht an externe Dienstleistungsfirmen, wie z.B. Werbeagenturen, vergeben werden, sondern im Industriebetrieb selbst erbracht werden, tauchen diese Arbeitsplätze in der Statistik noch im produzierenden Gewerbe auf. Würde man sie zum **tertiären Sektor** hinzurechnen, so würden heute schon über 80 Prozent der Erwerbstätigen dort arbeiten.

Ein Vergleich mit anderen Staaten zeigt, dass in Deutschland noch eine weitere Zunahme der Arbeitsplätze im Dienstleistungssektor zu erwarten ist. Der bisherige Trend wird sich also fortsetzen, wenn auch nicht alle Dienstleistungsbereiche davon in gleichem Maße betroffen sein werden. Während man bei Banken, im Handel und Verkehr eher mit einem leichten Rückgang der Arbeitsplätze rechnet, erwartet man vor allem bei **höher qualifizierten** Dienstleistungen wie Forschung und Entwicklung, Organisation und Recht, Ausbildung und Beratung eine Zunahme an Arbeitsplätzen. Auch im Bereich Umweltschutz erwarten Experten eine Zunahme von Arbeitsplätzen. Doch diese Arbeitsplätze können nicht die durch Rationalisierungsmaßnahmen weggefallenen Arbeitsplätze ersetzen. Auch gelingt es nur schwer, ältere arbeitslose Industriearbeitskräfte für die neuen Anforderungen entsprechend zu qualifizieren.

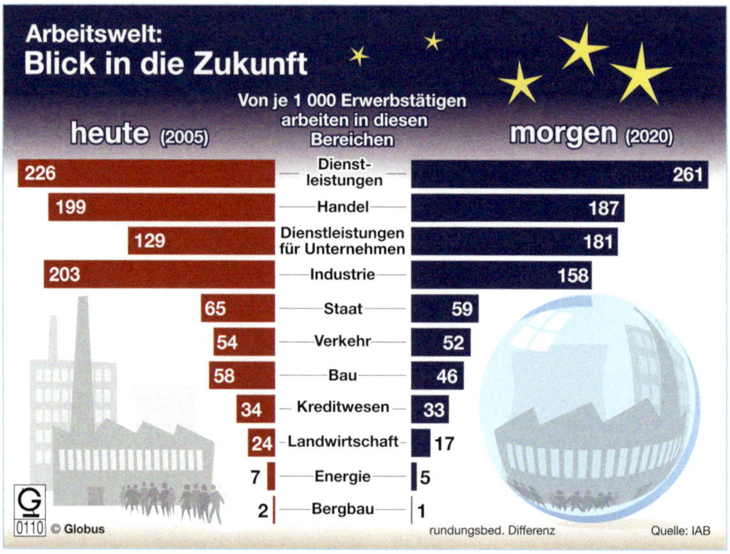

M3 Wandel in der Arbeitswelt

M4 Mitarbeiterinnen im Callcenter

1 Wertet das Schaubild M2 aus: Welche Entwicklung ist erkennbar und wie wirkt sie sich auf dem Arbeitsmarkt aus?

2 Nennt Gründe für die Veränderungen der Wirtschaftsstruktur (M1, Autorentext).

3 Wertet M3 aus: In welchen Bereichen ist mit einer Zunahme von Arbeitsplätzen im Dienstleistungssektor zu rechnen?

4 Ein Arbeitsplatz, der in der industriellen Produktion entfällt, kann nicht ohne weiteres durch einen im Dienstleistungssektor ersetzt werden. Nehmt zu dieser Behauptung Stellung und begründet anhand von Beispielen.

Neue Formen der Beschäftigung

M 1 „Nachfrage und Angebot“
Karikatur: Gerhard Glück

Flexibilität und Mobilität

Die Veränderungen der Wirtschaftsstruktur bleiben nicht ohne Auswirkungen auf die Beschäftigungsverhältnisse. Durch neue Technologien, moderne Produktionsmethoden, den Einsatz von Computern und computergesteuerten Maschinen und neue Kundenwünsche verändern sich die Anforderungen an den Beruf. Früher arbeiteten viele Menschen ihr Leben lang in dem Betrieb, in dem sie ihre Ausbildung gemacht hatten, und auch die Kinder konnten dort wieder einen Ausbildungsplatz bekommen. Ganz anders sieht das heute aus: Der häufig nicht freiwillig angestrebte **Wechsel** zwischen Festanstellung, befristetem Arbeitsverhältnis, geringfügiger Beschäftigung, Selbstständigkeit und Erwerbslosigkeit wird für viele zur Normalität. Von den Arbeitnehmern wird gefordert, dass sie auch unter den veränderten Bedingungen ihre „life-long employability“ erhalten. Das gelingt nur, wenn sie bereit sind, flexibel und örtlich mobil zu sein und sich beständig beruflich weiterzubilden.

Um flexibel auf Konjunkturschwankungen und veränderte Auftragslagen reagieren zu können, scheuen sich immer mehr Arbeitgeber, Mitarbeiter in unbefristeten Vollzeitstellen einzustellen. So haben sich neue Formen der Organisation des Arbeitsverhältnisses entwickelt. Immer mehr Menschen arbeiten als **Teilzeitbeschäftigte** oder in Minijobs. Wenn das Einkommen aus diesen häufig auch schlecht bezahlten Arbeitsverhältnissen nicht ausreicht, gehen sie mehreren Tätigkeiten nach oder versuchen durch selbstständige Tätigkeit etwas hinzuzuverdienen.

Immer mehr Menschen arbeiten auch für **Zeitarbeitsfirmen**. Zeitarbeit ermöglicht es den Unternehmen, ganz flexibel immer dann Arbeitskräfte anzufordern, wenn sie auch wirklich gebraucht werden. Gerade in Branchen mit sehr starren Kündigungsvorschriften greifen Unternehmen gerne zu Leihpersonal, bevor sie neue Arbeitskräfte festeinstellen. Für Leiharbeitnehmer ist der zeitlich befristete Einsatz in Betrieben häufig das Sprungbrett in ein unbe-fristetes Arbeitsverhältnis.

Webcode: PE643561-170

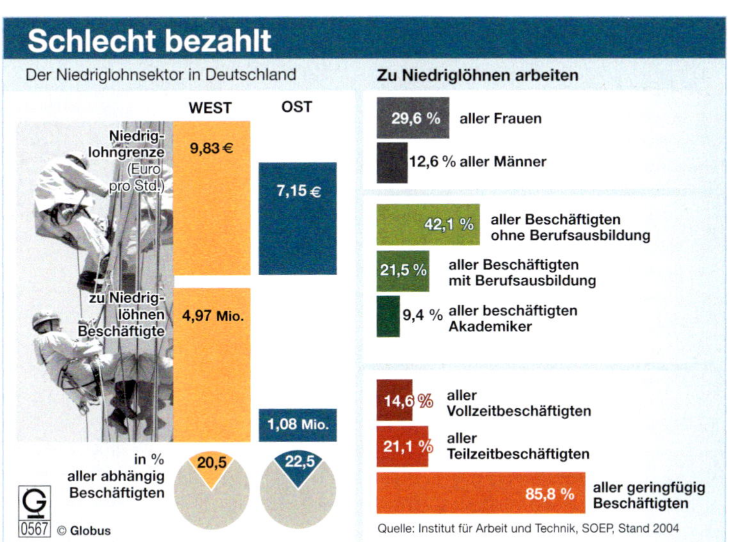

M 2 Niedriglohnjobs

Später Berufseinstieg

Junge Menschen starten heute immer später in den Beruf. Um für die veränderten Bedingungen auf dem Arbeitsmarkt gerüstet zu sein, bemühen sie sich um eine bestmögliche Ausbildung, die den **Berufsstart** verzögert. Aber auch die Betriebe stellen Berufsanfänger häufig erst nach längeren Phasen der Einarbeitung und Weiterbildung, z. B. in Praktika, ein. Dadurch wird die Lebensarbeitszeit immer mehr verkürzt, was zu Problemen bei den Sozialsystemen führt.

Bildungsbericht 2008: Chance für Realschüler

(…) Während die Berufschancen für Hauptschüler immer schlechter werden, steigen die für Realschüler: Jeder zweite schafft bereits drei Monate nach Schulabgang den Sprung in eine qualifizierte Ausbildung. Hauptschüler hingegen durchlaufen – ob mit oder ohne Abschluss – nach Ende ihrer Schulzeit zunächst eine regelrechte Odyssee (Irrfahrt) von Nachqualifizierungs- und Überbrückungsmaßnahmen.

Deren Sinn zweifeln Wissenschaftler an. Denn auch 30 Monate nach Schulende seien trotz dieser Maßnahmen 40 Prozent der Hauptschüler noch nicht in eine qualifizierte Ausbildung vermittelt. Die Kosten für die Bundesagentur für Arbeit und den Bund jedoch seien immens. Besonders große Probleme haben junge Männer ohne oder mit nur schlechtem Hauptschulabschluss sowie ausländische Schüler. Das duale System von betrieblicher Lehre und Berufsschule habe eine seiner „traditionell großen Stärken" eingebüßt, „Kinder aus bildungsschwächeren Gruppen durch Ausbildung beruflich zu integrieren". (…)

M3 Text aus: *www.spiegel.de/schulspiegel/0,1518,558407,00.html, Aufruf v. 9.6.2008*

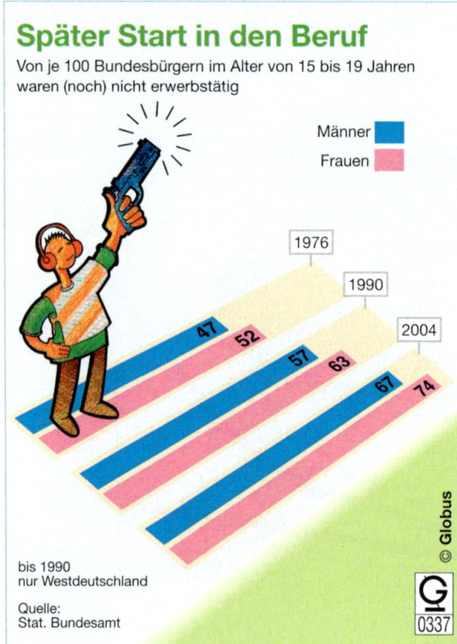

M4 Später Berufseinstieg

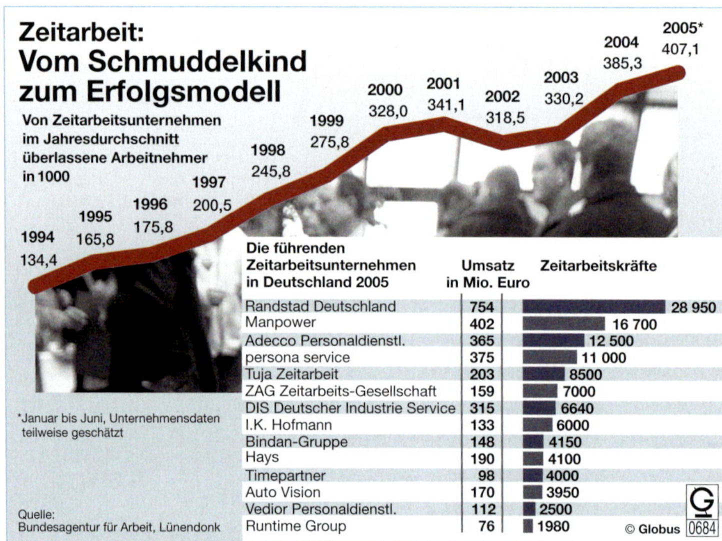

M5 Zeitarbeit

1 Erläutert, wie sich die Beschäftigungsverhältnisse verändert haben (M 2 bis M 5).

2 Stellt Vor- und Nachteile von Teilzeitarbeit, Zeitarbeit und Praktika für Arbeitnehmer und Arbeitgeber in einer Tabelle gegenüber.

3 Untersucht M 3 und erläutert die Möglichkeiten von Realschülern und Hauptschülern bei der Suche nach einer Ausbildungsstelle.

Globalisierung verändert Arbeitsplätze

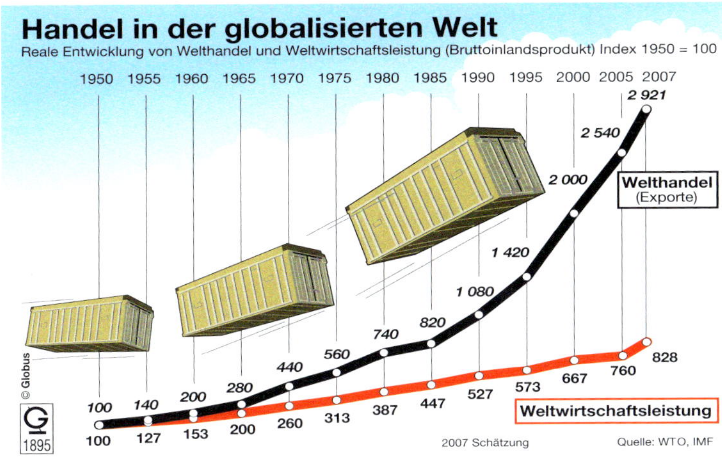

M 1 Entwicklung des Welthandels

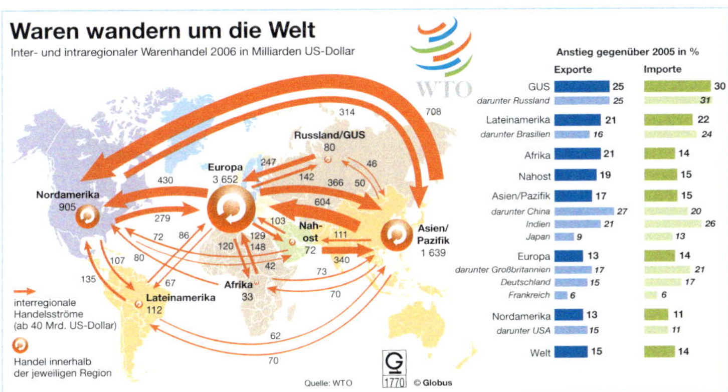

M 2 Weltweiter Warentransport

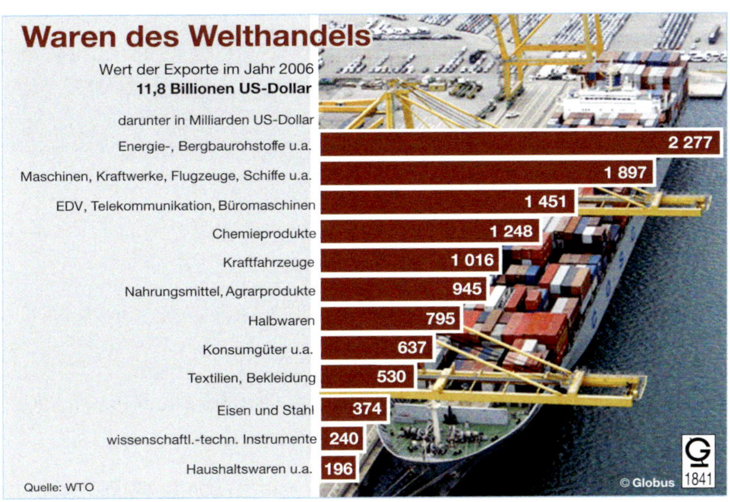

M 3 Waren des Welthandels

Globalisierung

Seit etwa 15 Jahren spricht man von „Globalisierung“ und ihren Folgen für das Leben und Arbeiten in Deutschland. Mit dem Begriff ist das schnelle weltweite Zusammenwachsen in allen Bereichen des Lebens gemeint, vor allem aber in Bereichen der Produktion, des Transportwesens, der Kommunikation, der Kultur und der Politik. Ursache der Beschleunigung des weltweiten Zusammenwachsens ist die Weiterentwicklung der Technik: Das Internet verbindet Firmen und Privatleute weltweit auf Knopfdruck, das Satellitenfernsehen berichtet direkt von jedem Ort der Welt in jedes Wohnzimmer, z. B. live aus dem Irakkrieg. Großflugzeuge überwinden in kürzester Zeit Distanzen, für die Schiffe früher Monate benötigten. Vor allem aber haben sich die Kosten für Kommunikation und Transport so verringert, dass sie zum Massengeschäft wurden und fast von jedermann genutzt werden können. Der weltweite Warenhandel stieg von 1948–2004 um das 27-fache, die Güterproduktion stieg im selben Zeitraum um das Achtfache weltweit.

M 4 Veränderung der Arbeitswelt

Über die Veränderungen durch die Globalisierung in der Industrie schreibt ein Wirtschaftsmagazin 2004:

(…) Als Absatzmärkte erlangen die Emerging Markets (Billiglohnländer) eine immer höhere Bedeutung. Beispielsweise beträgt die Nachfrage nach Werkzeugmaschinen in China schon das 1,7-fache der Nachfrage in den USA. Und die Wachstumsraten im Reich der Mitte – wie in vielen anderen NKL (Niedrigkostenländer) auch – sind enorm: So wächst der Bedarf an Telekommunikationsausrüstungen in

China um 18 Prozentpunkte mehr als in den USA. Auf lange Sicht werden die NKL die einzigen wirklichen Wachstumsregionen weltweit sein.
Die Verlagerung der Beschaffung, Forschung und Entwicklung sowie Produktion aus Hochkostenländern (HKL) in NKL ist in vollem Gange und nimmt rasch zu. Eine wesentliche Ursache hierfür sind die Arbeitslöhne: Inklusive Nebenkosten und Zuwendungen betragen sie in den NKL nur etwa ein bis zwei US-Dollar pro Stunde, während es in den HKL bis zu 30 US-Dollar sind. Dadurch werden insbesondere alle Produkte und Leistungen mit einem hohen Lohnkostenanteil wesentlich günstiger. Werden zum Beispiel Dienstleis-tungen nach Indien verlagert, können die Kosten um 50 bis 60 Prozent gesenkt werden; in Osteuropa wären es immerhin noch 30 bis 40 Prozent. (…)

Warum die Globalisierung ein Muss ist, in: Manager Magazin vom 23.07.2004

Globalisierung sichert hochwertige Arbeitsplätze

Die Verlagerung von Arbeitsplätzen in die Billiglohnländer bedeutet auf der einen Seite einen Verlust von Arbeitsplätzen in Deutschland. Auf der anderen Seite sichert die Verlagerung aber auch Arbeitsplätze in Deutschland. Eine billigere Produktion z. B. in Asien ermöglicht größere Absatzchancen auf dem Weltmarkt, was wiederum Arbeitsplätze in Deutschland sichert. In der Regel sind dies hochwertige Arbeitsplätze in Entwicklungsabteilungen und Konzernzentralen. Im Zuge der Globalisierung steigen die Anforderungen an die Arbeitnehmerinnen und Arbeitnehmer, gute Sprachkenntnisse und ein Grundwissen im Umgang mit Computern werden immer stärker gefordert.

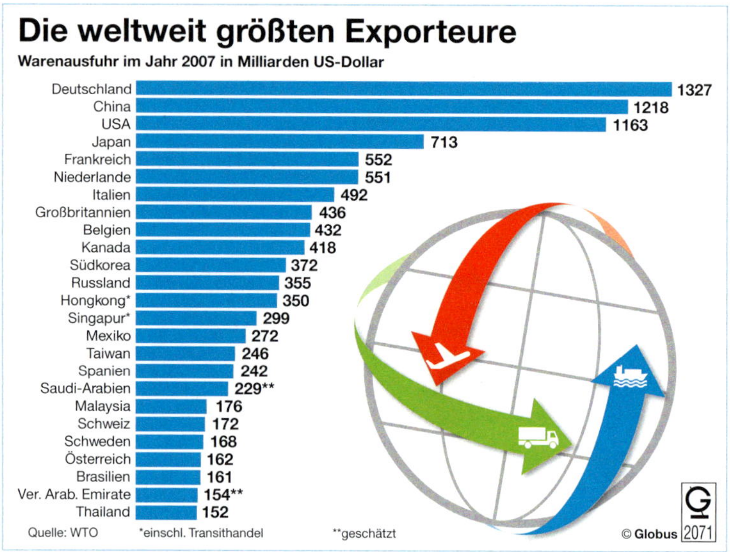

M5 Die größten Exportländer

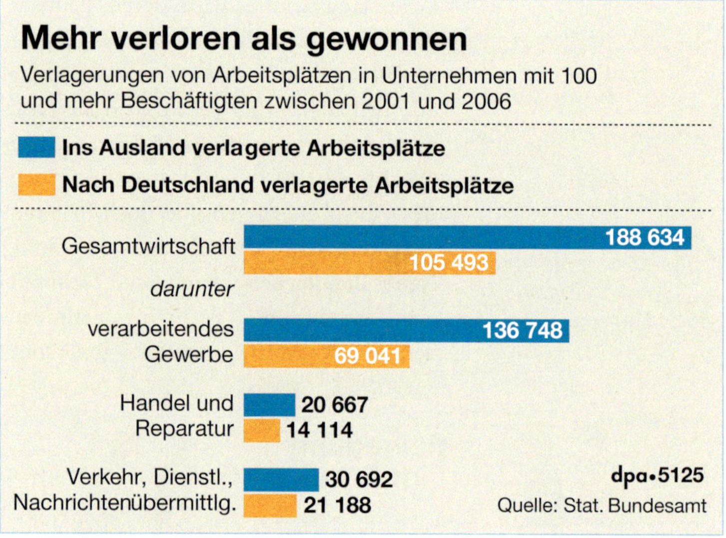

M6 Verlagerung von Arbeitsplätzen

1 Beschreibt mit den Schaubildern M1–M3, M5 und M6 und dem Text die verschiedenen Auswirkungen der Globalisierung.

2 Erläutert den Begriff Globalisierung mit eigenen Worten.

3 Befragt eure Eltern oder Verwandte, wie sich der Prozess der Globalisierung auf ihren Arbeitsplatz auswirkt.

4 Stellt zusammen, wie ihr euch am besten im Hinblick auf die Anforderungen einer globalisierten Arbeitswelt vorbereiten könnt.

Berufe im Wandel

IT-Koordinator/-in

SYSTEMADMINISTRATOR (M/W)

Trainee (m/w)

Softwareentwickler (m/w)

Konstrukteur Turbinenkonstruktion (m/w)

Teamassistent (m/w)

FILM-/VIDEOEDITOR (M/W)

M1 Stellenangebote

Berufsbilder verändern sich

Keiner kann heute mehr davon ausgehen, dass er den einmal erlernten Beruf sein Leben lang ausüben wird. Bereits heute arbeitet nur noch etwa ein Viertel aller Erwerbstätigen in dem Beruf, den sie einmal erlernt haben. Man geht davon aus, dass diese Zahl in den nächsten Jahren weiter abnehmen wird.

Aber auch diejenigen, die noch in ihrem erlernten Beruf arbeiten, müssen ständig **Neues dazulernen**. Durch neue Technologien, veränderte Fertigungsmethoden, den Einsatz von Computern und computergesteuerten Maschinen sowie andere Bedürfnisse und Wünsche der Kunden verändern sich auch die Anforderungen und Tätigkeiten in den bestehenden Berufen. Daneben entstehen aber auch völlig neue Berufe. In den Jahren von 1996 bis 2005 wurden allein 64 Ausbildungsberufe neu geschaffen.

Webcode: PE643561-174

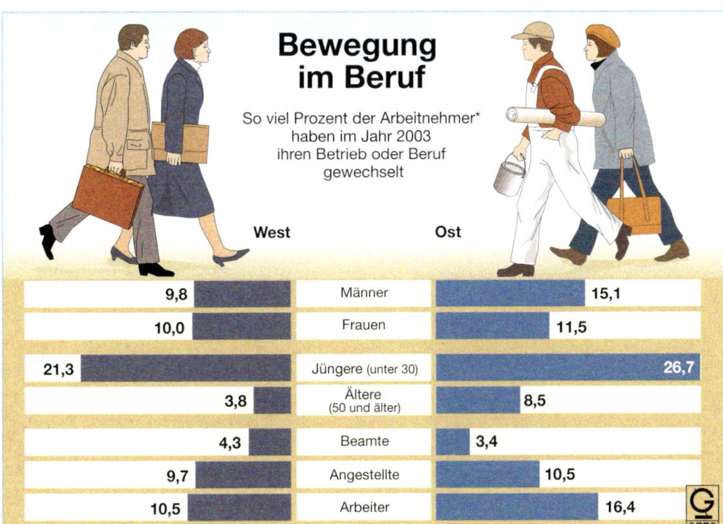

M2 Wechsel des Arbeitsplatzes

M3 Beispiel Mediengestalter/-in für Digital- und Printmedien

Aufgrund der rasanten Fortschritte in der Computertechnologie wandelte sich in den 1990er-Jahren die Gestaltung und Erstellung von Printmedien (Büchern, Zeitungen, Zeitschriften, …) grundlegend. Zahlreiche alte, noch stärker handwerklich orientierte Berufe sind dadurch inzwischen überarbeitet worden, neue Berufe sind entstanden. Neben Printmedien sowie Fernsehen und Rundfunk werden Informationen heute auch für Online-Dienste, CD-ROMs und Datenbanken aufbereitet. Die Übergänge sind fließend. Erst 1998 wurde die Ausbildung Mediengestalter/-in für Digital- und Printmedien ins Leben gerufen.

Die Arbeitsaufgaben der Mediengestalter für Digital- und Printmedien sind so unterschiedlich wie die Medien, die sie bearbeiten und herstellen. Und das ist auch

M4 Schriftsetzer bei der Tageszeitung 1953

M5 Mediengestalterin bei ihrer Arbeit

leicht zu erklären: Schließlich löst der neue Beruf die alten Berufe Schriftsetzer, Reprohersteller, Werbe- und Medienvorlagenhersteller und Fotogravurzeichner ab und schafft weitere neue Betätigungsfelder.

M6 Ausbildungsberuf hat Bewährungsprobe bestanden

Neu für die Ausbildung gewonnen wurden Betriebe mit fehlender oder nur geringer Ausbildungstradition z. B. in den Bereichen Werbung und Multimedia, und in der ausbildungserfahrenen Druck- und Verlagswirtschaft konnten vorhandene Ausbildungskapazitäten weiter ausgebaut werden.

Der neue Beruf zieht vor allem Jugendliche mit hoher schulischer Allgemeinbildung an – und interessiert in hohem Maße die Mädchen: Die Hälfte der Auszubildenden verfügt über Abitur bzw. Fachabitur, über 35 Prozent haben einen mittleren Schulabschluss – und der Anteil der weiblichen Auszubildenden liegt bei über 50 Prozent.

Ausgebildete Mediengestalter/-innen für Digital- und Printmedien mussten nach Abschluss ihrer Prüfung nicht lange auf einen Arbeitsplatz warten.

Pressemitteilung des BIBB vom 29. 7. 2004

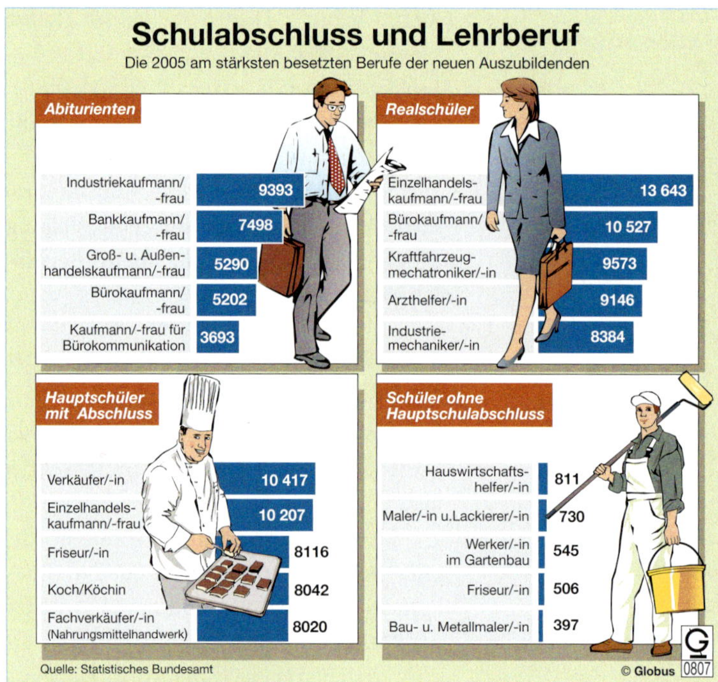

M7 Schulabschluss und Ausbildung

1 Informiert euch über die in M 1 genannten Berufe: Welche Ausbildung ist erforderlich? Welche Tätigkeit übt man aus?

2 Beschreibt den Wandel der Berufe am Beispiel der Medienerstellung (M 3 bis M 5).

3 Viele Ausbildungsberufe werden heute von Abiturienten erlernt. Erklärt diese Entwicklung unter Berücksichtigung des Wandels, den viele Berufsbilder erfahren haben (M 6, M 7).

METHODE

Szenariotechnik: Mein Berufsleben im Jahr 2025

Wer von uns würde nicht gerne wissen, was einem die Zukunft bringt – entwickelt sie sich positiv oder etwa sehr negativ? Die Wahrheit liegt vermutlich irgendwo dazwischen. Ein Blick in die Zukunft könnte einen vor manchem Fehler bewahren. In einigen Bereichen lässt sich zumindest abschätzen, was einem die Zukunft bringt. Dazu ist jedoch keine Hexerei notwendig.

Es gibt in der Wissenschaft eine Methode, die Szenariotechnik genannt wird. Mit ihr stellen Zukunftsforscher Prognosen auf.

Wir werden die Szenariotechnik in drei Schritten zur folgenden Fragestellung durchführen: **„Wie sieht mein Berufsleben im Jahr 2025 aus?"**

Prognose

Eine Prognose ist eine Voraussage, die auf einer genauen Beobachtung der aktuellen Situation beruht und durch vernünftige Schlüsse zustande gekommen ist.

1. Schritt: Thema beschreiben und Einflüsse bestimmen

Sammelt eure Gedanken zum Thema „Wie sieht mein Berufsleben im Jahr 2025 aus?".

Denkt dabei z. B. an euren voraussichtlichen Beruf, an euren schulischen und beruflichen Werdegang und euren Arbeitsort (Stichwort: berufliche Mobilität), an eure Arbeitszeiten (Stichwort: Flexibilität), an den technologischen Fortschritt und die Dynamik des Arbeitsmarktes (Stichwort: Wirtschaftsstruktur im Wandel), an die wirtschaftliche Lage (Stichwort: Arbeitslosigkeit, Zahl der Arbeitsstellen, …), an eure Arbeitskollegen, an euer Privatleben (Stichwort: Vereinbarkeit von Beruf und Familie), …

M 1 Blick in die Zukunft

2. Schritt: Zukunftsbilder durchspielen

Aus euren Ergebnissen erstellt ihr nun nur zwei mögliche Ausgänge: ein besonders günstiges Zukunftsbild (**Positiv-Szenario**) und ein extrem ungünstiges Zukunftsbild (**Negativ-Szenario**).

3. Schritt: Maßnahmen entwickeln

Die Zukunft ist prinzipiell gestaltbar und veränderbar! Dies gilt auch für eure Zukunft – wenn ihr sie selber anpackt:

- Welche Punkte solltet ihr beachten, damit sich euer Positiv-Szenario einstellen kann?
- Welche Dinge solltet ihr vermeiden oder unternehmen, damit sich euer Negativ-Szenario nicht erfüllt?

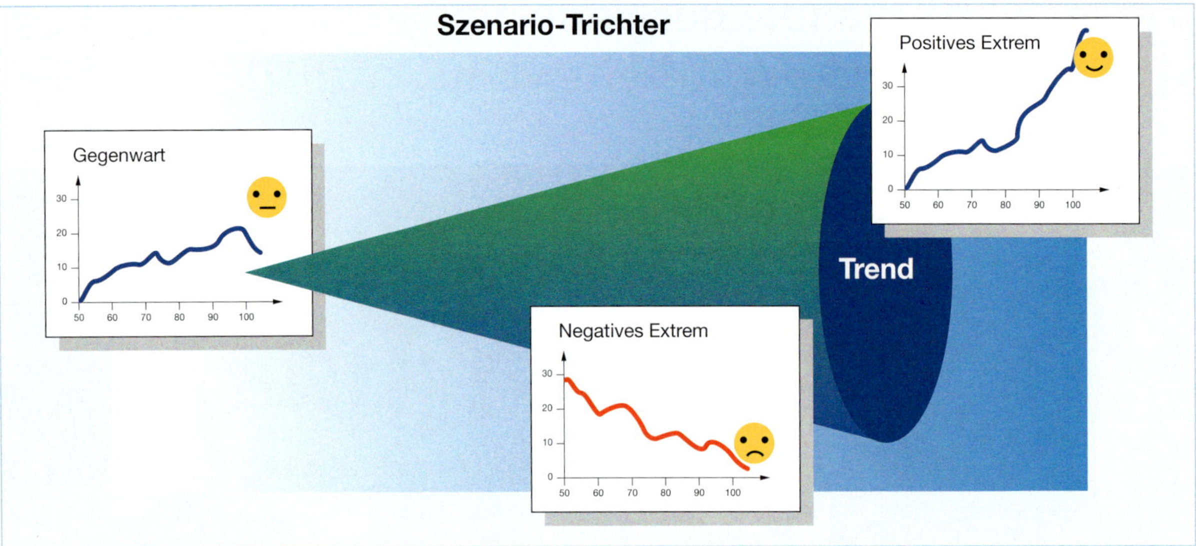

M2 „Szenario-Trichter"

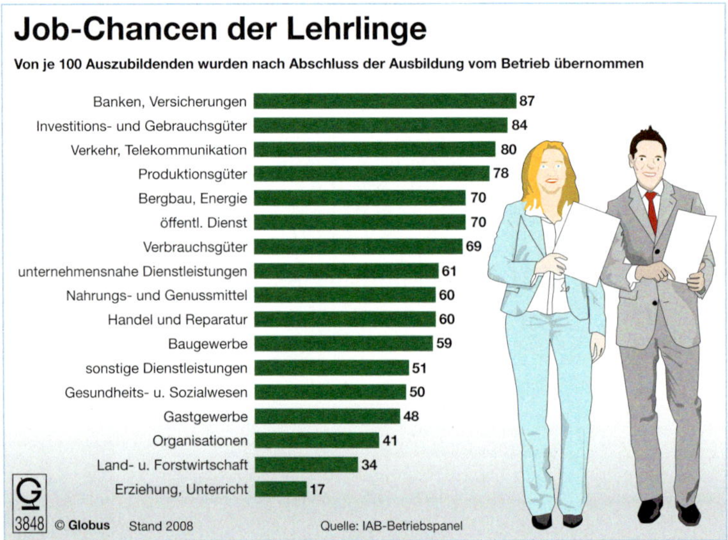

M4 Zukunftsprognose zur Wirtschaftsstruktur

M3 Methode Kugellager

Diese Methode wird auch Karussellgespräch genannt. Die Klasse wird zunächst in zwei gleich große Gruppen geteilt. Die eine Gruppe bildet den Innenkreis, die andere den Außenkreis. Jeder nimmt seine Unterlagen und seinen Stuhl und in der Mitte des Klassenzimmers werden nun zwei Stuhlkreise (Innenkreis und Außenkreis) ineinander gestellt (siehe Skizze). Jeweils zwei Personen sitzen sich gegenüber und tauschen sich abwechselnd zum Thema aus. Auf ein Zeichen hin rutscht der Innenkreis um zwei Stühle im Uhrzeigersinn weiter. Nun beginnt der Austausch wieder. Danach rutscht der Außenkreis z. B. um zwei Stühle gegen den Uhrzeigersinn weiter. Dieser Wechsel wird nun mehrmals wiederholt. Abschließend erfolgt mit der gesamten Klasse eine Auswertung der Fragestellung und eurer Ergebnisse.

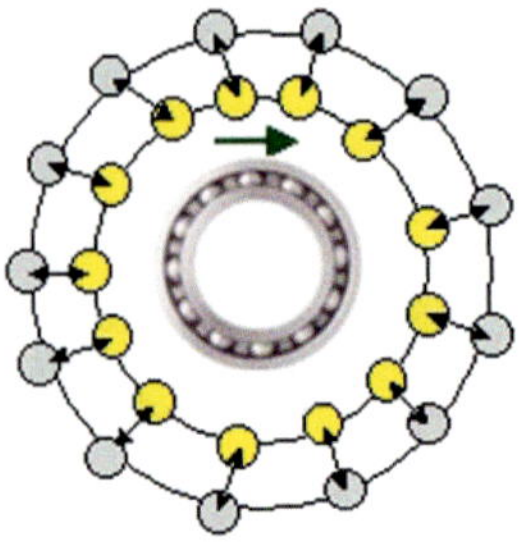

1 Führt die drei Schritte der Szenariotechnik durch und dokumentiert sie schriftlich. Für das Positiv- und das Negativ-Szenario des 2. Schrittes könnt ihr z. B. einen Lebenslauf erstellen, einen Comic als Momentaufnahme zeichnen, einen Tagebucheintrag verfassen, … Zu den wichtigsten Maßnahmen vom 3. Schritt könnt ihr eine Checkliste erstellen und nach einem Monat kontrollieren, ob ihr euch daran haltet.

2 Stellt eure Arbeitsprodukte von Aufgabe 1 euren Mitschülern in einem Kugellager vor. Zur Methode Kugellager siehe M3.

KOMPETENZ-Trainer

Wandel der Bedürfnisse und der Arbeitsweise

M1 Bedürfnisse

M2 Comic

M3 Werbeanzeigen

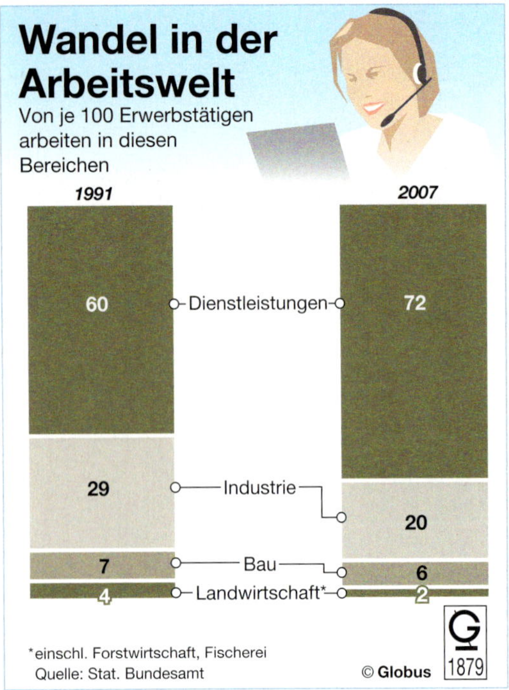

M4 Wandel der Arbeitswelt

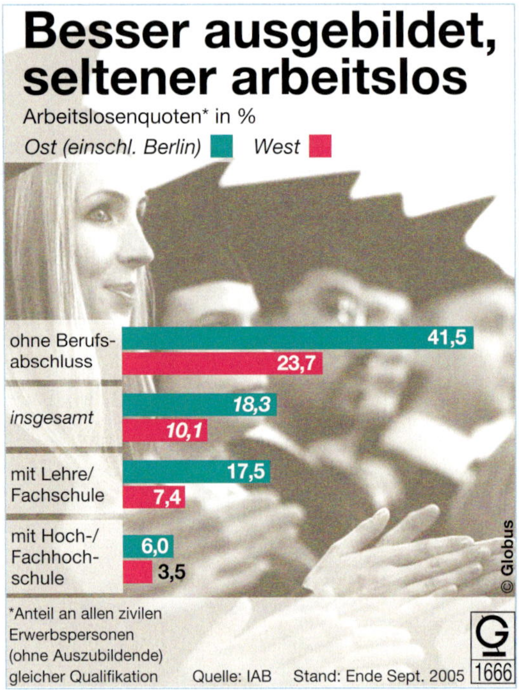

M5 Arbeitslosigkeit und Ausbildung

M6 **Auswirkungen der Globalisierung**

(…) Unter der Globalisierung haben in Deutschland vor allem Arbeitnehmer mit geringer Qualifikation zu leiden. Verlagern Unternehmen Arbeitsplätze für Geringqualifizierte ins Ausland, schaffen sie nur zu gut einem Drittel neue vergleichbare Stellen im Inland, wie das Statistische Bundesamt am Montag in Wiesbaden mitteilte.

So seien zwischen 2001 und 2006 in der gesamten Wirtschaft 125 000 Arbeitsplätze für Geringqualifizierte im Zuge von Auslagerungen abgebaut worden, lediglich 37 Prozent seien als neue Stellen mit vergleichbarer Qualifikation am bisherigen Standort eingerichtet worden.

Anders sieht es demnach bei Jobs von Höherqualifizierten aus: Für 94 Prozent der ins Ausland verlagerten Stellen wurden von 2001 bis 2006 an deutschen Standorten neue Jobs mit vergleichbarer Qualifikation geschaffen. (…)

(www.sueddeutsche.de/wirtschaft/artikel/840/170342/ 21.4.2008)

Sach- und Analysekompetenz

1 Untersucht, welche Bedürfnisse die Bilder M 1 zeigen. Worin unterscheiden sich diese Bedürfnisse?

2 Erläutert, was der Comic M 2 aussagt.

3 Nennt drei Formen der Arbeit.

4 Beschreibt den Wandel in der Arbeitswelt (M 4) und erläutert die Ursachen.

5 Erläutert die Auswirkungen der Globalisierung auf den Arbeitsmarkt in Deutschland.

Methodenkompetenz

6 Wertet die Werbeanzeigen von M 3 aus. Verwendet dazu die Hinweise auf S. 162 – 163.

Urteils- und Handlungskompetenz

7 Setzt M 4 und M 5 in Beziehung zueinander und beurteilt die Aussage eines Schülers: „Zur Schule gehen ist nur verlorene Zeit."

8 Untersucht M 6 und macht Vorschläge, wie ihr euch vor den Auswirkungen der Globalisierung schützen könnt.

8 Alle Menschen haben Rechte

Am Ende dieses Kapitels kannst du

- kundiger mit Gesetzestexten, insbesondere mit dem Grundgesetz der Bundesrepublik Deutschland, umgehen.
- wichtige Grundrechte benennen und sie anhand von Beispielen erläutern.
- darlegen, was Grund- und Menschenrechte sind.
- Kinderrechte nennen und begründen, warum sie Menschenrechte sind.

In diesem Kapitel geht es um die Bedeutung des Rechts für uns alle. Im Mittelpunkt stehen die Menschen- und Grundrechte, die im Grundgesetz der Bundesrepublik Deutschland formuliert sind.

Im täglichen Leben gibt es immer wieder Konflikte, in denen wichtige Grundrechte eine Rolle spielen. Ihr werdet euch damit anhand verschiedener Beispiele beschäftigen.

1. Recht auf Nahrung
2. Recht auf Gleichberechtigung von Mann und Frau
3. Recht auf gesunde Umwelt
4. Recht auf Frieden
5. Recht auf Liebe
6. Recht auf Anerkennung
7. Recht auf Freiheit
8. Recht auf Wahlen
9. Recht auf medizinische Betreuung
10. Recht auf Demonstrationsfreiheit
11. Recht auf Religionsfreiheit
12. Recht auf Arbeit
13. Recht auf Gleichheit vor Gericht
14. Recht auf Meinungsfreiheit
15. Recht auf Bildung
16. Recht auf Asyl als Flüchtling
17. Recht auf gleichen Lohn für gleiche Arbeit

1 Ordne die Rechte (Zahlen) den richtigen Abbildungen (Buchstaben) zu. Erläutere jeweils kurz.

2 Erstellt für eure Klasse eine Hitliste der Rechte.

3 a Informiere dich mithilfe des Lexikons zu den Begriffen Menschenrechte und Grundrechte.

b Formuliere, was Menschen- und Grundrechte miteinander verbindet und worin sie sich unterscheiden.

Die Würde des Menschen …

Artikel 1

(1) Die Würde des Menschen ist unantastbar. Sie zu achten und zu schützen ist Verpflichtung aller staatlichen Gewalt.

Der Fall

Als Frau Heidenreich von ihrer Schülerin Katrin angerufen wird, kann sie das Mädchen kaum verstehen. Katrin ist aufgeregt, sie kämpft mit den Tränen. Sie bittet ihre Klassenlehrerin sofort zum Altenheim zu kommen, es gebe dort Schwierigkeiten. Katrin ist Schülerin der Klasse 9b und macht im Altenheim St. Anna gerade ein Praktikum.

Frau Heidenreich erfährt im Altenheim von Katrin den Grund für den Hilferuf: Katrin hat am Morgen – wie schon an den Vortagen – auf der Station das Essen ausgeteilt. Eine der Pflegerinnen hatte sie dann gebeten, ihr nachher bei der Pflege einer alten Dame behilflich zu sein. Als Katrin ins Zimmer dieser Frau kam, saß sie in einem Sessel, ihre langen, schönen weißen Haare waren gelöst, sie reichten fast bis auf den Boden.

„Die Haare müssen ab, die kosten zu viel Zeit bei der morgendlichen Pflege", sagte die Pflegerin.

„Ich möchte meine langen Haare behalten, ich hab immer lange Haare gehabt, davon trenne ich mich nicht!", widersprach die alte Frau energisch.

„Blödsinn, Sie können Ihre Haare ja selbst nicht mehr pflegen, die kommen ab. Katrin, nimm ihre Hände, damit ich die Haare ungestört abschneiden kann", ordnete die Pflegerin an.

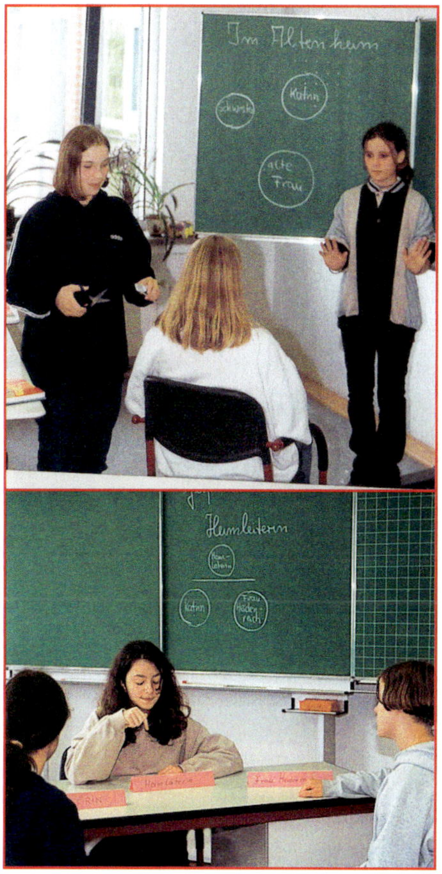

M 1 **Schülerinnen und Schüler beim Rollenspiel: „Gespräch mit der Heimleitung"**

„Nein, das mache ich nicht!", rief Katrin spontan.

„Wenn du das nicht kannst, dann bist du hier fehl am Platz. Dann solltest du dich um einen anderen Praktikumsplatz bemühen", warf die Pflegerin Katrin vor. Weinend hatte Katrin darauf das Zimmer verlassen und ihre Klassenlehrerin angerufen. „Ich habe mir dabei vorgestellt, das wäre meine Oma", nannte sie als Grund für ihre Weigerung.

Katrin und ihre Lehrerin lassen die Angelegenheit nicht auf sich beruhen.

Die Würde des Menschen muss geschützt werden

Die Verfasserinnen und Verfasser des Grundgesetzes haben den Staat dazu verpflichtet, die Menschenwürde zu schützen und zu achten. Sie handelten aus historischer Erfahrung: Denn sie standen unter dem Eindruck der NS-Gewaltherrschaft, die Menschenwürde und Menschenrechte zutiefst verletzt hatte, und sie erlebten aktuell die Missachtung der Menschenrechte im östlichen Teil Deutschlands. Das wollten sie für den freien Teil Deutschlands verhindern.

Demokratie live! Hg. vom Bundesministerium des Innern. Bonn, o. J., S. 4

1 Diskutiert, inwieweit hier die Würde der alten Frau verletzt wurde.

2 Nehmt Stellung zu Katrins Entscheidung, „Nein" zu sagen.

3 Stellt euch vor, Katrin hätte euch angerufen. Wie könntet ihr helfen?

4 Legt fest, welches Ziel Katrin und ihre Lehrerin erreichen wollen. Welchen Weg sollen sie dazu einschlagen?

5 Spielt im Rollenspiel verschiedene Stationen des Falles durch.

Jeder hat das Recht ...

M 1 Body Piercing und Tattoos

Artikel 2

Jeder hat das Recht auf die freie Entfaltung seiner Persönlichkeit, soweit er nicht die Rechte anderer verletzt und nicht gegen die verfassungsmäßige Ordnung oder das Sittengesetz verstößt.

Der Fall

Die Anordnung von Herrn Kreuzer ist klar und unmissverständlich: „Wenn du, Daniel, so zur Klassenfahrt erscheinst, wie du jetzt vor mit sitzt, dann nehme ich dich nicht mit nach Berlin." Nun wäre es einfach, wenn Daniel nicht mitfahren möchte. Aber er hat sich, wie alle anderen in der 10 a, schon monatelang auf diese Fahrt gefreut. Es sollte die Abschlussfahrt der Klasse sein, das versprach richtig Stimmung.

Was ist denn besonderes an Daniel, dass er nicht mitfahren soll? Wenn man es kurz ausdrücken will, dann kann man sagen: alles. Farbe und Schnitt seiner Haare, die Tätowierungen, Piercingringe, seine Kleidung, seine Schuhe. Alles war nach Ansicht des Lehrers nicht dazu geeignet, Museum und Theater zu besuchen. Das aber gehörte zum Pflichtprogramm der Klassenfahrt. Keine Chance also für Daniel? Die Eltern standen voll hinter der Entscheidung des Lehrers: Sie hatten Daniel schon zur Hochzeit seiner Cousine nicht mitgenommen, aber das hatte er ganz gut verkraftet.

M 2 Freiheit nur für Deutsche?

In der sächsischen Kleinstadt Wurzen versuchen Rechtsradikale Gebiete zu Sperrzonen für Andersdenkende und Ausländer zu machen: die S-Bahn, die Diskothek, die Straßen um den Jugendtreff Schweizergarten. Die 135 Ausländer, die noch in Wurzen leben, meiden diese Orte nach Einbruch der Dämmerung. Und auch für Jugendliche, die lange Haare haben, sind diese Zonen „no-go-areas".

DIE ZEIT, Nr. 27, 1. 7. 1999

Webcode: PE643561-183

M 3 *Zeichnung: F. Behrendt*

1 Analysiert die Anordnung des Lehrers mit Bezug auf Artikel 2 des Grundgesetzes.

2 Nennt Möglichkeiten, die sich für Daniel innerhalb der Schule bieten, seine Berlinfahrt durchzusetzen.

3 Welche Wege sollte Daniel eurer Meinung nach beschreiten, wenn er innerhalb der Schule keinen Erfolg hat?

4 Betrachtet das Bild M 1. Stellt euch vor, eine der abgebildeten Personen käme als neuer Mitschüler in eure Klasse. Welches Verhalten würdet ihr von ihm erwarten, wie würdet ihr euch ihm gegenüber verhalten?

5 Kommentiere die in M 2 geschilderten Vorgänge. Beziehe dich dabei auf den Artikel 2 des Grundgesetzes.

METHODE

Umgang mit Gesetzestexten

M 1 Wenn Jugendliche abends eine Gaststätte besuchen …

M 2 Gesetzessäule des Hammurabi. Auf der Säule (2,5 m hoch) ist zu sehen, wie der Sonnengott dem König Hammurabi die Gesetze übergibt. Darunter sind die Gesetze eingemeißelt. Der Basaltstein stammt aus der Zeit um 1750 v. Chr.

Überall Paragrafen

Unser Zusammenleben ist geregelt – durch Gesetze und andere rechtliche Bestimmungen. „Überall Paragrafen", ist oft zu hören. Aber ginge es auch ohne sie?

Wenn die Rechtsverhältnisse schriftlich festgelegt sind, kann jeder Einzelne viel leichter einschätzen, was er tun kann oder lieber lassen sollte.

Schon der babylonische König Hammurabi ließ im 18. Jahrhundert v. Chr. seine Gesetze in eine Basaltsäule meißeln, die öffentlich aufgestellt wurde. Jede Gesetzesregel enthielt ein konkretes Vergehen (Straftat) und die dafür vorgesehene Strafe.

Unsere Gesetzesregeln sind hingegen häufig nur schwer zu verstehen. Sie sind sehr allgemein formuliert, weil sie auf viele verschiedene Einzelfälle angewendet werden müssen. Bestimmte Ausdrücke haben im Gesetz oft eine festgelegte Bedeutung, die man kennen muss, um den Text richtig zu verstehen. Wenn man aber seine Rechte kennen will, lohnt sich ein Blick in das Gesetz.

Gesetzestexte auswerten

1. Art und Inhalt des Textes klären

Stellt fest, ob es sich z. B. um einen Verfassungstext, ein Gesetz oder eine Verordnung handelt. Klärt unbekannte Begriffe und sucht die Schlüsselwörter. Fasst zusammen, worum es im Text geht.

2. Regelungsbereich und Regelungsabsicht klären

Untersucht, für welche Bereiche die Bestimmung gilt (z. B. Straßenverkehr, Jugendschutz, Verbraucherschutz) und was mit ihr bewirkt werden soll (z. B. Schutz, Strafandrohung).

3. Bestimmung auf einen Fall anwenden

Versucht festzustellen, ob die Bestimmung auf einen Fall anzuwenden ist und was sich daraus für Betroffene ergibt.

4. Beurteilung

Erörtert, ob die Regelung aus eurer Sicht gerecht (ungerecht) bzw. zu hart (zu milde) ist. Ist sie einleuchtend und passt sie auf den Einzelfall?

Fall 1: „Wir haben nur etwas gegessen ..."

Lars und Tim verstehen die Welt nicht mehr. Sie wollten im „Mambo" doch nur ein oder zwei Bier trinken und eine Currywurst mit Pommes essen. Es war auch erst gegen 20 Uhr. Sie wussten wohl, dass zur Gaststätte auch eine Nachtbar gehörte, aber damit hatten sie nichts im Sinn. Und dann – Polizeikontrolle. „Wir haben nur etwas gegessen und getrunken. Auf unserer letzten Klassenfahrt waren wir so spät auch noch in einer Gaststätte." „Wie alt?" – „Fünfzehn." Gibt es Ärger?

Abschnitt 2 Jugendschutz in der Öffentlichkeit
§ 4 Gaststätten

(1) Der Aufenthalt in Gaststätten darf Kindern und Jugendlichen unter 16 Jahren nur gestattet werden, wenn eine personensorgeberechtigte oder erziehungsbeauftragte Person sie begleitet oder wenn sie in der Zeit zwischen 5 Uhr und 23 Uhr eine Mahlzeit oder ein Getränk einnehmen. Jugendlichen ab 16 Jahren darf der Aufenthalt in Gaststätten ohne Begleitung einer personensorgeberechtigten oder erziehungsbeauftragten Person in der Zeit von 24 Uhr und 5 Uhr morgens nicht gestattet werden.

(2) Absatz 1 gilt nicht, wenn Kinder oder Jugendliche an einer Veranstaltung eines anerkannten Trägers der Jugendhilfe teilnehmen oder sich auf Reisen befinden.

(3) Der Aufenthalt in Gaststätten, die als Nachtbar oder Nachtclub geführt werden, und in vergleichbaren Vergnügungsbetrieben darf Kindern und Jugendlichen nicht gestattet werden.

(4) Die zuständige Behörde kann Ausnahmen von Absatz 1 genehmigen.

M3 **Aus dem Jugendschutzgesetz** *(Fassung vom 31.10.2008)*

So kannst du den Gesetzestext auswerten

Zu 1. Art und Inhalt des Textes

Textsorte: Es handelt sich um ein Gesetz.

Schlüsselwörter: Schutz, Jugend, Gaststätten, 16 Jahre, erziehungsbeauftragte Person, Mahlzeit, Getränk, 24 Uhr, Nachtbar.

Sachverhalt: Es geht um den Aufenthalt von Kindern und Jugendlichen in Gaststätten, der nur unter bestimmten Bedingungen erlaubt ist. Kinder sollen vor Gefahren geschützt werden, die sich durch den Aufenthalt dort ergeben können.

Zu 2. Regelungsbereich und Regelungsabsicht

Regelungsbereich: Die Bestimmung regelt den Aufenthalt von Kindern sowie Jugendlichen in Gaststätten und ist zu deren Schutz gedacht.

Zu 3. Anwendung der Bestimmung

Das Jugendschutzgesetz passt auf den Fall 1 „Wir haben nur etwas gegessen ...". Nach §4 Absatz 3 durften sie sich nicht in der Gaststätte aufhalten sowie keine Speisen und Getränke erhalten.

Fall 2: „Da haben Sie aber auch Pech ..."

Herr Engelbrecht kaufte sich vor einem halben Jahr eine neue Digitalkamera. Die Kamera wurde schon zweimal eingeschickt, weil sie keine scharfen Bilder macht. „Da haben Sie aber auch Pech", meinte der Herr vom Kundenservice, „dann müssen wir sie halt noch mal nach Bielefeld schicken." Herr Engelbrecht kennt seine Rechte und schlägt etwas anderes vor (...)

Abschnitt 1 Allgemeines
§ 1 Begriffsbestimmungen

(1) Im Sinne dieses Gesetzes

1. sind Kinder Personen, die noch nicht 14 Jahre alt sind,
2. sind Jugendliche Personen, die 14, aber noch nicht 18 Jahre alt sind,
3. ist personensorgeberechtigte Person, wem allein oder gemeinsam mit einer anderen Person nach den Vorschriften des Bürgerlichen Gesetzbuchs die Personensorge zusteht,
4. ist erziehungsbeauftragte Person jede Person über 18 Jahren, soweit sie auf Dauer oder zeitweise aufgrund einer Vereinbarung mit der personensorgeberechtigten Person Erziehungsaufgaben wahrnimmt oder soweit sie ein Kind oder eine jugendliche Person im Rahmen der Ausbildung oder der Jugendhilfe betreut.

M4 **Verbraucherrechte nach dem Bürgerlichen Gesetzbuch (2009)**

1 Bearbeitet Schritt 4 zum Fall von Lars und Tim.

„Da bewerb' ich mich trotzdem."

Artikel 3

(1) Alle Menschen sind vor dem Gesetz gleich.

(2) Männer und Frauen sind gleichberechtigt. Der Staat fördert die tatsächliche Durchsetzung der Gleichberechtigung von Frauen und Männern und wirkt auf die Beseitigung bestehender Nachteile hin.

(3) Niemand darf wegen seines Geschlechtes, seiner Abstammung, seiner Rasse, seiner Sprache, seiner Heimat und Herkunft, seines Glaubens, seiner religiösen oder politischen Anschauung benachteiligt oder bevorzugt werden. (...)

Landhaus-Brennerei Büggel

Wir bieten für sofort oder nach Vereinbarung eine

Ausbildungsstelle als Koch

Eine anschließende Übernahme als Jungkoch ist vorgesehen. Kreative und motivierte junge Männer erhalten bei uns schon während der Ausbildung eine überdurchschnittliche Bezahlung. Wir bieten Ihnen eine interessante und abwechslungsreiche Aufgabe in einem jungen Team.
Senden Sie uns bitte Ihre Bewerbungsunterlagen oder rufen Sie uns einfach an.

Ihr Team von der Landhaus-Brennerei Büggel

M 1 Zeitungsanzeige

M 2 Koch – ein Männerberuf?

Der Fall

„Hier, lesen Sie sich die Anzeige mal durch, ist das nicht ungerecht?" Sonja ist so empört, dass sie sogar vergisst ihrem Lehrer Herrn Schmiechen einen guten Morgen zu wünschen. Die Ursache ihrer Empörung hält sie in der Hand: eine Stellenanzeige, die sie aus der Tageszeitung geschnitten hat. „Aber eins ist sicher, da bewerb ich mich trotzdem!" „Da kannst du dich mit Recht aufregen", sagt Herr Schmiechen, nachdem er die Anzeige gelesen hat, „zumal du so gern Köchin werden möchtest."

1 Lest die Anzeige M 1 und sucht die Textstellen, über die Sonja sich so geärgert hat.

2 Nennt die Formulierungen aus M 1, die gegen Artikel 3 des Grundgesetzes verstoßen.

3 Sonja hat sich trotzdem beworben, doch das Restaurant hat Sonjas Bewerbung abgelehnt mit der Begründung, es gehe ja aus der Anzeige klar hervor, dass sie sich nicht zu bewerben brauche. Was kann Sonja nun unternehmen?

4 Schreibt die Anzeige so um, dass sie Frauen nicht benachteiligt.

5 a Wertet die Karikatur M 3 aus.
b Diskutiert in der Klasse die Frage, ob es Männer- und Frauenberufe gibt.

M 3 Frauen- oder Männerarbeit?

Grundrechte sind kostbar
„Dafür gehe ich auf die Straße!"

Der Fall

Die Astrid-Lindgren-Grundschule liegt an zwei stark befahrenen Straßen. Zwar ist sie durch Hinweisschilder „Vorsicht, Schule!" und Tempo 30 gut ins Bewusstsein der Autofahrer gerückt, aber viele von ihnen scheinen ein kurzes Gedächtnis zu haben. Mit kaum verminderter Geschwindigkeit preschen sie an der Schule vorbei nach dem Motto: „Es wird schon keiner kommen!"

In Zusammenarbeit mit dem benachbarten Gymnasium haben Eltern, Schüler und Lehrer ein breites Programm entworfen, um mehr Sicherheit zu erreichen.

Hier ein Auszug:

- Durchführung von Geschwindigkeitsmessungen durch die Polizei unter Beteiligung von Eltern und Schülern;
- Sichern der Fußgängerüberwege durch Schülerlotsen, Spannen von Transparenten und Aufstellen von Zusatzschildern, die von Kindern gemalt waren, Bemalen der Asphaltdecke mit bunten Kinderbildern usw. …

Einige Tage nach Schulbeginn kam es erneut zu einem schweren Unfall: Ein Grundschüler war beim Verlassen des Busses von einem zu schnell fahrenden Auto erfasst und schwer verletzt worden.

„Jetzt reicht es uns, dafür gehen wir auf die Straße!"

M 1 Schülerlotsen sichern einen Fußgängerüberweg

Dieser Satz, den der SV-Sprecher noch unter dem Eindruck des Unfallgeschehens gesagt hatte, fand an beiden Schulen großen Anklang. Bereits in der nächsten Stunde wurden Schüler und Lehrer aktiv, unterstützt durch Eltern und Nachbarn der Schule.

Artikel 8

(1) Alle Deutschen haben das Recht, sich ohne Anmeldung oder Erlaubnis friedlich und ohne Waffen zu versammeln.

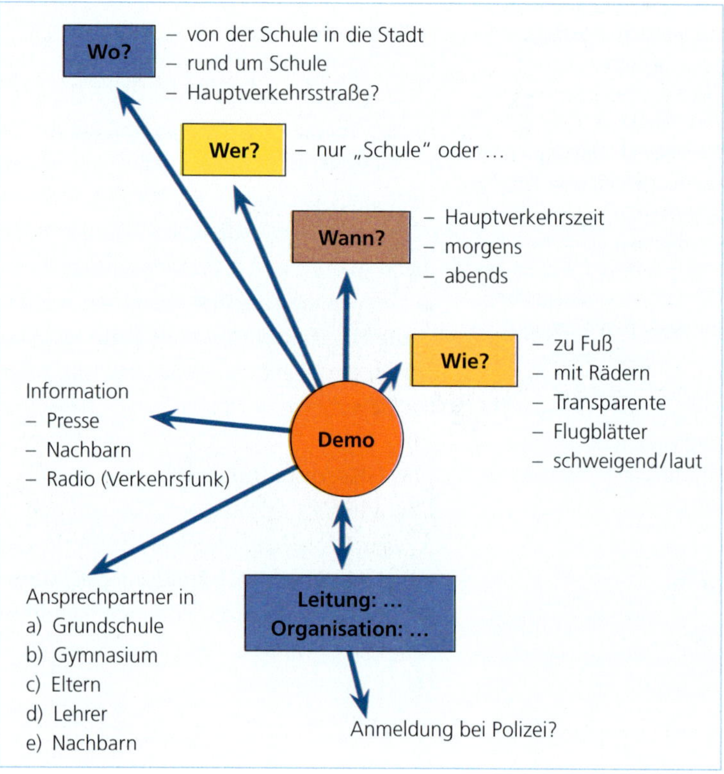

M 2 Aktionsprogramm

1 Begründet, warum Schüler, Lehrer und Eltern der Schulen jetzt auf die Straße gehen. Was sagt das über die Demonstration als politische Aktion aus?

2 Versetzt euch in die Lage der Schülerinnen und Schüler des Gymnasiums, das mit der Astrid-Lindgren-Schule zusammenarbeitet. Erstellt eine Liste, nach der ihr die Demonstration plant. M 2 ist dabei als Planungshilfe gedacht.

3 Berichtet von Demonstrationen in eurer näheren Umgebung (Anlass, demonstrierende Gruppen, Ergebnis).

„Der Brief gehört mir."

Der Fall

Kurz vor Ende der Deutschstunde segelt ein Zettel durch die Klasse 8 a. Der Absender hofft, seine „Luftpost" komme unbemerkt von der Lehrerin an, die gerade die Hausaufgabe an die Tafel schreibt. Doch noch ehe Schülerinnen und Schüler reagieren können, setzt Frau Poschmann den Fuß auf den Zettel und nimmt ihn an sich. „Oh, das ist aber schön, eine Mitteilung für mich", wendet sie sich der Klasse zu. „Der ist nicht für Sie, ganz bestimmt nicht, ehrlich!", klingt es aus der Klasse zurück. Vanessa ist aufgestanden, sie ist rot im Gesicht, den Tränen nahe. „Vorlesen, vorlesen!", besonders die Jungen machen sich einen Spaß daraus, Vanessa noch mehr zu ärgern. Als Frau Poschmann den Zettel, den sie aufs Pult gelegt hat, wieder in die Hand nimmt, schreit Vanessa: „Das dürfen Sie nicht! Wenn Sie das tun, zeige ich Sie an!"

Artikel 10 GG

(1) Das Briefgeheimnis sowie das Post- und Fernmeldegeheimnis sind unverletzlich.

(2) Beschränkungen dürfen nur auf Grund eines Gesetzes angeordnet werden. Dient die Beschränkung dem Schutze der freiheitlichen demokratischen Grundordnung oder des Bestandes oder der Sicherung des Bundes oder eines Landes, so kann das Gesetz bestimmen, dass sie dem Betroffenen nicht mitgeteilt wird und dass an die Stelle des Rechtsweges die Nachprüfung durch von der Volksvertretung bestellte Organe und Hilfsorgane tritt.

Webcode: PE643561-188

M 1 Gläsern im Internet?

Das Internet mit seinen Abermillionen Anwenderinnen und Anwendern ist schwer zu überblicken und noch schwerer zu überwachen. Und dennoch kennt es keine Geheimnisse. Zumindest fast keine. Denn wer elektronische Post sendet und empfängt, der muss immer damit rechnen, dass er Mitleserinnen oder Mitleser hat. Ein elektronischer Brief passiert vom Absender bis zum Empfänger einen oder mehrere Computer, die über Telefon-Standleitungen verbunden sind. In den Leitungen und auf diesen Computern können technisch versierte Angreifer mittels kleiner Programme E-Mails herausfischen und lesen. Dagegen können sich die Nutzer mithilfe von Verschlüsselungsprogrammen schützen. Der Absender codiert seine Nachricht. Lesen kann sie nur der ordnungsgemäße Empfänger, vorausgesetzt, er verfügt über den notwendigen „Schlüssel", also einen mathematischen Algorithmus, mit dem der Text wieder lesbar gemacht wird. Bei sieben von acht getesteten Programmen war es möglich, die Verschlüsselung zu knacken und an die geschützten Daten zu gelangen. Damit ist eine E-Mail nicht besser vor den Augen Unbefugter geschützt als zum Beispiel eine Postkarte.

Demokratie live! Hg. vom Bundesministerium des Innern. Bonn, o. J., S. 27

M 2 Mitleser im Internet?

1 Diskutiert,
   a ob während der Stunde geschriebene Zettel auch unter das Briefgeheimnis fallen,
   b ob es rechtens ist, den Brief vorzulesen.
   Berücksichtigt dabei auch den Grundgesetztext (Artikel 10).

2 Überlegt, warum das Grundgesetz die in Artikel 10 erwähnten Nachrichtenformen unter besonderen Schutz stellt.

3 Vergleicht die Formen und Mittel der Kommunikation, die im Grundgesetz genannt sind, mit den unter M 1 dargestellten. Versucht entsprechende Ergänzungen zu Artikel 10 zu entwerfen. Welche Probleme gibt es dabei?

Politisch Verfolgte genießen Asylrecht

Webcode: PE643561-189

M1 Abgeholt im Morgengrauen

Ihren letzten Tag in Deutschland wird Liana Grigorjan nie vergessen. Am 31. März 2008 wird die 14-jährige Schülerin um fünf Uhr morgens von Motorenlärm geweckt. Sie geht zum Fenster und sieht zwei Polizeiautos und einen Bus, die in den Hinterhof einbiegen. Noch vier Stunden, denkt sie, dann beginnt die Schule. Zehn Minuten später klopft es laut an der Haustür. Als Liana öffnet, stehen ein Dutzend Personen vor ihr – Polizisten und Mitarbeiter der Ausländerbehörde. Ein Beamter sagt, die Familie werde nun abgeschoben. Ihr blieben noch zwanzig Minuten, um ihre Sachen zu packen. Für Liana ist das ein Schock. Seit acht Jahren lebt sie mit ihrer Familie in Hamburg, erst vor zwei Wochen hatte die Behörde die Duldung der Grigorjans verlängert. Jetzt haben die Beamten aber einen Bescheid mitgebracht, der diese Duldung mit sofortiger Wirkung außer Kraft setzt. Dem Vater werden Handschellen angelegt. „Selbstverständlich bestand die Möglichkeit, einen Bevollmächtigten zu kontaktieren", sagt ein Sprecher der Ausländerbehörde. Es ist nicht der einzige fragwürdige Vorgang, der in den frühen Morgenstunden des 31. März passiert. Die Polizisten bringen nur den Vater Ruben Grigorjan, Liana und ihren zehnjährigen Bruder Grischo zum Flughafen. Lianas kleinste Schwester, die vierjährige Sona, und die Mutter müssen in Deutschland zurückbleiben. Eine kaum nachvollziehbare Entscheidung und ein klarer Verstoß gegen das deutsche Grundgesetz, das es verbietet, Familien langfristig und für eine unbestimmte Zeit zu trennen.

http://zuender.zeit.de/2008/30/abgeholt-im-morgengrauen-abschiebung-armenien-familientrennung-gericht-31-politik (gekürzt, 24.2.09)

M2 Schüler der Heinrich-Hertz-Schule demonstrieren gegen die Abschiebung ihrer Mitschülerin, 12.6.08

Mitschüler gehen auf die Straße

Unterwegs wurden Flugblätter verteilt, Transparente gezeigt und immer wieder „Liana und Grischo müssen zurück!" gerufen. Der beeindruckende Demonstrationszug am 04.06. zog gemeinsam mit der GEW, dem Flüchtlingsrat Hamburg, Freunden der Familie und SchülerInnen umliegender Schulen zur neuen Schulsenatorin. (...) Eine Delegation von SchülerInnen bat in einem Gespräch (...) um Unterstützung und Hilfe für das Geschwisterpaar. Es wurde ein Brief von Liana übergeben, indem sie darum bittet, wieder nach Hamburg und in ihre Klasse zurückkehren zu dürfen. (...) Am 12.06.08 fand eine Demonstration vor der Ausländerbehörde statt. (...)

M3 Protest *(www.hh.schule.de/hhs/, 24.2.09)*

Artikel 16a GG

(1) Politisch Verfolgte genießen Asylrecht.

(2) Auf Absatz 1 kann sich nicht berufen, wer aus einem Mitgliedsstaat der Europäischen Gemeinschaft oder aus einem Drittstaat einreist, in dem die Anwendung des Abkommens über die Rechtsstellung der Flüchtlinge und der Konvention zum Schutze der Menschenrechte und Grundfreiheiten sichergestellt ist.

1 a „Liana soll in Deutschland bleiben!" Zeigt anhand von M2 und M3, wie die Mitschüler von Liana vorgehen.

b Fallen euch weitere Möglichkeiten ein?

c Informiert euch unter der angegebenen Internetadresse (M3) über den Ausgang des Falls.

2 Angenommen, ein ähnlicher Fall würde sich an eurer Schule abspielen. Wie würdet ihr vorgehen?
- Wer ist euer Ansprechpartner innerhalb der Schule?
- An wen müsst ihr euch beim Ausländeramt wenden?
- Wo findet ihr sonst noch Ansprechpartner? (Politiker, Sportvereine)

3 Entscheidet, ob und in welcher Form ihr an eine größere Öffentlichkeit gehen würdet.

4 Überlegt, warum das Grundgesetz der Bundesrepublik Deutschland ein Asylrecht für Menschen garantiert, die politisch verfolgt werden.

KOMPETENZ-Trainer

Alle Menschen haben Rechte

Interview mit dem Menschenrechtsbeauftragten der Bundesregierung

Markus Löning ist der Menschenrechtsbeauftragte der Bundesregierung. Mit dem Kinderspiegel sprach er darüber, wie Kinder überall auf der Welt geschützt werden sollten. Heute vor 21 Jahren (am 20.11.1989) wurde die Kinderrechtskonvention unterzeichnet. Das bedeutet, dass fast alle Länder der Erde sich darauf einigten, Kinder besonders zu schützen. Um daran zu erinnern und Kinder über ihre Rechte aufzuklären, ist Markus Löning in den vergangenen Wochen in viele Schulen gegangen und hat dort mit den Schülerinnen und Schülern geredet. Beatrix Schnippenkötter hat ihn für den Kinderspiegel interviewt.

Welche Rechte haben Kinder?
Kinder haben das Recht auf Leben, auf Schutz, auf Essen und Trinken, auf eine vernünftige Wohnung und vor allem auch auf Bildung, damit sie Lesen, Schreiben und Rechnen lernen können.

Gelten diese Rechte für alle Kinder?
Ja, sie gelten für alle Menschen, egal wie alt sie sind, wo sie wohnen und wo sie herkommen. Leider werden sie aber nicht überall eingehalten. Es gibt viele Länder, in denen Kinder nicht genug zu essen haben und nicht in die Schule gehen.

Was macht Ihnen beim Thema Kinderrechte besondere Sorgen?
Erwachsene, die nicht verstehen, dass Kinder besonders geschützt werden müssen. Besonders schlimm ist, wenn Kinder gezwungen werden, Soldaten zu sein.

Wie ist es mit Kinderrechten in Deutschland?
In Deutschland geht es Kindern relativ gut, alle haben zu essen und zu trinken und gehen in die Schule. Aber es gibt auch Ausnahmen, zum Beispiel bei Kindern von Menschen, die heimlich nach Deutschland gekommen sind. Ihre Kinder gehen oft nicht in die Schule, weil die Eltern Angst haben, wieder weggeschickt zu werden, wenn sie sich nicht verstecken. …

Warum setzen Sie sich für Kinderechte ein?
Es ist ganz wichtig, dass Kinder lernen: Sie haben Rechte. Selbst in Deutschland wissen viele nicht, dass Kinder niemals und aus keinem Grund geschlagen werden dürfen. Außerdem ist es sehr wichtig, dass alle Kinder in unserem Land gut Deutsch lernen, damit sie eine gute Ausbildung machen und selbst über ihre Leben bestimmen können. …

Aus: Der Kinderspiegel, http://www.tagesspiegelkinder.de/artikel/art80,1085; Abruf am 18.04.2012

M 1 Alle Kinder haben Rechte

Zurück Vorwärts Abbrechen Aktualisieren Startseite | Auto-Ausfüllen Drucken E-Mail
Adresse Explorer

Gedankenexperiment
Der amerikanische Philosoph John Rawls (1921–2002) entwickelte in seinem Hauptwerk Grundsätze für eine gerechte Gesellschaftsordnung ausgehend von einem Gedankenexperiment. Anlehnend daran könnte folgende Situation angenommen werden:
„Morgen wird jeder von euch ein ganz anderer Mensch sein, an einem ganz anderen Ort, in einem anderen Land und vielleicht in einer ganz anderen Zeit leben. Der Zufall wird entscheiden, ob ihr männlich oder weiblich, weiß oder schwarz, klug oder dumm, arm oder reich, gesund oder krank, nicht behindert oder behindert, alt oder jung sein werdet. Allerdings dürft ihr heute noch bestimmen, welche Gesetze in eurem Land gelten sollen, wer zu bestimmen hat und wie die Arbeit und das Geld verteilt werden sollen."

Aus: http://gud.bildung.hessen.de/HE_Kinderrechte_machen_Schule2_2011.pdf; Abruf am 19.04.2012

M 2 Welche Gesetze und Rechte sollen gelten?

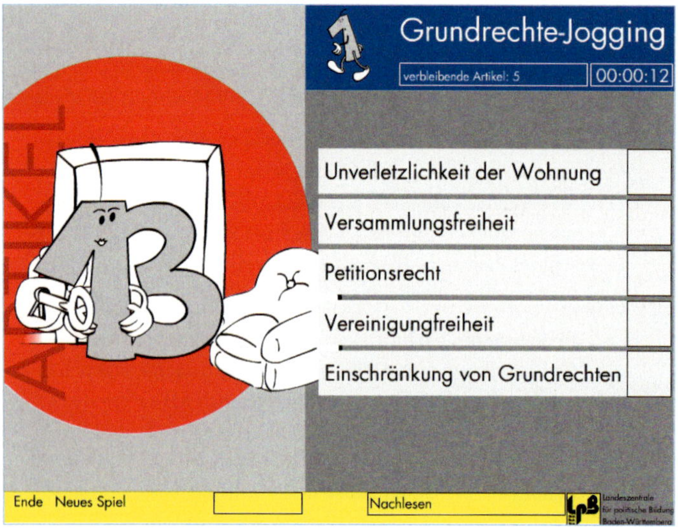

M 3 **Screenshot und Urkunde zum Spiel „Grundrechte-Jogging"**

Webcode:
PE643561-191

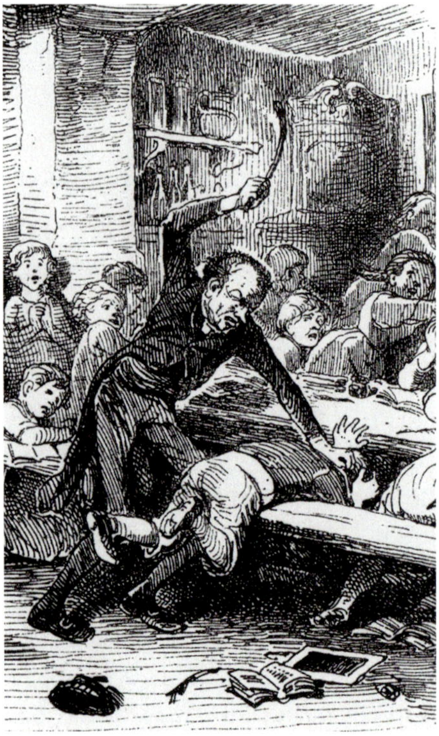

M 4 **„In der Schule"**, *Lithografie von Theodor Hosemann (1807–1875)*

Sachwissen

1 Schreibt die Rechte der Kinder auf, die der Menschenrechtsbeauftragte der Bundesregierung in seinem Interview nennt (M 1). Recherchiert dann im Internet (Webcode), wie die genannten Rechte in der Kinderrechtskonvention jeweils formuliert sind.

2 Überprüft eure Kenntnisse zu den im Grundgesetz der Bundesrepublik Deutschland ausgewiesenen Grundrechten, indem ihr das Grundrechte-Jogging (M 3) spielt. (http://www.lpb-bw.de/onlinespiele/grundrechtejogging/spiel/spiel.html)

Methoden- und Analysekompetenz

3 Informiert euch über die Schulbildung eurer Groß- und Urgroßeltern – durch Befragung oder Auswertung von Beschreibungen und Bildern wie M 4. Zieht dabei auch die Seiten 34 und 35 des Buches nochmals heran. Diskutiert dann folgende Fragen:

a Welche Rechte haben Schüler heute, die ihre Großeltern und Urgroßeltern nicht hatten?

b Welche Kinderrechte werden heute in der Schule nicht genügend geachtet?

Urteils- und Handlungskompetenz

4 UN-Ausschüsse und mehrere deutsche Initiativen fordern seit Jahren, die Kinderrechte in das Grundgesetz der Bundesrepublik Deutschland aufzunehmen. Belange der Kinder sind bisher in Art. 6, Abs. 2 GG formuliert. Seht euch diesen Artikel im Grundgesetz an und nehmt dann Stellung zu der genannten Forderung. (M 1, M 3)

5 Versetzt euch in die unter M 2 beschriebene Situation. Verständigt euch und legt fest, welche Gesetze gelten sollen bzw. welche Rechte festgelegt werden sollen. Stellt eure Entscheidungen im Klassenplenum vor und begründet sie.

Lexikon

Account (englisch: Konto) bezeichnet Nutzerkonto mit Zugangsberechtigung für ein Computersystem (z. B. E-Mail-Account)

Akademiker(-in) ist eine Person mit abgeschlossener Hochschulausbildung.

Allgemeinbildende Schule ist der Oberbegriff für alle Schulen, die nicht mit einem Berufsabschluss (Fachwissen) enden. Sie sind auf die Vermittlung von Allgemeinwissen gerichtet. Zu allgemeinbildenden Schulen gehören Vorklassen, Schulkindergärten, Grundschulen, Hauptschulen, Realschulen, Gymnasien, integrierte Gesamtschulen und Förderschulen u. a.

amnesty international (abgekürzt: ai; engl. amnesty: Begnadigung). Der Startschuss für die Menschenrechtsorganisation war der 28. Mai 1961. An diesem Tag veröffentlichte der Rechtsanwalt Peter Benenson einen Zeitungsartikel, in dem die Situation politisch Gefangener dargestellt wurde. Viele Menschen waren entsetzt über das, was sie in dem Artikel „The Forgotten Prisoners" („Die vergessenen Gefangenen") lasen. Sie schrieben Briefe an die Regierung und baten, sich für die politisch Gefangenen einzusetzen. Bereits zwei Monate schlossen sich auch in Deutschland Menschen zusammen und nahmen ihre Arbeit als Mitglieder für ai auf. Heute hat die Organisation über eine Million Mitglieder und ist in mehr als 140 Ländern vertreten. Amnesty international setzt sich aber nicht nur für Gefangene ein. Die Hauptforderung ist, dass in jedem Land und in jeder Situation die Menschenrechte eingehalten werden. Dazu gehören zum Beispiel das Recht auf freie Meinungsäußerung, faire Gerichtsverhandlungen und körperliche und geistige Unversehrtheit. Die Erfahrung hat ai gelehrt, dass man am meisten Erfolg hat, wenn man die Bürgerinnen und Bürger über Notsituationen und Verletzungen der Menschenrechte informiert. Aus diesem Grund startet die Organisation jährlich viele Aktionen und Kampagnen. Informationen zu Aktionen und Kampagnen unter: www.amnesty.de

Äquator. Das Wort kommt aus dem Lateinischen und bedeutet auf Deutsch Gleichmacher. Als solchen bezeichnet man den großen Kreis (auch Großkreis genannt) eines Planeten, der gleich weit entfernt von beiden Polen ist. Der Äquator ist der einzige Breitenkreis, der ein Großkreis ist. Die geographische Breite von 0° ist ihm zugewiesen.

Ausschüsse sind Gremien, die ein Gemeinderat bzw. eine Gemeindevertretung zur Erfüllung seiner Aufgaben bilden kann. Sie können ständig oder zeitweilig sowie beschließend oder beratend tätig sein. So werden z. B. Finanzausschüsse (Pflichtausschuss), Natur- und Umweltausschüsse (Pflichtausschuss)oder Bauausschüsse (freiwilliger Ausschuss) gebildet.

Bedarfsgemeinschaft. Begriff aus dem deutschen Recht der Grundsicherung für Arbeitssuchende im Sozialgesetzbuch II sowie dem Sozialhilferecht (Sozialgesetzbuch XII). Dem Begriff Bedarfsgemeinschaft liegt der Gedanke zugrunde, dass Personen, die besondere persönliche oder verwandtschaftliche Beziehungen zueinander haben und die in einem gemeinsamen Haushalt leben, sich in Notlagen gegenseitig materiell unterstützen und ihren Lebensunterhaltsbedarf gemeinsam decken. Daraus wird gefolgert, dass Angehörige einer solchen Bedarfsgemeinschaft weniger sozialstaatliche Hilfe benötigen als Personen, die nicht in einer solchen Gemeinschaft leben.

Bedürfnisse. Ein Bedürfnis liegt vor, wenn der Mensch einen bestimmten Mangel empfindet und danach strebt, diesen zu beseitigen. Bedürfnisse erzeugen also starke Wünsche und werden damit zum Auslöser für wirtschaftliches Handeln. Nach der Dringlichkeit unterscheidet man Grundbedürfnisse, Kulturbedürfnisse und Luxusbedürfnisse.

Bestseller. Das Wort kommt aus der englischen Sprache und bedeutet auf Deutsch Verkaufsschlager. Als solche werden Bücher bezeichnet, die überdurchschnittlich gut verkauft werden. Die Verkaufszahlen entscheiden schließlich darüber, ob ein Buch in die Bestsellerliste aufgenommen wird. Ein Beispiel für einen Bestseller sind die verschiedenen Bände des Kinder- und Jugendbuchs Harry Potter.

Browser (von Englisch – to browse: umsehen, blättern) bezeichnet eine Software zum Finden und Ansehen von Dateien. Ein Browser wird zur Darstellung der Seiten im World Wide Web benötigt. Bekannte Browser sind: Internet Explorer, Mozilla Firefox, Opera oder Safari

Clique bezeichnet eine Jugend- oder Freundschaftsgruppe. Oft gibt es verschiedene Rollen innerhalb der Gruppe. → **Soziogramm**

Community. Menschen, die zusammen in einem Ort lebt oder dieselben Interessen hat, bezeichnet man als Gemeinschaft. Auf Englisch heißt das „Community". Diesen Begriff gibt es auch im Internet. Hier bezeichnet er eine Gemeinschaft von Internetnutzern, die meist ähnliche Interessen haben.

Deponie. Eine bauliche und technische Lagerstätte für Abfälle, die dort langfristig verbleiben. Lange Zeit wurde fast der gesamte Müll auf Deponien gebracht, dort gelagert oder zum Teil verbrannt. Diese Art der Entsorgung hat viele Nachteile. Bei der Verbrennung entstehen giftige Schadstoffe, die Luft und Wasser verschmutzen. Außerdem benötigen Mülldeponien viel Platz. Ihnen mussten sogar schon Wälder und Parks weichen. Diese Art, den Abfall zu beseitigen, ist für die Umwelt besonders belastend. Seit Beginn der 1990er-Jahre hat sich die Abfallpolitik geändert. Müll soll nur noch in Ausnahmefällen auf Deponien gebracht werden. Besser ist es, Müll zu vermeiden oder wieder zu verwerten (Recycling). Außerdem sollen von vornherein Materialien verwendet werden, die weniger Schadstoffe enthalten.

Dynamik. Schwung, Lebendigkeit, Triebkraft

Emotionaler Rückhalt kennzeichnet die auf Gefühlen basierende Unterstützung oder Bestätigung beispielsweise durch die Familie oder Freunde. Durch Gefühle, wie Liebe, Zuneigung oder Zusammengehörigkeit, werden dabei auch ungewöhnliche Entscheidungen akzeptiert und unterstützt.

Eskalation wird die stufenweise Steigerung/Ausweitung eines Konflikts genannt, oft durch gegenseitiges „Hochschaukeln" der Beteiligten; so können während einer bewaffneten Auseinandersetzung die Einsatzmittel der Kriegsparteien eskalieren und im Extremfall bis zum Einsatz nuklearer Waffen führen.

Europäische Union (abgekürzt: EU) ist ein Zusammenschluss von europäischen Staaten, die gemeinsame politische Ziele verfolgen. Die EU besteht seit dem 1. November 1993. An diesem Tag haben sich zwölf Staaten, darunter auch Deutschland, zur Europäischen Union zusammengeschlossen. So war es vorher im Vertrag von Maastricht vereinbart worden. Schon davor gab es einen Zusammenschluss europäischer Staaten, die so genannte „Europäische Gemeinschaft". Jeder Staat in Europa hat die Möglichkeit, der Europäischen Union beizutreten. Allerdings müssen dafür einige Voraussetzungen erfüllt sein. Eine der wichtigsten Voraussetzungen ist es, dass der Staat, der beitreten will, demokratisch ist. Heute gehören 27 Staaten zur EU.

Flächennutzungsplan ist ein *vorbereitender* Bauleitplan, der die beabsichtigte städtebauliche Entwicklung einer Gemeinde darstellt. Er enthält Vorgaben für Bebauungspläne in einer Region – z. B. für Verkehrs-, Wohn- oder Grünflächen, sowie Hinweise für die Entscheidung über Vorhaben.

Flexibilität. Bereitschaft, auf Veränderungen der Arbeitswelt mit Anpassungsfähigkeit zu reagieren, z. B. durch berufliche Weiter- und Fortbildung.

Gemeindehaushalt ist die Gesamtheit der öffentlichen Finanzen einer Gemeinde, dargestellt im Jahreshaushaltsplan mit sämtlichen Einnahmen und Ausgaben. Die Einnahmequellen der Gemeinden sind z. B. → Gemeindesteuern, Gebühren und Beiträge; Ausgaben sind zu leisten für die Verwaltung, das Schul- und Gesundheitswesen, die Wohlfahrtspflege, die Erhaltung und den Bau von Straßen und Plätzen.

Geschlechterrolle. Jungen und Mädchen, Frauen und Männer unterscheiden sich äußerlich. Deshalb wird oft erwartet, dass sie auch unterschiedlich handeln, denken und fühlen. Jungen und Mädchen werden auf unterschiedliche Verhaltensweisen festgelegt, die angeblich „männlich" und „weiblich" sind. Das bezeichnet man als Geschlechterrolle (Frauen- /Männerrolle). Mädchen sollen eher brav, gefühlsbetont und wenig am beruflichen Fortkommen interessiert sein. Jungen und Männer dagegen sollen wenig Gefühl zeigen, tapfer und ehrgeizig sein. Die Geschlechterrollen sind nicht angeboren. Kindern wird im Laufe des Aufwachsens vermittelt, dass sich Mädchen und Jungen unterschiedlich zu verhalten haben. Lange Zeit galt das Erziehungsziel, eine Frau auf ein Leben als Ehefrau, Hausfrau und Mutter vorzubereiten, während der Mann mit seinem Beruf für den Lebensunterhalt der Familie zu sorgen hatte. Heute haben Mädchen und Jungen mehr Möglichkeiten, ihr Leben nach eigenen Wünschen und nicht nach festgelegten Rollenvorstellungen zu gestalten. Da dies leichter gesagt als getan ist, gibt es von unterschiedlichen Bundesministerien Projekte, in denen speziell Jungen und Mädchen unterstützt werden. Solche Projekte finden statt, weil Gleichberechtigung und Gleichwertigkeit der Geschlechter Ziele moderner Gesellschaften sind.

Greenpeace (ursprünglich aus dem Englischen und heißt zu deutsch „grüner Frieden") ist eine internationale Umweltschutzorganisation, die 1971 gegründet wurde. Aufmerksamkeit erregte Greenpeace mit seinen Kampagnen gegen Kernwaffentests und Walfang. Unter anderem konzentriert sich Greenpeace heute auch auf aktuelle Themen, wie der globalen Erwärmung, Gentechnik, Atomenergie, Zerstörung der Urwälder u.v.m. Neben Protesten arbeitet Greenpeace heute auch mit umweltfreundlicheren Alternativen wie dem Energieanbieter: Greenpeace Energy.

Grundgesetz (oft mit GG abgekürzt) ist die → **Verfassung** der Bundesrepublik Deutschland. Das Grundgesetz gibt es seit der Staatsgründung im Jahr 1949.
In ihm stehen die allerwichtigsten „Spielregeln" für das Zusammenleben der Menschen in Deutschland. Alle Behörden, Gerichte, alle Bürger müssen sich daran halten. Kein Gesetz in unserem Land darf dem Grundgesetz widersprechen.

Grundrechte sind die in den Verfassungen der jeweiligen Staaten aufgelisteten staatlich garantierten Freiheitsrechte des Individuums gegenüber der Staatsmacht. In Deutschland werden die Grundrechte in Abschnitt I des Grundgesetzes allen anderen grundgesetzlichen Regelungen vorangestellt. Die Grundrechte leiten sich von den → **Menschenrechten** her und sind für die Gesetzgebung, die vollziehende Gewalt sowie die Rechtsprechung bindend. Die Artikel 1–7, 10, 13, 14, 16 a, 17 des Grundgesetzes (GG) verweisen direkt auf die Menschenrechte, während Artikel 8, 9, 11, 12, 16 ausschließlich auf deutsche Staatsbürger bezogen sind.

Hartz-Gesetze. Gesetze, die im Sommer 2002 beschlossen wurden und auf den Vorschlägen einer Kommission um den ehemaligen VW-Manager Peter Hartz beruhen. Die Arbeitsmarktreformen basieren auf den Prinzipien „Fördern und Fordern". Hartz I und II schreiben die Einrichtung von Personal-Service-Agenturen zur Unterstützung der Arbeitsämter, die Förderung von Mini-Jobs und Ich-AGs sowie die Verschärfung von Regeln über die Zumutbarkeit angebotener Arbeit vor. Hartz III veranlasste den Umbau der Arbeitsverwaltung zur Bundesagentur für Arbeit und Hartz IV beinhaltet die Zusammenlegung von Arbeitslosenhilfe und
Sozialhilfe zum neuen
Arbeitslosengeld II. Durch die Reform sollen das Nebeneinander der Ämter beendet und Arbeitssuchende effektiver betreut werden.

ICQ-Nummer. ICQ (i seek you – ich suche dich) ist der Name eines bekannten Instant-Messenger-Programms. „Instant" heißt sofort und „Messenger" so viel wie Bote. Mit Instant Messengern werden Nachrichten sofort übermittelt. Jeder Teilnehmer besitzt eine eigene ICQ-Nummer, unter der er angesprochen werden kann. Weitere Instant-Messenger-Programme sind zum Beispiel: MSN-Messenger oder den AOL Instant Messenger.

Identität kennzeichnet die Eigentümlichkeit, Besonderheit oder den Charakter eines Wesens und dient der Unterscheidung oder Abgrenzung der Menschen voneinander.

Industriestaaten sind Länder, in denen es viele Fabriken und Industrieanlagen gibt. Zu den größten Industrieländern gehören die USA, die Länder der Europäischen Union, Australien und Japan. Der Begriff „Industrie" kommt übrigens vom lateinischen Wort „industria", was auf Deutsch „Fleiß" bedeutet.

Informationelle Selbstbestimmung bezeichnet das **Grundrecht** des Einzelnen, generell selbst über die Herausgabe und Verwendung seiner personenbezogenen Daten (z. B. Geburtsdatum, Wohnort, Bilder, Videos) zu bestimmen. Dieses Grundrecht wird im Grundgesetz nicht ausdrücklich erwähnt. Es folgt aber aus der Rechtsprechung des → **Bundesverfassungsgerichts**. Die Richter begründeten in einem Urteil von 1983: „Wer unsicher ist, ob abweichende Verhaltensweisen jederzeit notiert und als Information dauerhaft gespeichert, verwendet oder weitergegeben werden, wird versuchen, nicht durch solche Verhaltensweisen aufzufallen. [...] Konkret heißt das: Wer sich ständig beobachtet fühlt und Angst hat, dass er wegen seines Verhaltens mit negativen Folgen zu rechnen hat, wird sich anders verhalten, als er das eigentlich möchte. (Stell dir beispielsweise vor, deine Eltern könnten dich immer und überall mithilfe einer Kamera sehen. Wie würdest du dich verhalten?) Dies würde aber die im Grundgesetz garantierte persönliche Entfaltungsfreiheit (Artikel 2, → **Grundgesetz**) sowie die zu schützende Würde des Menschen (Artikel 1 Grundgesetz) einschränken bzw. verletzen.

Informationsgesellschaft wird eine Gesellschaft bezeichnet, die durch die Fülle der Informationsmöglichkeiten mithilfe der modernen Medien geprägt ist. In einer solchen Gesellschaft werden Information und Wissen massenhaft produziert, gesammelt, verwertet, weiterverarbeitet, über Medien verbreitet und somit durch die Informationswirtschaft vermarktet.

Jeder zweite informiert

Erwerbstätige nach Wirtschaftszweigen (in Prozent)

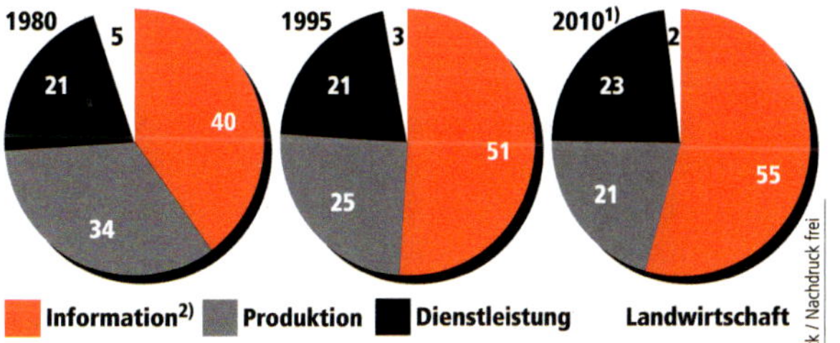

1) Prognose; 2) Erwerbstätige in den Bereichen Unterhaltungselektronik, Kommunikationstechnik, Hardware, elektronische Bauelemente, Fachhandel, Software und Services, Telekommunikationsdienste, Medien

Quellen: Prognos; IAB; Statistisches Bundesamt; Institut der deutschen Wirtschaft, Köln

Instanz bezeichnet die für ein Verfahren zuständige Stelle bei Behörden oder Gerichten. Wer vor den deutschen Gerichten Rechtsschutz sucht, hat in der Regel die Möglichkeit, seinen Rechtsfall durch mehrere Instanzen prüfen zu lassen. Das bedeutet, dass er sich nicht mit dem Urteil des ersten Gerichts (erster Instanz) zufrieden geben muss, sondern sich auch noch an das nächste höhere Gericht wenden kann. Um zur nächsthöheren Instanz zu gelangen, bedarf es eines Rechtsmittels. Dies sind im deutschen Recht: Berufung, → **Revision** und Beschwerde. Jedes Verfahren ist in der Regel auf maximal drei Instanzen begrenzt. Die obersten Gerichte (letzte Instanz) in Deutschland sind: Bundesgerichtshof, Bundessozialgericht, Bundesfinanzhof, Bundesarbeitsgericht und Bundesverwaltungsgericht. Gegen eine Entscheidung dieser letzten Instanzen ist nur noch die Verfassungsbeschwerde vor dem → **Bundesverfassungsgericht** möglich. Eine solche Beschwerde kann man aber nur vorbringen, wenn durch die Gerichtsentscheidung ein → **Grundrecht** verletzt ist.

Integration heißt übersetzt aus dem Lateinischen „Wiederherstellung eines Ganzen". Im deutschen Sprachgebrauch kann es auch als „Eingliederung" verstanden werden. Wenn zum Beispiel ein neuer Schüler in eure Klasse kommt und sich mit eurer Hilfe in die Klassengemeinschaft gut einfügt, dann wird er integriert.

Ausländer oder Menschen mit anderer Religion, die in Deutschland bleiben möchten, bei uns vielleicht Asyl erhalten haben, werden ebenfalls in die deutsche Gesellschaft eingegliedert. Auch das nennt man Integration. Strafgefangene, die lange im Gefängnis waren, müssen nach ihrer Freilassung wieder in das normale Leben integriert werden. Das Gleiche gilt etwa für Arbeitslose oder Menschen, die wegen einer Krankheit lange nicht arbeiten konnten. Auch sie müssen wieder in die Arbeitswelt eingegliedert werden. Und die Wiederherstellung einer großen politischen oder wirtschaftlichen Einheit ist auch eine Integration. Die Eingliederung neuer Staaten in die Europäische Union, in der viele unterschiedliche Staaten gemeinsame Ziele verfolgen, ist eine (europäische) Integration.

Internetprovider. Das englische Wort „to provide" bedeutet wörtlich übersetzt versorgen. Ein Internetprovider ist eine Firma, die ihren Computer – das ist meist ein Großrechner – für andere Benutzer zur Verfügung stellt. Über eine bestimmte Nummer wählt man diesen Großrechner über die Telefon- bzw. DSL-Leitung an. Steht die Verbindung, ist man „online". Nun kann man über den Großrechner des Providers im Internet surfen. Auch eine eigene E-Mail-Adresse erhält man über den Provider. Die Dienste eines Providers sind nicht kostenlos: Man zahlt dafür, dass einen der Provider mit einem Internetzugang versorgt.

Kompost, Kompostierung. Viele Bestandteile des Mülls lassen sich zu Kompost verarbeiten. Das sind alle Speisereste, Gartenabfälle und sonstigen natürlichen Stoffe. Kompostierung ist ein biologischer Vorgang, bei dem gute Erde entsteht, die als Dünger verwendet werden kann. Kompostierfähiger Abfall wird deshalb gesondert in Bio-Tonnen oder Bio-Säcken gesammelt.

Konflikt/Konfliktlösung. Das Wort Konflikt kommt aus der lateinischen Sprache und heißt übersetzt Zusammenstoß, Auseinandersetzung, Streit. Zwischen zwei Menschen oder in einer Gruppe kann es immer wieder zu Auseinandersetzungen oder Streitereien kommen. Das passiert zwischen Freunden, in einer Familie oder in der Schulklasse. Dabei stoßen Menschen mit unterschiedlichen Wünschen, Bedürfnissen und Meinungen aufeinander. Jeder will seinen Willen durchsetzen und berücksichtigt nicht, was der andere möchte. Es gibt verschiedene Möglichkeiten, einen Konflikt zu lösen, z. B., dass einer bestimmt, was gemacht wird. Damit wird der Konflikt aber nicht richtig gelöst, weil dann nur ganz wenige mit dem, was schließlich gemacht wird, einverstanden sind. Besser ist es, eine Abstimmung durchzuführen. Noch besser ist es, nach einer Übereinkunft (Kompromiss) zu suchen, mit der möglichst alle einverstanden sind.

Lifelong employability. Fähigkeit, bis zum Rentenalter stets ein Beschäftigungsverhältnis eingehen zu können.

Massenmedien/Medien. Wenn wir fernsehen, Radio hören, uns in der Bibliothek ein Buch ausleihen oder Zeitung lesen, nutzen wir Medien. Wenn wir durchs Internet surfen, sind wir mit anderen Computern in der Welt verbunden und nutzen die elektronischen Medien. Medien (das Wort kommt vom lateinischen „medium" und bedeutet so viel wie „Vermittler") sind also Mittel oder bestimmte Verfahren, mit denen Nachrichten und Informationen verbreitet werden, auch Bilder und Filme. Man kann sich durch Medien weiterbilden, sich informieren, Ideen austauschen oder sich einfach unterhalten. Und weil sehr viele Menschen das beim Fernsehen oder Zeitungslesen tun, nennt man solche Medien auch „Massenmedien". Besitzer dieser Medien, z. B. eine Fernsehstation, erreichen sehr viele Menschen und haben so die Möglichkeiten, die Meinung dieser Menschen zu beeinflussen. Deshalb ist es sinnvoll, sich in möglichst verschiedenen Medien zu informieren.

Medienrechtler ist ein Jurist (Rechtsgelehrter), der sich auf den Bereich des Medienrechts spezialisiert hat. Das Medienrecht beschäftigt sich mit den Regelungen privater und öffentlicher Information und Kommunikation. Der Rechtsbereich des Medienrechts setzt sich zusammen aus Teilbereichen des öffentlichen Rechts, des Zivilrechts und des Strafrechts.

Menschenrechte sind die angeborenen unveräußerlichen Rechte eines jeden Menschen. Sie sind überstaatlich, d. h. höher gestellt als die Rechte des Staates. Sie können daher auch nicht vom Staat verliehen, sondern nur anerkannt werden. Die Menschenrechte wurden von den Vereinten Nationen (→ **UNO**) im Jahr 1948 aufgeschrieben und gehen auf die Erklärung der Bürger- und Menschenrechte während der Französischen Revolution 1789 zurück. Viele Staaten, auch Deutschland, haben diese Rechte in ihrer Verfassung als → **Grundrechte** festgeschrieben. Dazu gehören zum Beispiel das Recht auf Leben, auf Freiheit und körperliche Unversehrtheit. Dies heißt, dass niemand gefoltert werden darf. Jeder hat auch das Recht, seine Meinung frei zu sagen, ohne dafür bestraft zu werden. Jeder Mensch soll außerdem glauben können, was er will, und darf keine Nachteile wegen seiner Religion erfahren. Das Wahlrecht bestimmt, dass die Menschen in demokratischen Wahlen regelmäßig wählen dürfen; das Recht auf Bildung besagt, dass alle Menschen etwas lernen dürfen und das Recht auf Eigentum stellt sicher, dass jeder etwas als sein Eigentum besitzen darf. In vielen Ländern der Welt werden die Menschenrechte von der Staatsmacht missachtet, was zeigt, dass die Anerkennung der Menschenrechte keineswegs selbstverständlich ist und jeder aufpassen muss, dass der Staat diese Rechte achtet.

Migranten sind einzelne Menschen oder Gruppen, die aus unterschiedlichen Ursachen ihren Wohnsitz vorübergehend oder ständig verändern. Der Begriff Migration umfasst also alle Wanderungsbewegungen. Immer ist Migration der Versuch, die eigene Lebenssituation zu verbessern bzw. widrigen Lebensbedingungen zu entfliehen.

Mobilität. Bereitschaft, einen Arbeitsplatz auch an einem weiter entfernten Ort anzunehmen.

Müllverbrennungsanlagen. Müllverbrennung ist eine Form der Abfallentsorgung. Problem: Bei der Verbrennung werden Gase und Staub freigesetzt und gelangen in die Nahrungskette des Menschen. Viele der freigesetzten Stoffe sind bisher nicht untersucht worden. Ihre gesundheitlichen Schäden sind noch nicht abschätzbar.

ökologisches Gleichgewicht. Im ökologischen Gleichgewicht bleibt die Anzahl der Individuen sowie der Arten in einem Ökosystem praktisch unverändert. Es kann zu Schwankungen um einen Mittelwert kommen, die sich aber von selbst wieder ausgleichen. Bei Veränderungen des ökologischen Gleichgewichts können gravierende Veränderungen in der Natur eintreten.

Opposition. Wenn euch nicht passt, was Eltern, Lehrer oder die meisten eurer Mitschüler sagen und wollen, dann seid ihr in der Opposition. Das Wort kommt aus dem Lateinischen und bedeutet, im Widerspruch zur Mehrheit zu stehen. In der Politik heißt das, dass Parteien im Deutschen Bundestag, die nicht zu den Regierungsparteien gehören, sich in der so genannten parlamentarischen Opposition befinden. Sie sind ein wichtiger Teil in der Demokratie, weil sie mit aufpassen, dass die Gesetze eingehalten werden.

Outsourcing. Spezialisierte Dienstleistungsunternehmen übernehmen standardisierte und wiederkehrende Aufgaben der produzierenden Industrie, z. B. Werkschutz, Kantinenbewirtschaftung, Gebäudereinigung, Marketing, Lohnbuchhaltung und Ingenieurleistungen.

Paragraf. Das Paragrafenzeichen findet sich in Gesetzestexten immer vor einer Zahl. Es zeigt den Beginn eines neuen Paragrafen (Abschnitts) an, der durch die Zahl bezeichnet wird. Zum Beispiel § 110. Der Ursprung des Zeichens ist unklar. Vermutlich handelt es sich aber um die Abkürzung Doppel SS für „signum sectionis“ (lateinisch: Zeichen des Abschnitts). Um wertvolles Papier zu sparen, machten die Schreiber früher keine Leerzeile zwischen Absätzen, sondern kennzeichneten diese mit dem Paragrafenzeichen am Rand. Auch die Paragrafen werden noch einmal durch nummerierte Absätze unterteilt. Den Absätzen sind eingeklammerte Nummern (1) vorangestellt. So spricht man beispielsweise von: Paragraf 110 Absatz 1.

Podcast. Kunstwort aus iPod (ein MP3-Player der Firma Apple) und englisch broadcasting („Rundfunk“). Podcast ist ein Verfahren zur Verbreitung von Audio- und Videodateien über das Internet. Per Download werden die Daten auf den PC oder MP3-Player übertragen. Die radio- bzw. fernsehähnlichen Beiträge werden von sog. Podcastern wie u. a. Hörfunk- und Fernsehsendern, Zeitungen und Privatpersonen angeboten. Podcasts können abonniert, gespeichert und zu jeder beliebigen Zeit abgespielt werden.

Politik. Im alten Griechenland hießen die Stadtstaaten „polis“. Das waren Städte, die sich selber verwalteten. Daher leitet sich das Wort „Politik“ ab. Es ist die Staatskunst, also alles, was das geordnete Zusammenleben der Bürgerinnen und Bürger regelt. Politik umfasst alle Dinge, die von Regierungen, Ministerinnen und Ministern, aber auch zum Beispiel von Verwaltungen (Ämtern) und Bürgermeistern in den Gemeinden bestimmt und gesetzlich festgelegt werden. Wenn in deiner Stadt ein neues Schwimmbad gebaut oder eine neue Straße geplant wird, dann ist das eine kommunalpolitische Entscheidung. („Kommune“ ist ein anderer Begriff für „Gemeinde“.) Oder wenn auf der höchsten Staatsebene der Bundeskanzler oder die Bundeskanzlerin und das Kabinett Beschlüsse fassen über die Beziehungen zu anderen Staaten, dann ist das Außenpolitik.
Es gibt fast keinen Bereich im Zusammenleben der Menschen, der nichts mit Politik zu tun hat. Das zeigt sich schon in den Bezeichnungen: Kinder- und Jugendpolitik, Schulpolitik, Arbeitsmarktpolitik, Gesundheitspolitik, Rentenpolitik.
Aber Politik hat nicht nur etwas mit Regierung und Ministern zu tun. „Politik“ hat oft eine viel weitere Bedeutung. Darunter versteht man alles, was mit der Durchsetzung von Forderungen und Zielen zu tun hat, mit Einflussnahme und Gestaltung, sowohl im persönlichen als auch im öffentlichen Bereich.

Präsidentenwahl im Iran (2009). Am 12. Juni 2009 fanden im Iran die Präsidentschaftswahlen statt. Dabei konnte sich der bisherige Amtsinhaber Mahmoud Ahmadinejad durchsetzen, der laut Informationen des Innenministeriums 62,6 Prozent der

Anhänger von Hussein Mussawi protestieren gegen den Ausgang der Präsidentschaftswahl im Juni 2009 im Iran

Stimmen erreichte. Er erzielte damit überraschend bereits im ersten Wahlgang die nötige Mehrheit. Sein stärkster Konkurrent, Hussein Mussawi, dagegen kam demnach auf einen Stimmenanteil von nur 33,7 Prozent. Anhänger der Opposition sprachen allerdings von Wahlbetrug und auch Experten werteten das Ergebnis als gezielte Manipulation der herrschenden religiösen Klasse. Die islamische Republik Iran ist keine reine Diktatur: Das vielfach verzahnte politische System Irans vereinigt theokratische (Herrschaftsform, bei der die Staatsgewalt allein religiös legitimiert ist) mit demokratischen Elementen. Die zentrale Rolle spielt Revolutionsführer Ayatollah Ali Khamenei, das geistige Oberhaupt der Republik und Nachfolger Ayatollah Khomeinis.

Er ernennt die wichtigsten Positionen in Militär, Justiz, Wirtschaft und den staatlichen Medien. Das Parlament wird vom Volk gewählt, jedoch kontrolliert der so genannte islamische Wächterrat, wer zu den Wahlen antreten darf. Der Wächterrat hat zudem das letzte Wort über gesetzgeberische Entscheidungen des Parlaments. Er trifft auch eine Vorauswahl der Kandidaten für das Präsidentenamt.

Pressefreiheit. Das Recht der freien Meinungsäußerung, und dazu gehört die Pressefreiheit, gehört in unserer Demokratie zu den → **Grundrechten**. Es soll damit sichergestellt werden, dass alle Bürgerinnen und Bürger frei ihre Meinung sagen und schreiben können und sich ihre Informationen beschaffen können, wo sie wollen. Grundsätzlich darf niemand den Journalisten und Journalistinnen vorschreiben, was sie zu schreiben oder zu berichten haben. Durch bestimmte Vorschriften und Gesetze wird die Pressefreiheit allerdings eingeschränkt. Es darf niemand beschädigt oder beleidigt werden, die persönliche Ehre der Menschen muss geachtet werden. Es darf auch nichts in Zeitungen geschrieben oder im Fernsehen gezeigt werden, was dem Jugendschutz widerspricht. Manche warnen davor, dass die Pressefreiheit in Gefahr sei, wenn einzelne Unternehmen zu viele Zeitungen oder Fernsehstationen kaufen. Damit könnte die Meinung im Lande zu sehr beeinflusst werden und vielleicht auch Druck auf die Journalisten ausgeübt werden. Solche „Pressekonzentration", wie das heißt, kann man in manchen Ländern, auch in Deutschland beobachten. Hier gibt es das Bundeskartellamt, das solche Vorgänge kontrolliert.

Profilbildung. Sehen deine Eltern zufälligerweise deinen letzten Sucheintrag bei Google, so wissen sie, wofür du dich in diesem Augenblick interessiert hast. Da es deine Eltern sind, wissen sie aber in der Regel über deine Hobbys, Gewohnheiten und Interessen Bescheid. Anders ist das bei fremden Personen oder Firmen. Aber auch sie könnten durch die Auswertung von Daten mehr über dich erfahren, als du denkst. Wenn du als registrierter Kunde z. B. bei einem Online-Versand shoppen gehst, hinterlässt du Datenspuren. Zusammengefügt ergeben sie ein Kundenprofil von dir. Zum Beispiel für welche Themen du dich interessierst, welche Artikel du anderen empfohlen hast, wie viel Geld du durchschnittlich zur Verfügung hast oder für dein Hobby bereit bist auszugeben. Alleine anhand von Daten ist es möglich, eine ganze Reihe von Profilen über Nutzer anzulegen: über Handydaten Bewegungsprofile, über Kunden- oder Rabattkarten sehr genaue Kundenprofile usw.

Psychologe. Fachmann/Fachfrau auf dem Gebiet der Psychologie, der Wissenschaft, die sich mit dem Verhalten und dem seelisch gesteuerten Erleben des Menschen befasst.

Rationalisierung. Erhöhung der Produktivität eines Betriebes.

Regierung. Die Regierung leitet den Staat. Sie besteht aus einer Gruppe von Personen, die man auch Kabinett nennt. Chef der Regierung ist in Deutschland der Bundeskanzler oder die Bundeskanzlerin. Die Regierung trifft sich regelmäßig in Sitzungen. Dort werden die Entscheidungen über die Innen- und Außenpolitik eines Staates getroffen. Das können zum Beispiel neue Gesetze sein zu Kindergeld und Steuern oder Maßnahmen zu Regelungen im Straßenverkehr. Oder es wird beraten und festgelegt, wie die Beziehungen Deutschlands zu anderen Ländern am besten geregelt werden können. In Deutschland gehört der Regierungschef oder die Regierungschefin in der Regel der stärksten Partei im Deutschen Bundestag an.

Rente/Pension, auch Ruhegehalt genannt, ist ein regelmäßig ausbezahltes Einkommen, welches (meist) als Altersversorgung dient.

Revision (aus dem Lateinischen: re „wieder, zurück" und videre „ansehen") bedeutet allgemein (nochmalige) Durchsicht, Nachprüfung, Änderung, z. B. einer Ansicht oder Meinung. Im rechtlichen Sinne meint es ein Rechtsmittel, mit dem die Überprüfung von Rechtsfragen durch ein höheres Gericht beantragt wird. Die Revisionsfrist (also Antragsfrist) beträgt im Zivil-, Verwaltungs- und Finanzgerichtsprozess einen Monat, im Strafprozess eine Woche.

Shell-Studie. Die vom Mineralölkonzern Shell finanzierte Studie ist eine Untersuchung der Einstellungen, der Werte, der Gewohnheiten und des Sozialverhaltens von Jugendlichen in Deutschland. Die Studie wird seit 1953 durchgeführt.

Schmähkritik. Eine Äußerung (z. B. Anschuldigung) ist dann als Schmähkritik zu bezeichen, wenn sie ungeachtet der tatsächlichen Lage etwas Falsches behauptet, mit dem Ziel, der angesprochenen Person zu schaden. Dem Täter muss es erkennbar nur um die persönliche Herabsetzung des Opfers gehen. In diesem Fall ist die Äußerung nicht mehr durch das Grundrecht auf freie Meinungsäußerung (Artikel 5 → Grundgesetz) abgedeckt. Denn dieses Recht findet seine Schranken (Artikel 5 Absatz 2) in den Vorschriften der allgemeinen Gesetze, den gesetzlichen Bestimmungen zum Schutze der Jugend und in dem Recht der persönlichen Ehre.

Social Map bezeichnet die grafische Darstellung in Form einer Karte (englisch: map) von sozialen Gemeinschaften oder anderen Beziehungen verschiedener Gruppen und Individuen zueinander. Das können Übersichten zu Freundschaftsbeziehungen, Familien oder anderen Netzwerken, so auch soziale Netzwerke im Internet, sein. Auch die Präsenz von Firmen im Internet lässt sich als Social Map darstellen.

Solidarität. Du empfindest, dass dein Freund zum Beispiel von einem Lehrer ungerecht behandelt wird. Du stehst auf und sagst es laut. Du stellst dich also auf seine Seite, zeigst so dein Zusammengehörigkeitsgefühl. „Solidarität" kommt aus dem Lateinisch-Französischen und heißt genau: „Zusammengehörigkeit". Es können auch mehrere Personen oder auch Gruppen sein, die sich gegenseitig helfen und unterstützen, zum Beispiel Nachbarschaftshilfe leisten, und so zeigen, dass sie „solidarisch" sind. In

der christlichen Religion heißt die Solidarität mit den Armen „Nächstenliebe". Politisch hat sich dieses solidarische Handeln im 19. Jahrhundert entwickelt, als sich die Menschen in der so genannten Arbeiterbewegung für bessere Lebens- und Arbeitsbedingungen einsetzten. Solidarität kann also auch ausgeübt werden, wenn man sich persönlich gar nicht kennt. Man fühlt sich dann solidarisch, weil jemand anderes die gleiche politische Überzeugung wie man selbst hat oder weil es ihm schlecht geht und er Not leidet.

Sozialwissenschaftler. Ein Wissenschaftler oder eine Wissenschaftlerin, die sich mit dem Zusammenleben der Menschen und seinen Ordnungsformen befasst.

Soziologin, Soziologe. Soziologen nennt man Wissenschaftler, die gesellschaftliche Zusammenhänge und das menschliche Verhalten erforschen.

Spätaussiedler. Nachfahren der deutschen Auswanderer, die sich im 18. und 19. Jahrhundert in Osteuropa (Rumänien, Ungarn, Ukraine und vor allem Russland) niederließen. Sie konnten seit den 1960er-Jahren auf Antrag (und mit der Begründung ihrer Deutschstämmigkeit und/oder der Familienzusammenführung) in die Bundesrepublik einwandern.

Stieffamilien. Stieffamilien sind Familien, in denen ein Kind (unter 18 Jahren) bei einem leiblichen Elternteil lebt und dieser mit einem neuen Partner zusammenlebt, der nicht Vater oder Mutter des Kindes ist. Dieser ist dann im Verhältnis zum Kind Stiefvater bzw. Stiefmutter. Im Märchen wird die Stiefmutter oft als böse dargestellt.

Tradition/traditionell. Überlieferung von kulturellen Formen und Inhalten (z. B. Bräuche, Glaubensvorstellungen, Erzählstoffe, Kleidung [Trachten], Lieder) über eine bestimmte Zeit hinweg. Die populären Traditionen werden von der Volkskunde erforscht, die gelegentlich als die Wissenschaft von den Traditionen definiert wird.

Twitter (von englisch to tweet = zwitschern). Internetdienst des 2006 von Jack Dorsey, Biz Stone und Evan Williams gegründeten US-amerikanischen Unternehmens Twitter Inc.; registrierte Benutzer können per PC oder Handy (SMS) auf twitter.com bis zu 140 Zeichen umfassende Texte und Fotos, sog. Tweets, publizieren. Der Absender kann entscheiden, ob er seine Nachrichten allen Benutzern zur Verfügung stellen oder den Zugang auf eine Freundesgruppe beschränken will.

UNHCR. Ein Großteil der Hilfe für Flüchtlinge wird vom UNHCR organisiert, dem „United Nations High Commissioner for Refugees" (Hoher Flüchtlingskommissar der Vereinten Nationen). Das UNHCR ist eine Sonderorganisation der Vereinten Nationen, die 1951 gegründet wurde. Die erste Aufgabe vom UNHCR bestand ab 1951 darin, etwa einer Million größtenteils europäischer Zivilisten zu helfen, die wegen des Zweiten Weltkrieges ihre Heimat verlassen mussten. Ab den 1950er-Jahren wurde die Flüchtlingskrise zu einem wahrhaft globalen Problem. Sie erreichte Afrika und später Asien, um dann nach Europa zurückzukehren. Auf dem Höhepunkt der Krise, Mitte der 1990er-Jahre, half UNHCR 27 Millionen Menschen in einem einzigen Jahr. Insgesamt hat UNHCR seit seiner Gründung dazu beigetragen, dass 50 Millionen Flüchtlinge ein neues Leben beginnen konnten.

UNICEF (United Nations Children's Fund = Kinderhilfswerk der Vereinten Nationen). Das Weltkinderhilfswerk wurde 1946 gegründet. Es besaß 2005 über 7200 Mitarbeiter/-innen in fast 160 Staaten. Die Arbeit des Weltkinderhilfswerks wird durch Spenden ermöglicht (2003 fast 1,7 Milliarden US-Dollar). UNICEF unterstützt Kinder und Mütter vor allem in den Bereichen Gesundheitsfürsorge, Familienplanung, Ernährung, Erziehung und leistet Soforthilfe in Notsituationen.

Volksverhetzung. Wer zum Hass oder zu Gewalttaten aufruft, wer gegen Fremde, gegen Menschen anderer Hautfarbe oder solche, die eine andere politische Meinung haben, aufhetzt, macht sich strafbar. Er begeht Volksverhetzung. Er stört, wie es im amtlichen Deutsch heißt, den öffentlichen Frieden. Man spricht auch von „Volksverhetzung", wenn andere Menschen böswillig beschimpft, verächtlich gemacht und dadurch in ihrer Würde verletzt werden. Es ist auch eine Straftat, wenn man Schriften oder Texte zum Beispiel im Internet verbreitet, die die nationalsozialistischen Verbrechen leugnen oder zum Rassenhass aufstacheln. Volksverhetzung kann mit Geld- oder Freiheitsstrafe von drei Monaten bis zu fünf Jahren bestraft werden.

Vorurteil. Häufig haben wir Vorstellungen und Meinungen über andere Menschen oder andere Völker, die gar nicht der Wirklichkeit entsprechen. Wir verallgemeinern dann etwas, was wir vielleicht einmal erlebt haben oder was wir von anderen gehört oder irgendwo gelesen haben. Manchmal ist es auch nur ein unbestimmtes Gefühl. Eine solche Meinung ist kein begründetes, sondern ein vorschnelles Urteil – ein Vor-Urteil.

Web 2.0. Der Begriff ist nicht als Bezeichnung einer rein technischen Erneuerung des Internets zu verstehen, sondern umfasst schlagwortartig alle interaktiven und gruppendynamischen Anwendungen des heutigen „Mitmach-Internets“. Dazu gehören Weblogs, Wikis, Videoportale, Tauschbörsen und soziale Netzwerke. Während das Internet in den 1990er-Jahren eher statisch war, versetzen neue Techniken und größere Internetbandbreiten die Anwender zunehmend in die Lage, selbst Inhalte im Internet zu erstellen und weiterzugeben.

Weblog. Kunstwort aus Web und Logbuch. Ein Weblog ist eine Webseite im Internet, die von einem oder mehreren Autoren, Blogger genannt, regelmäßig durch neue Einträge ergänzt wird. Neue Einträge stehen am Anfang der Seite, ältere folgen in umgekehrt chronologischer Reihenfolge. Die datierten Beiträge können Texte, Links auf andere Webseiten, Bilder und Videos enthalten und von anderen kommentiert werden. Weblogs dienen z. B. als persönliches Tagebuch, der Sammlung kommentierter Weblinks, dem Austausch von Meinungen, Neuigkeiten und Wissen, der Dokumentation von Projekten. Die Gesamtheit aller Weblogs bildet die Blogosphäre.

WWF (World Wide Fund For Nature =
Weltweite Stiftung für die Natur) ist eine der größten internationalen Naturschutzorganisationen der Welt. Sie wurde am 11. September 1961 gegründet und ist heute in mehr als 100 Ländern aktiv. Weltweit unterstützen fast fünf Millionen Förderer den WWF. Das Logo des WWF zeigt den Großen Panda. Modell für dieses Logo war die berühmte Pandabärin Chi Chi, die während der Gründung des WWF im Londoner Zoo lebte.

Zensur. Was Zensuren sind, wisst ihr alle: gute oder schlechte Noten, also Bewertungen für schulische Leistungen. Es gibt in undemokratischen Staaten auch eine Zensur der Medien. Darunter versteht man, dass eine staatliche Behörde alles kontrolliert, was in Büchern, Zeitungen und Zeitschriften stehen soll, was die Menschen im Fernsehen, in Filmen oder auf der Theaterbühne sehen dürfen und was nicht. Zweck dieser staatlichen Zensur ist es, dass die Bürger nur das erfahren, was die Regierung mitteilen will. Texte oder Bilder, die zum Beispiel die Regierung kritisieren, werden aus den Zeitungen oder Filmen herausgestrichen. Oder sie werden so verändert, dass die Kritik nicht mehr zu erkennen ist. Mit dieser Zensur soll die Meinung der Menschen beeinflusst werden. Wenn sie nichts über Probleme in einem Staat lesen oder im Fernsehen sehen können, dann denken sie vielleicht, es sei alles in Ordnung. In undemokratischen Staaten, vor allem in Diktaturen, gibt es oft ein eigenes Ministerium, das für die so genannte Vorzensur zuständig ist. Von diesem Ministerium muss alles erst genehmigt werden, bevor es veröffentlicht werden darf. Durch die Nachzensur kann ein Film oder ein Theaterstück, wenn es den Herrschenden nicht gefällt, nachträglich verboten werden. In demokratischen Staaten wie der Bundesrepublik Deutschland ist die Presse- und Meinungsfreiheit garantiert. In Artikel 5 des Grundgesetzes heißt es ausdrücklich: „Eine Zensur findet nicht statt.“ Allerdings kann es Fälle geben, wo doch eine Zensur stattfindet. Wenn zum Beispiel ein Text oder ein Film gegen das Grundgesetz oder Bestimmungen des Jugendschutzes verstößt, kann die Veröffentlichung verboten werden.

Zielgruppe. Werbung oder bestimmte Programmangebote der Massenmedien (Fernsehen, Radio, Zeitschriften) richten sich oft an eine bestimmte Zielgruppe. Dies sind z. B. bei Werbung für einen Gebissreiniger ältere Menschen oder Kinder und Jugendliche bei Handyklingeltönen. Die Werbefachleute studieren unter anderem die Gewohnheiten und das Käuferverhalten bestimmter Konsumentengruppen, um diese für ihre Werbemaßnahmen zu verwenden. Kinder und Jugendliche sind nicht nur wegen ihres Taschengeldes eine stark umworbene Zielgruppe, sondern auch, weil sie bei vielen Anschaffungen in der Familie (z. B. Brotaufstrich) mitbestimmen.

Zweiter Weltkrieg. Der Zweite Weltkrieg dauerte von 1939 bis 1945. Er begann am 1. September 1939, als deutsche Truppen das benachbarte Polen überfielen. Die Nationalsozialisten, die in Deutschland unter der Führung des Diktators Adolf Hitler die Macht erlangt hatten, wollten, dass Deutschland wieder groß und mächtig wurde. Sie wollten die Bestimmungen des Versailler Friedensvertrages, der nach dem Ersten Weltkrieg die Macht Deutschlands begrenzte, nicht mehr akzeptieren. Polen war das erste Land, das von den deutschen Truppen besetzt wurde. Deutschland war mit Italien und Japan verbündet (man nannte sie die „Achsenmächte“). Die Gegner der Achse waren vor allem Großbritannien, Frankreich, die Sowjetunion und die USA. Insgesamt waren an diesem weltweit geführten Krieg 27 Nationen beteiligt. In Europa waren fast alle Länder von dem Kriegsgeschehen direkt betroffen. Zunächst gelang es den deutschen Truppen, die meisten europäischen Länder zu erobern. Doch besiegen konnte es seine Gegner nicht. Im Jahr 1941 traten die USA in den Krieg gegen Deutschland ein. Zusammen mit den anderen Verbündeten (Alliierten) befreiten sie die Gebiete, die von den deutschen Armeen besetzt worden waren. Die deutschen Truppen wurden besiegt. Der Diktator beging am 30. April 1945 in Berlin Selbstmord. Deutschland kapitulierte (gab auf) und am 9. Mai 1945 trat ein Waffenstillstand in Kraft.
Der Zweite Weltkrieg endete jedoch erst mit der Kapitulation Japans Anfang September 1945. Dem waren amerikanische Atombombenabwürfe auf die japanischen Großstädte Hiroshima und Nagasaki vorausgegangen.
Insgesamt hat der Zweite Weltkrieg über 60 Millionen Tote gefordert. Mehr als 6 Millionen Juden sind von den Deutschen ermordet worden. Sinti und Roma und andere Minderheiten sind verfolgt und getötet worden.

Arbeitstechniken

Cluster erstellen

1. Schreibt in die Mitte eines leeren Blattes das Wort, zu dem ihr Ideen sammeln wollt. Kreist das Wort ein.
2. Schreibt nun die Wörter rund um das Wort auf, die euch genau jetzt in den Sinn kommen.
3. Verbindet die neuen Wörter durch Striche mit dem Kernwort.
4. Ihr könnt so viele Wörter aufschreiben, wie euch in ungefähr 5 bis 10 Minuten einfallen.

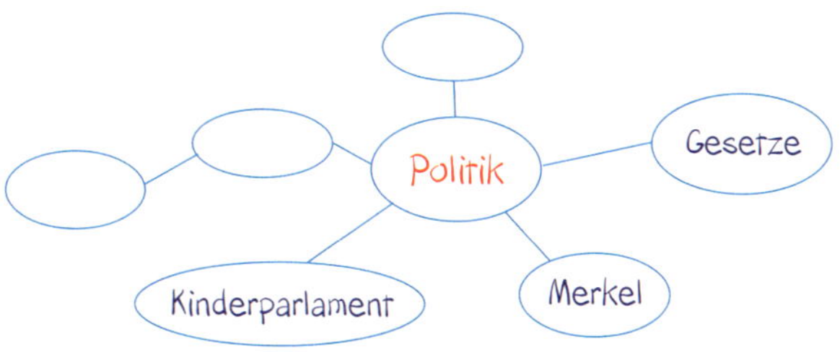

Mit dem Internet arbeiten

Eine gute Möglichkeit, Informationen zu beschaffen, bietet das Internet. Allerdings solltet ihr folgende Hinweise bei der Arbeit mit dem Internet beachten.

Internetrecherche

Zunächst solltest du prüfen, ob die Internetrecherche sinnvoll ist. Sie kann sinnvoll sein, wenn
- ihr schnell Informationen benötigt,
- ihr aktuelles Datenmaterial sucht,
- ihr Material benötigt, über das die örtlichen Bibliotheken nicht oder nicht so schnell verfügen können,
- ihr vielleicht noch nicht genau wisst, welche Informationen es zu einem Thema gibt.

Aber Achtung: Heruntergeladene Inhalte solltet ihr nicht ungeprüft gelten lassen.

Wie finde ich was im Internet?

Am einfachsten ist es, wenn man die Adresse kennt. Sehr häufig wird inzwischen in Zeitungen, Zeitschriften und im Fernsehen die Internetadresse angegeben – sie beginnt mit „www". Achtet darauf, die Adresse genau anzugeben – vor allem die Punkte. Manche Adressen sind naheliegend: www.nordrhein-westfalen.de

Viele Adressen sind hingegen unbekannt. Sie müssen über „Suchmaschinen" herausgefunden werden. Wichtige Suchmaschinen sind: www.google.de, www.metager.de, www.Yahoo.de, www.altavista.com
Und die bekanntesten Suchmaschinen für Kinder findet ihr unter: www.blindekuh.de oder www.kiddysearch.de

Mit Online-Lexika umgehen

Um erste Informationen zu einem Thema zu bekommen und eventuell noch ein paar Links zu erhalten, könnt ihr auch Online-Lexika verwenden. Hierbei müsst ihr unterscheiden zwischen zwei Arten von Lexika. Zum einen gibt es Lexika, deren Inhalt von einer abgegrenzten Expertengruppe zusammengetragen und geprüft wurde. Diese Experten stehen mit ihrem Namen für die Richtigkeit und Ausgewogenheit (d. h. keine einseitige Darstellung) der Angaben. Ein solches Lexikon findet ihr beispielsweise auf www.hanisauland.de oder bei der Bundeszentrale für politische Bildung (www.bpb.de).

Eine andere Art der Online-Lexika sind solche, zu denen jeder etwas beitragen kann. Der Vorteil: Diese Lexika wachsen schnell und enthalten viele Begriffe. Es wächst aber auch die Gefahr, dass die Informationen nicht richtig oder einseitig dargestellt sein könnten. Zwar überprüfen sich die freiwilligen Schreiber auch untereinander wie beispielsweise bei www.wikipedia.de –ihr findet diese Überprüfung, wenn ihr auf den Reiter „Diskussion" (M 1) klickt. Jedoch gilt gerade hier, dass die Informationen nicht ungeprüft übernommen werden dürfen.

M 1 Ausschnitt der Internetseite Wikipedia

Ein **Interview** durchführen

Arbeitsschritte für das Interview im Rathaus

1. Beratet in Gruppen darüber, wie man den Besuch im Bürgermeisteramt vereinbaren kann (z. B. über die Vorbereitung des Telefonats mit der Amtsleiterin oder dem Amtsleiter, über die Beschaffung von Informationen über das Rathaus oder den Weg zum Rathaus).

2. In einem weiteren Schritt sammelt jeder Fragen, die an die Oberbürgermeisterin oder den Oberbürgermeister (oder eine andere Person, die euch Auskunft geben kann) gestellt werden sollen.

3. Alle Fragen werden nach Schwerpunkten sortiert:
   - Fragen zur Person
   - Fragen zur beruflichen Laufbahn
   - Fragen zur Bürgermeisterwahl usw.

   Findet weitere Themengebiete und sucht Fragen dazu.

4. Bereitet das Interview vor.
   Einigt euch auf eine Fragestellerin oder einen Fragesteller. Besprecht die technische Vorgehensweise (Rekorder mit Mikrofon) und den Ablauf.

M 2 **Ein Interview mit der Oberbürgermeisterin**

M 3 **Beispiel für Themenbereiche und Fragen:**

a) Aktuelle Lage der Gemeinde
Muss die Gemeinde sparen? Wenn ja, wo würden Sie sparen?

b) Aktuelle Bauvorhaben
Warum wird das Kaufhaus in der City abgerissen?

c) Voraussetzungen für das Amt
Muss man einer Partei angehören, um Bürgermeisterin zu werden?

d) Arbeit des Gemeinderats
Wie oft kommt der Gemeinderat zusammen?

M 1 **So – besser nicht! Interviewversuch zum Thema Energieverbrauch der Schule**

Karikaturen auswerten

Karikaturen sind bewusst übertriebene Darstellungen zu politischen und gesellschaftlichen Problemen. Der Zeichner (Karikaturist) spitzt ein Problem zu, übertreibt oder untertreibt es. Oft kommentiert er es mit spitzen Bemerkungen. Wichtig ist es zu erkennen, was mit der Karikatur kritisiert wird.

Zur Auswertung einer Karikatur bieten sich die folgenden vier Schritte an:

1. Was sehe ich? Was fällt an der Zeichnung besonders auf?
2. Welches Problem ist dargestellt?
3. Was will der Karikaturist damit erreichen?
4. Was ist deine Meinung zur Aussage der Karikatur?

Beispiel einer Karikaturenauswertung

Was sehe ich? Was fällt an der Zeichnung besonders auf? Die obere Karikatur zeigt im Vordergrund zwei Krankenschwestern, die in einem Raum einen älteren schwergewichtigen Mann aus dem Bett heben und sich dabei sehr anstrengen müssen, was man am Gesichtsausdruck und an den Schweißtropfen erkennt. Der Mann spricht aus: „... so was ist doch Männerarbeit!" und blickt dabei aus dem Fenster. Durch das Fenster sind zwei Frauen zu sehen, die auf einem Gerüst einer handwerklichen Tätigkeit nachgehen, dies zeigen der Hammer, die Helme und die Holzlatte.

Welches Problem ist dargestellt? Es geht in der Karikatur um häufige Vorurteile über Frauen in der Berufswelt und über typische Frauenberufe und Männerberufe.

Was will der Karikaturist erreichen? Der Karikaturist will verdeutlichen, dass Frauen in typischen Frauenberufen (z. B. Pflegeberufe) oft körperlich sehr schwer arbeiten. Wenn sie aber typische Männerberufe (z. B. im Handwerk) ausüben, werden sie vielfach mit dem Vorurteil konfrontiert, dass sie dafür zu schwach seien. Die Karikatur soll zum Nachdenken darüber anregen.

Was ist deine Meinung zur Aussage der Karikatur? Hier schreibst du deine persönliche Meinung. Wie siehst du das Problem? Stimmst du dem Karikaturisten zu? Welche eigenen Erfahrungen kannst du anführen?

Lernplakate erstellen

Das Lernplakat dient der Ergebnissicherung. Mit einem Lernplakat kann man wichtige Lernergebnisse zusammenfassen und veranschaulichen, das, was man sich unbedingt merken will und anderen mitteilen möchte. Lernplakate können gut in Gruppen entworfen werden:

1. Die Teilnehmer legen den Inhalt des Lernplakates fest.
2. Sie verständigen sich über die Botschaft, die ihr Plakat vermitteln soll.
3. Sie sammeln Ideen über einen interessanten Spruch und die Überschriften.

Für die Fertigstellung werden Plakatkarton und dicke Filzstifte benötigt.

- Für kurze Sprüche ist Hochformat besser geeignet als Querformat.
- Format, Bild und Text müssen gut zusammenwirken.
- Die Botschaft des Plakats muss auf weite Entfernung lesbar sein.

Eine **Mindmap** anfertigen

Eine Mindmap (= Gedankenkarte) anfertigen ist eine Arbeitstechnik, um ein Thema zu strukturieren und Zusammenhänge aufzuzeigen.
Gehe dazu folgendermaßen vor:

1. Verwende ein Blatt im Querformat.
2. Schreibe das Thema in die Mitte des Blattes und hebe es durch einen Kreis hervor.
3. Sammle alle Ideen, die dir zum Thema einfallen, zunächst auf einem „Schmierzettel".
4. Welche dieser Ideen sind besonders wichtig? Notiere die wichtigsten Hauptideen in Druckbuchstaben auf Linien (= Zweigen), die direkt vom Thema weggehen. Verwende dabei möglichst nur Stichwörter (Schlüsselbegriffe) oder kurze Formulierungen.
5. Füge für Unterpunkte eines Hauptastes weitere Nebenzweige ein.
6. Gestalte deine Mindmap durch Symbole, kleine Zeichnungen, Farben, unterschiedliche Schrift.

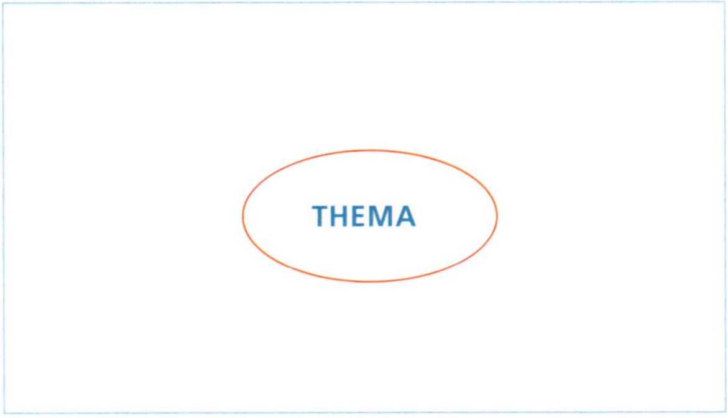

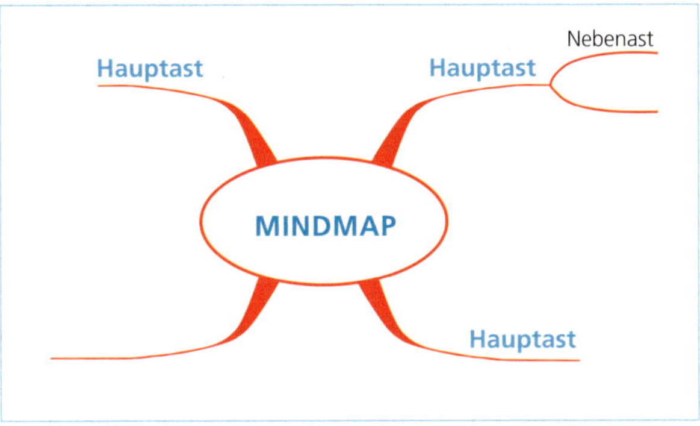

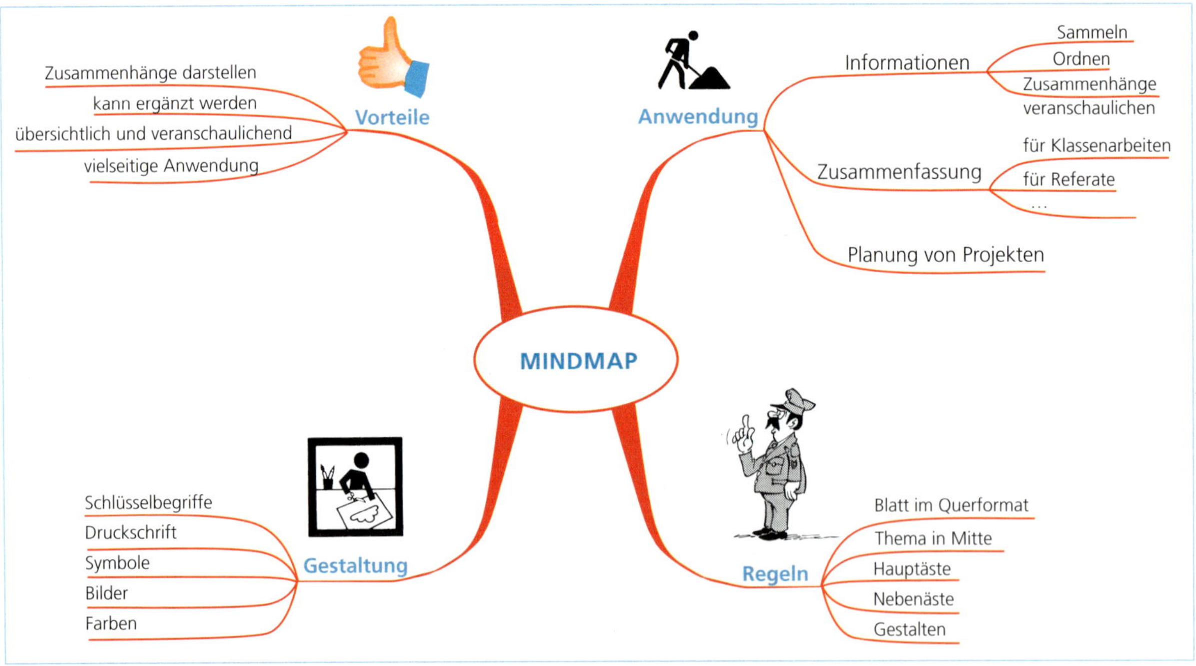

Schaubilder auswerten

Diagramme und Schaubilder begegnen uns täglich in Zeitungen und Zeitschriften, im Fernsehen und in Schulbüchern. Durch sie werden Zahlenangaben zeichnerisch dargestellt, damit zeitliche Entwicklungen, Zusammenhänge oder Vergleiche einfacher ersichtlich werden. Die folgenden Arbeitsschritte sind eine Hilfe bei der Auswertung von Diagrammen und Schaubildern.

Bedeutung von Prozentangaben

Sehr oft werden in Diagrammen auch Prozentangaben verwendet. Der Begriff Prozent stammt aus dem Italienischen (pro cento: von Hundert). **Prozentangaben** bedeuten nichts anderes als **Hundertstel**. Es gilt z. B.:
100 % sind die Gesamtheit.

50 % sind $\frac{50}{100} = \frac{1}{2}$, also die Hälfte.
25 % sind $\frac{25}{100} = \frac{1}{4}$, also ein Viertel.

In Diagrammen und Schaubildern werden Prozentangaben manchmal auch sprachlich umschrieben. Es heißt z. B. *„Von 100 Befragten haben 17 …“*, diese Umschreibung bedeutet das Gleiche wie *„17 % der Befragten haben …“*.

Waren bei einer Frage mehrere Antworten gleichzeitig möglich (Mehrfachantworten), dann ist die Summe in Prozentangaben größer als 100 %.

1. Was wird dargestellt?
   - Wie heißt das Thema?
   - Sind alle Begriffe klar? Schlage unbekannte Begriffe in einem Lexikon nach oder frage nach.
   - Um welche Diagrammart handelt es sich?
   - Ist ein bestimmter Zeitraum oder Zeitpunkt dargestellt? Auf welche Region beziehen sich die Angaben?
   - Woher kommen die Informationen?
2. Was ist die Hauptaussage des Schaubildes?
   - Häufig sind zeitliche Entwicklungen ersichtlich. Kann man diese Entwicklungen näher beschreiben?
   - Welche Vergleiche der Zahlenangaben sind möglich? (Gibt es besonders große und besonders kleine Werte? Fallen bestimmte Werte besonders auf?)
   - Fasse die Hauptaussage in eigenen Worten zusammen.
3. Wie bewertest du das Schaubild?
   - Sind die Angaben des Schaubildes noch aktuell?
   - Gibt es Fehler oder Widersprüche?
   - Was meinst du zur Hauptaussage des Schaubildes?

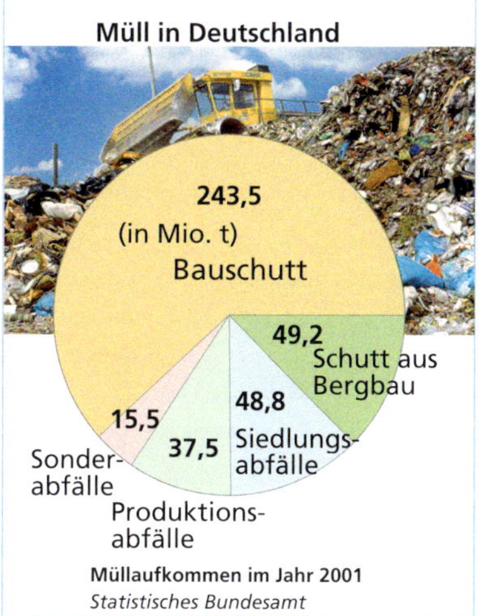

M1 Kreisdiagramm

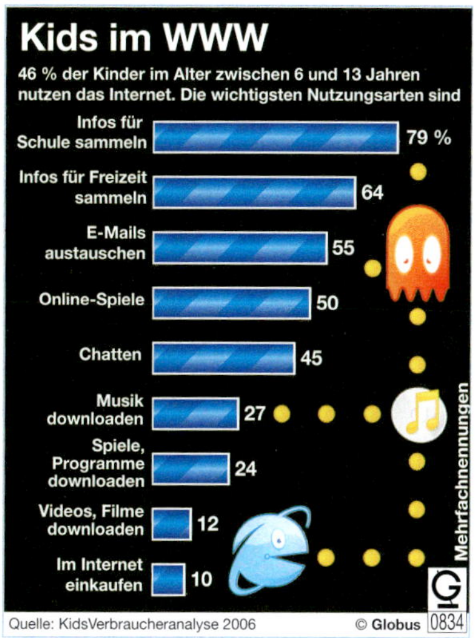

M2 Balkendiagramm

M3 Säulendiagramm

Werbung auswerten

Zur Auswertung von Werbeanzeigen und Werbespots bieten sich die folgenden Fragestellungen an:

A Leitfragen zur Auswertung von Werbeanzeigen

1. Welches Produkt wird beworben?
2. Welche Zielgruppe soll die Anzeige ansprechen?
3. Welche Informationen liefert die Werbung?
4. Welche Tricks der Werbemacher sind erkennbar?
   a Wie wird Aufmerksamkeit erreicht?
   b Welche Bedürfnisse werden angesprochen?
   c Welche Farben werden verwendet?
   d Was fällt am Bild/an den Bildern auf?
   e Welchen Unterhaltungswert hat die Werbung?
   f Welche sprachlichen Kunstgriffe fallen auf?
   g Was fällt außerdem noch besonders auf?
5. Was ist deine Meinung zu dieser Anzeige? Hier schreibst du deine persönliche Meinung. Wie gefällt dir die Werbung? Fühlst du dich von der Werbung angesprochen oder nicht? Begründe.

B Leitfragen zur Auswertung von Werbespots

1. Welches Produkt wird beworben?
2. Welche Zielgruppe soll der Spot ansprechen?
3. Welche Informationen liefert der Werbespot?
4. Welche Tricks der Werbemacher sind erkennbar?
   a Wie wird Aufmerksamkeit und Spannung erreicht? (Erzählt der Werbespot eine Geschichte? Welchen Unterhaltungswert hat der Spot? Wie schnell wechseln die Bildeinstellungen? …)
   b Welche Personen (Prominente, „Experten", Comicfiguren) kommen vor? Was verkörpern sie?
   c Welche Bedürfnisse, Wünsche und Gefühle werden angesprochen? Welche Stimmung wird durch Musik, Bildmotive und Farben erreicht?
   d Wird gesprochen, geschrieben oder gesungen?
   e Was fällt außerdem noch besonders auf?
5. Was ist deine Meinung zu diesem Werbespot?

Tipps:

- Es ist sinnvoll, den Werbespot mehrmals anzusehen und Beobachter für bestimmte Fragen einzuteilen.
- Viele Werbespots sind auch im Internet bei den jeweiligen Unternehmen oder z. B. unter www.kress.de und www.gwa.de zu finden.

Ein Argumentationsposter gestalten

Ein Argumentationsposter ist ein Hilfsmittel, mit dem ihre eine Argumentation, also eine Beweisführung zu einem bestimmten Thema entwickeln, systematisieren und vortragen könnt. Es sollte möglichst nur knappe Formulierungen oder Stichworte enthalten.

1. Die ersten Aussagen beschreiben die Situation, wie sie ist: IST.
2. Die nächsten Aussagen beziehen sich darauf, wie die Situation sein soll: SOLL.
3. In dem dritten Kasten wird begründet, warum das Soll notwendig ist: WARUM?
4. Im vierten Kasten wird eine Forderung formuliert, die kurz und knapp ausdrückt, was jetzt zu tun ist: APPELL

KARIKA-Tour unternehmen

Mit der Arbeitstechnik KARIKA-Tour könnt ihr euch mithilfe unterschiedlicher Karikaturen einen Überblick über verschiedene Auslegungen eines Gesamtthemas verschaffen. Dazu werden mehrere Karikaturen an den Wandseiten des Kursraumes aufgehängt und in Kleingruppen betrachtet:

- Wie sieht der Karikaturist das Thema?
- Auf welches Problem macht er aufmerksam?
- Welcher Zusammenhang besteht zwischen den einzelnen Karikaturen?

Nach etwa 2 bis 3 Minuten wechseln die Gruppen auf ein Signal des Lehrers im Uhrzeigersinn zur nächsten Karikatur. Diese wird unter der gleichen Fragestellung betrachtet. So geht es weiter, bis der Rundgang abgeschlossen ist. Dann werden die Bilder abgehängt.

Der Lehrer lässt nun jede Gruppe eine Karikatur ziehen. Mithilfe der Leitfragen (→ AT: **Karikaturen** auswerten) bespricht jede Gruppe ausführlich „ihre" Karikatur. In einer Tabelle können Stichworte zu den Fragen eingetragen werden, um anschließend im Plenum verglichen zu werden.

Einen Kurzvortrag halten

Ein Kurzvortrag ist eine Form der Präsentation, bei der Informationen zu einem Thema recherchiert, angemessen aufgearbeitet und vermittelt werden. Die grundsätzliche Gliederung eines Vortrages gestaltet sich nach dem Prinzip: Einleitung – Hauptteil – Schluss. Neben inhaltlichen Schwerpunkten spielen äußere Faktoren, wie Mimik, Gestik und Körpersprache sowie die unterstützende Visualisierung, eine wesentliche Rolle bei der Gestaltung eines Vortrages.

Zur Vorbereitung und Durchführung eines Kurzvortrages bieten sich folgende Schritte an:

1. Das Thema/Problem erfassen, um Klarheit über den Gegenstand und das Ziel des Vortrages zu erlangen.
2. Informationen recherchieren, sammeln und ordnen: Mithilfe der Literaturrecherche, einer → **Expertenbefragung** oder durch Beobachtungen werden verschiedene Aspekte des Themas beleuchtet. Aus der Fülle der Informationen werden Schwerpunkte festgelegt und das vorhandene Material danach sortiert.
3. Aufgrund der Schwerpunkte wird eine Vortragsgliederung entwickelt. Dabei können Baumdiagramme oder → **Mind-Maps** helfen.
4. Zur visuellen Unterstützung der inhaltlichen Aussagen muss verschiedenes Anschauungsmaterial eingesetzt werden. Dafür bieten sich Diagramme, Tabellen oder Bilder an. Außerdem sollte die Form der Informationsdarbietung bedacht werden. Beispielsweise ist eine Powerpoint-Präsentation oder eine Unterstützung durch Folien sinnvoll.
5. Ein Stichwortzettel, der als Wegweiser und Gedankenstütze dient, enthält die wichtigsten Angaben und Fakten des Vortrages. Er sollte übersichtlich gestaltet, gut lesbar und auf das Wesentlichste beschränkt sein.
6. Zentrale Aussagen des Vortrages werden in einem Handout zusammengefasst und für die Mitschüler vervielfältigt.
7. Damit die Umsetzung des Vortrages gelingt und man sich sicherer fühlt, empfiehlt es sich alles der Familie oder Freunden vorzutragen.

8. Mithilfe des Stichwortzettels und der Anschauungsbeispiele werden die Erkenntnisse weitgehend frei vorgetragen, wobei Blickkontakt mit möglichst vielen Zuhörern gehalten werden sollte. Für einen leichteren Zugang der Zuhörer zum Thema, bietet sich die Vorstellung der Gliederung zu Beginn des Vortrages an. Nach dem Vortrag können die Zuhörer Rückfragen stellen, um Begriffe und Sachverhalte präzisieren zu können.

Eine Pro-und-Kontra-Tabelle erstellen

Die Pro-und-Kontra-Tabelle ist eine Form der Stoffsammlung für eine freie Erörterung. Dabei werden Für- und Wider-Argumente in tabellarischer Form aufgelistet und einander gegenübergestellt. Bei der Ausformulierung der Argumente werden diese begründet und mit Beispielen belegt. Sie können dabei leicht mit dem Gegenargument in Beziehung gesetzt und verglichen werden. Die schriftliche Gegenüberstellung von Pro- und Kontra-Argumenten folgt der Gliederung: Einleitung – Hauptteil – Schluss.

Beispiel: Sollte man das Rauchen in Gaststätten verbieten?

Pro	Kontra
Rauchen ist ungesund und kann Krebs verursachen	die Freiheit des Einzelnen wird eingeschränkt
Nichtraucher rauchen passiv mit, was sehr schädlich ist	Gastwirte befürchten weniger Gäste
Gesundheitskosten können gespart werden	Staat nimmt eine Menge Tabaksteuern ein
Jugendliche sehen keine schlechten Beispiele	Einhaltung schwer kontrollierbar

Textquellen analysieren, interpretieren und auswerten

Die Quellenanalyse ist eine Rekonstruktion und Deutung von historischen Abläufen. Nach der Erschließung und Interpretation der Quellen entsteht eine erzählende Konstruktion der Vergangenheit.

1. Analyse und Interpretation:
   Formale Kennzeichen: Textart, Verfasser (Stellung, Augenzeuge), Ort, Zeit, Adressat, historischer Kontext
   Inhaltliche Merkmale: Thema, Inhaltsangabe, Aufbau/Gliederung und Gedankenführung, Kernaussagen, Thesen, Argumente, Folgerungen, Schlüsselbegriffe, sprachliche Besonderheiten (z. B. Metaphern, Vergleiche, …), Absicht des Verfassers = Erfassen der Aussageabsicht

2. Wertung und Kritik:
   kritische Reflexion, Logik der Aussagen, Überprüfung des Erkenntniswertes, Quellenwert, Position bewerten, eigene Position einnehmen = Inhaltsbewertung

Eine Wandzeitung erstellen

Mit einer Wandzeitung könnt ihr Ideen, Vorschläge und Ergebnisse eurer Erarbeitung präsentieren. Die Arbeitsergebnisse werden so in geordneter Form den Mitschülern dargeboten. Die Wandzeitung könnt ihr im weiteren Unterricht wieder mit einbeziehen oder als Gedächtnishilfe benutzen. Bei der Gestaltung eurer Wandzeitung solltet ihr immer davon ausgehen, dass eure Mitschüler oder andere Leser noch nie etwas von dem Thema gehört haben. Die Umsetzung sollte daher so einfach und deutlich wie möglich sein.

- Zur Umsetzung eurer Wandzeitung benötigt ihr große Papierbögen (z. B. Tapetenreste) sowie Bilder, Diagramme, Texte (aus Zeitungen oder selbst verfasste) und Zitate zum Thema.
- Diese Informationen solltet ihr übersichtlich gegliedert auf der Papierfläche anordnen. Beachtet dabei, dass eine Wandzeitung aus der Ferne betrachtet wird und Lesbarkeit sowie Übersichtlichkeit wichtig sind.
- Um eure Präsentation noch deutlicher zu gestalten, könnt ihr Farben, verschiedene Schriftarten oder Pfeile zur Hervorhebung eingesetzen.

Arbeitsformen

Brainstorming in Einzel- und Gruppenarbeit

Brainstorming heißt übersetzt Gedankensturm. Es funktioniert folgendermaßen:

1. In Einzelarbeit sammelt jeder möglichst viele, auch ausgefallene oder „verrückte“ Ideen. Zur späteren Auswertung bietet es sich an, jeden Gedanken auf ein eigenes Blatt oder Karteikärtchen zu schreiben.
2. Bildet anschließend Gruppen mit höchstens fünf Teilnehmern. Stellt euch innerhalb der Gruppe eure Ideen vor – bestimmt fallen euch dabei weitere Ideen ein oder ihr könnt vorhandene Ideen zu neuen verbinden. Beachtet: Eine Bewertung ist streng verboten.

Gruppenhitliste

So erstellt ihr eine Gruppenhitliste:

1. Jeder schreibt auf seinen persönlichen Wahlzettel den für ihn wichtigsten Begriff zu einem Thema. (Ihr könnt auch mit mehreren Begriffen arbeiten.)
2. Vergleicht in der Gruppe. Erstellt eine Hitliste, der am häufigsten genannten Begriffe.
3. Ihr könnt jetzt auch eine Klassenhitliste oder eine Schulhitliste erstellen.

Gruppenpuzzle

Diese Arbeitsform bietet sich an, wenn ihr in einer Gruppe ein Thema bearbeiten wollt, das verschiedene Gesichtspunkte hat. Nachdem ihr das Thema und die Unterthemen (Gesichtspunkte) benannt habt, geht ihr so vor:

1. Setzt euch in Stammgruppen je nach Anzahl der Unterthemen zusammen, in diesem Beispiel vier.

Entscheidet euch in der Gruppe, welches der Unterthemen euch am meisten interessiert. Teilt euch entsprechend den Themen auf.

2. Jede Gruppe hat einen zukünftigen Experten für jedes Thema benannt. Die Experten setzen sich nun in den Expertengruppen zusammen. Hier eignen sie sich die Informationen über das Thema an. Anschließend diskutieren sie, wie sie das bearbeitete am besten erläutern können. Hierzu können kleine Skizzen, Mindmaps etc. angefertigt werden.

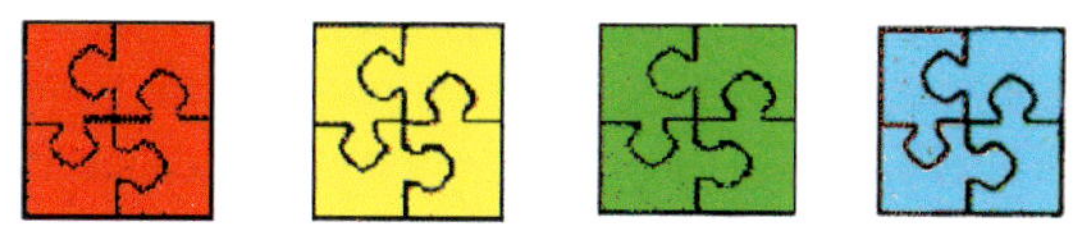

3. In der dritten Runde kehren die Experten wieder in ihre Stammgruppen zurück. Jeder Experte erläutert nun sein Spezialthema und klärt Rückfragen.

4. Sind die Stammgruppen fertig, kann das Hauptthema im Plenum diskutiert werden.

Ideenkarussell

Mit einem Ideenkarussell könnt ihr viele Gedanken zu einem Thema in der Gruppe sammeln. Geht dabei wie folgt vor:

1. Schreibt angefangene Sätze zum Thema an die Tafel.

Ohne Autos werden wir ...
Energie gewinnen wir dann aus ...
Wenn es kalt wird, werden wir ...

2. Schreibt weitere Satzanfänge hinzu.
3. Ergänzt sie, sodass vollständige Sätze entstehen. Wenn schon Ergänzungen da sind, lest diese, bevor ihr selbst schreibt.
4. Sprecht über die entstandenen Sätze.

Kartenabfrage

1. Bestimmt in der Klasse ein Thema, zu dem ihr eine Kartenabfrage durchführen wollt. Schreibt das Thema groß in die Mitte der Tafel.
2. Teilt euch in Gruppen zu etwa vier Schülern ein. Schreibt eure Gedanken auf Karten auf. Immer nur ein Gedanke pro Karte – schreibt groß und deutlich!
3. Wählt ein Moderatorenteam (2 bis 3 Schüler). Dieses Team sammelt nach etwa 5 bis 10 Minuten die Karten ein und heftet sie an die Tafel.
4. Sortiert nun gemeinsam die Karten. Findet Doppelungen und legt die Karten nach Unterthemen zusammen, denen ihr Überschriften gebt.
5. Mit dem Ergebnis könnt ihr nun weiterarbeiten: Ihr könnt zum Beispiel die einzelnen Themen in Gruppen genauer untersuchen.

Rollenspiel

Jeder spielt in seinem Leben viele verschiedene Rollen, oft ohne es zu merken: die Rolle als Schüler, Tochter, Bruder, Kumpel, … Hinter allen diesen Rollen steht eine Person, die auf ihre Umgebung unterschiedlich reagiert.

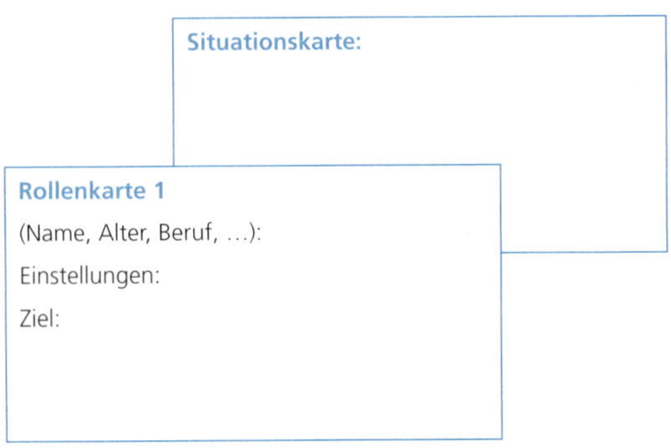

Das Rollenspiel bietet die Möglichkeit, sich in Situationen „hineinzuversetzen“, in Rollen „hineinzuschlüpfen“, um dabei zu verdeutlichen, wie Menschen in bestimmten Augenblicken denken, fühlen und handeln. Auch typische Streitsituationen können mit einem Rollenspiel aufgegriffen werden.

Zur Vorbereitung, Durchführung und Auswertung eines Rollenspiels solltet ihr folgendermaßen vorgehen:

1. Um welches Problem geht es? Was soll mit dem Rollenspiel geklärt werden? Welche Rollen gibt es? Wo findet die Handlung eigentlich statt? Auf einer Situationskarte wird die Ausgangslage beschrieben.
2. Auf Rollenkarten wird die jeweilige Rolle näher bestimmt. Sie werden als „Drehbuch“ an die einzelnen Spieler verteilt. Hier wird festgelegt: Welche Einstellungen werden vertreten? Welche Ziele will der Einzelne erreichen? Wie soll er auftreten? Die Rollen werden verteilt.
3. Für jeden Spieler sind mehrere Beobachter zuständig. Sie beobachten und untersuchen folgende Punkte: Hat sich der Spieler an seine Rolle gehalten und diese verständlich dargestellt? Haben seine Argumente überzeugt? Hat der Spieler laut und deutlich gesprochen?

Stummes Schreibgespräch

Für ein stummes Schreibgespräch benötigt ihr folgende Materialien:
Schere, Kreppband, Filz- oder Wachsmalstifte, Wandtapeten (von großen Papierrollen, Resttapeten oder Kartonpapier).
Je nach Gruppengröße werden auf mindestens zwei zusammengestellten Tischen zwei Wandtapeten in der Breite eines Tisches aneinandergelegt und mit Kreppband befestigt. Die Stühle werden beiseite gestellt.
Nun wird in großer Schrift auf jede Tapete eine Aufgabe oder eine Frage geschrieben.
Auf ein vereinbartes Zeichen wird für etwa 10 Minuten nicht mehr gesprochen. Ihr könnt euch während dieser Zeit nur noch schriftlich mitteilen.
Bis zu 15 Personen verteilen sich gleichmäßig um die Tischgruppe. Während der ganzen Zeit geht ihr langsam um die Tische und entscheidet selbst, wann, wie viel und wo ihr etwas hinschreiben wollt. Wie in einem normalen Gespräch wird es möglich sein, viel zu schreiben oder erst einmal zu sehen, was die anderen schreiben. Ihr könnt Meinungen und Argumente hinschreiben, Beiträge von anderen kommentieren, sie bestärken oder ihnen widersprechen. Die Meinungsäußerungen der anderen dürfen aber nicht durchgestrichen oder verändert werden. Ein Beispiel für ein stummes Schreibgespräch findet ihr auf Seite 47.

Aus dem Grundgesetz der Bundesrepublik Deutschland

Artikel 1

(1) Die Würde des Menschen ist unantastbar. Sie zu achten und zu schützen ist Verpflichtung aller staatlichen Gewalt.

(2) Das Deutsche Volk bekennt sich darum zu unverletzlichen und unveräußerlichen Menschenrechten als Grundlage jeder menschlichen Gemeinschaft, des Friedens und der Gerechtigkeit in der Welt.

(3) Die nachfolgenden Grundrechte binden Gesetzgebung, vollziehende Gewalt und Rechtsprechung als unmittelbar geltendes Recht.

Artikel 2

(1) Jeder hat das Recht auf die freie Entfaltung seiner Persönlichkeit, soweit er nicht die Rechte anderer verletzt und nicht gegen die verfassungsmäßige Ordnung oder das Sittengesetz verstößt.

(2) Jeder hat das Recht auf Leben und körperliche Unversehrtheit. Die Freiheit der Person ist unverletzlich. In diese Rechte darf nur auf Grund eines Gesetzes eingegriffen werden.

Artikel 3

(1) Alle Menschen sind vor dem Gesetz gleich.

(2) Männer und Frauen sind gleichberechtigt. Der Staat fördert die tatsächliche Durchsetzung der Gleichberechtigung von Frauen und Männern und wirkt auf die Beseitigung bestehender Nachteile hin.

(3) Niemand darf wegen seines Geschlechtes, seiner Abstammung, seiner Rasse, seiner Sprache, seiner Heimat und Herkunft, seines Glaubens, seiner religiösen oder politischen Anschauungen benachteiligt oder bevorzugt werden. Niemand darf wegen seiner Behinderung benachteiligt werden.

Artikel 4

(1) Die Freiheit des Glaubens, des Gewissens und die Freiheit des religiösen und weltanschaulichen Bekenntnisses sind unverletzlich.

(2) Die ungestörte Religionsausübung wird gewährleistet.

(3) Niemand darf gegen sein Gewissen zum Kriegsdienst mit der Waffe gezwungen werden. (…)

Artikel 5

(1) Jeder hat das Recht, seine Meinung in Wort, Schrift und Bild frei zu äußern und zu verbreiten und sich aus allgemein zugänglichen Quellen ungehindert zu unterrichten. Die Pressefreiheit und die Freiheit der Berichterstattung durch Rundfunk und Film werden gewährleistet. Eine Zensur findet nicht statt. (…)

(3) Kunst und Wissenschaft, Forschung und Lehre sind frei. Die Freiheit der Lehre entbindet nicht von der Treue zur Verfassung.

Artikel 6

(1) Ehe und Familie stehen unter dem besonderen Schutze der staatlichen Ordnung.

(2) Pflege und Erziehung der Kinder sind das natürliche Recht der Eltern und die zuvörderst ihnen obliegende Pflicht. Über ihre Betätigung wacht die staatliche Gemeinschaft. (…)

Artikel 7

(1) Das gesamte Schulwesen steht unter der Aufsicht des Staates.

(2) Die Erziehungsberechtigten haben das Recht, über die Teilnahme des Kindes am Religionsunterricht zu bestimmen. (…)

Artikel 8

(1) Alle Deutschen haben das Recht, sich ohne Anmeldung oder Erlaubnis friedlich und ohne Waffen zu versammeln.

(2) Für Versammlungen unter freiem Himmel kann dieses Recht durch Gesetz (…) beschränkt werden.

Artikel 9

(1) Alle Deutschen haben das Recht, Vereine und Gesellschaften zu bilden.

(2) Vereinigungen, deren Zwecke oder deren Tätigkeit den Strafgesetzen zuwiderlaufen oder die sich gegen die verfassungsmäßige Ordnung oder gegen den Gedanken der Völkerverständigung richten, sind verboten. (…)

Artikel 10

(1) Das Briefgeheimnis sowie das Post- und Fernmeldegeheimnis sind unverletzlich.

(2) Beschränkungen dürfen nur auf Grund eines Gesetzes angeordnet werden. (…)

Artikel 11

(1) Alle Deutschen genießen Freizügigkeit im ganzen Bundesgebiet. (…)

Artikel 12

(1) Alle Deutschen haben das Recht, Beruf, Arbeitsplatz und Ausbildungsstätte frei zu wählen. Die Berufsausübung kann durch Gesetz (…) geregelt werden.

(2) Niemand darf zu einer bestimmten Arbeit gezwungen werden, außer im Rahmen einer herkömmlichen allgemeinen, für alle gleichen öffentlichen Dienstleistungspflicht.

(3) Zwangsarbeit ist nur bei einer gerichtlich angeordneten Freiheitsentziehung zulässig.

Artikel 12a *

(1) Männer können vom vollendeten achtzehnten Lebensjahr an zum Dienst in den Streitkräften, im Bundesgrenzschutz oder in einem Zivilschutzverband verpflichtet werden.

(2) Wer aus Gewissensgründen den Kriegsdienst mit der Waffe verweigert, kann zu einem Ersatzdienst verpflichtet werden. (…)

Art 13

(1) Die Wohnung ist unverletzlich.

(2) Durchsuchungen dürfen nur durch den Richter, bei Gefahr im Verzuge auch durch die in den Gesetzen vorgesehenen anderen Organe angeordnet und nur in der dort vorgeschriebenen Form durchgeführt werden. (…)

Artikel 14

(1) Das Eigentum und das Erbrecht werden gewährleistet. Inhalt und Schranken werden durch die Gesetze bestimmt.

(2) Eigentum verpflichtet. Sein Gebrauch soll zugleich dem Wohle der Allgemeinheit dienen.

(3) Eine Enteignung ist nur zum Wohle der Allgemeinheit zulässig. (…)

Artikel 15

Grund und Boden, Naturschätze und Produktionsmittel können zum Zwecke der Vergesellschaftung durch ein Gesetz, das Art und Ausmaß der Entschädigung regelt, in Gemeineigentum (…) überführt werden. (…)

Artikel 16

(1) Die deutsche Staatsangehörigkeit darf nicht entzogen werden. (…)

(2) Kein Deutscher darf an das Ausland ausgeliefert werden. (…)

* Die Wehrpflicht wurde auf Beschluss der Bundesregierung zum 1. Juli 2011 ausgesetzt.

Artikel 16a

(1) Politisch Verfolgte genießen Asylrecht.

(2) Auf Absatz 1 kann sich nicht berufen, wer aus einem Mitgliedstaat der Europäischen Gemeinschaften oder aus einem anderen Drittstaat einreist, in dem die Anwendung des Abkommens über die Rechtsstellung der Flüchtlinge und der Konvention zum Schutze der Menschenrechte und Grundfreiheiten sichergestellt ist. (…)

Artikel 17

Jedermann hat das Recht, sich einzeln oder in Gemeinschaft mit anderen schriftlich mit Bitten oder Beschwerden an die zuständigen Stellen und an die Volksvertretung zu wenden.

Artikel 18

Wer die Freiheit der Meinungsäußerung, insbesondere die Pressefreiheit (Artikel 5 Abs. 1), die Lehrfreiheit (Artikel 5 Abs. 3), die Versammlungsfreiheit (Artikel 8), die Vereinigungsfreiheit (Artikel 9), das Brief-, Post- und Fernmeldegeheimnis (Artikel 10), das Eigentum (Artikel 14) oder das Asylrecht (Artikel 16a) zum Kampfe gegen die freiheitliche demokratische Grundordnung missbraucht, verwirkt diese Grundrechte. Die Verwirkung und ihr Ausmaß werden durch das Bundesverfassungsgericht ausgesprochen.

Artikel 19

(2) In keinem Falle darf ein Grundrecht in seinem Wesensgehalt angetastet werden.

Artikel 20

(1) Die Bundesrepublik Deutschland ist ein demokratischer und sozialer Bundesstaat.

(2) Alle Staatsgewalt geht vom Volke aus. Sie wird vom Volke in Wahlen und Abstimmungen und durch besondere Organe der Gesetzgebung, der vollziehenden Gewalt und der Rechtsprechung ausgeübt.

(3) Die Gesetzgebung ist an die verfassungsmäßige Ordnung, die vollziehende Gewalt und die Rechtsprechung sind an Gesetz und Recht gebunden.

(4) Gegen jeden, der es unternimmt, diese Ordnung zu beseitigen, haben alle Deutschen das Recht zum Widerstand, wenn andere Abhilfe nicht möglich ist.

Artikel 20a

Der Staat schützt auch in Verantwortung für die künftigen Generationen die natürlichen Lebensgrundlagen und die Tiere im Rahmen der verfassungsmäßigen Ordnung durch die Gesetzgebung und nach Maßgabe von Gesetz und Recht durch die vollziehende Gewalt und die Rechtsprechung.

Artikel 21

(1) Die Parteien wirken bei der politischen Willensbildung des Volkes mit. Ihre Gründung ist frei. Ihre innere Ordnung muss demokratischen Grundsätzen entsprechen. Sie müssen über die Herkunft und Verwendung ihrer Mittel sowie über ihr Vermögen öffentlich Rechenschaft geben.

(2) Parteien, die nach ihren Zielen oder nach dem Verhalten ihrer Anhänger darauf ausgehen, die freiheitliche demokratische Grundordnung zu beeinträchtigen oder zu beseitigen oder den Bestand der Bundesrepublik Deutschland zu gefährden, sind verfassungswidrig. Über die Frage der Verfassungswidrigkeit entscheidet das Bundesverfassungsgericht.

(…)

Bildquellen

Titelbild: Henning Lüders, Berlin; 10 M1/A: picture-alliance/ZB/© ZB-Fotoreport/Foto: Peer Grimm; 10 M1/B: Christian Ditsch/version-foto.de; 10 M1/C: ddp images/dapd/Timur Emek; 10 M1/D: Peter Wirtz, Dormagen; 10 M1/E: picture-alliance/ZB/© dpa-Report/Foto: Patrick Pleul; 10 M1/F: ddp-images/AP/Foto: Richard Lewis; 11 M2: The Image Bank; 11 M3 o. l., o. r.: Peter Südhoff, Berlin; 11 M3 o. m.: Thomas Schulz; 11 M3 u. l., u. r.: Corel Library; 12/13: KJP Gotha, www.kjp-gotha.de; 14 M1: Helga Lade Fotoagentur GmbH; 14 M3: Kerstin Ardelt, Freital; 15 M5: Verlagsarchiv; 16 M1: ExtraTiP Göttingen; 19 M4: picture-alliance/dpa/© dpa-Bildarchiv/Foto: Horst Pfeiffer; 20 l. v o. n. u.: Arbeiterwohlfahrt, Deutscher Caritasverband e.V., Der Paritätische Gesamtverband, Deutsches Rotes Kreuz, Diakonisches Werk der Evangelischen Kirche in Deutschland e.V., Zentralwohlfahrtsstelle der Juden in Deutschland e.V.; 20 M2: Gerhard Mester; 21 M5: picture-alliance/ZB/© dpa/Foto: Martin Schutt; 21 M6: picture-alliance/dpa/© dpa-Report/Foto: Ursula Düren; 22 M1 o. l.: Kinder- u. Jugendparlament St. Augustin; 22 M1 o. r.: Verlagsarchiv; 22 M1 m. l.: Kerstin Ardelt, Freital; 22 M1 m. r.: picture-alliance/dpa/© dpa-Bildarchiv/Foto: Alexander Rüsche; 22 M1 u. l.: © Dmitriy Shironosov–istock; 22 M1 u. r.: project photos/Reinhard Eisele; 24 M1 o.: picture-alliance/dpa/© dpa-Bildarchiv/Foto: Keystone, Steffen Schmidt; 24 M1 u.: Corbis/© Florensco Productions; 25 M5: © shootingankauf-Fotolia.com; 26/27: picture-alliance/dpa/© dpa-Bildarchiv; 28 M1/M3: Anette Pölert-Klassen; 33 M4: LSV Thüringen; 34 M1: akg-images; 34 M2: Stadtarchiv Mannheim – Institut für Stadtgeschichte, Plakatsammlung; 34 M3: Süddeutsche Zeitung Photo/Presse-Bild-Poss; 36 M1: picture-alliance/dpa/dpaweb/© dpa/Foto: Rolf Haid; 36 M2: Bachmann/f1 online; 38 M1: © Weissbach/teamwork; 40 M1/M2: Sabine Held; 40 M4: Anne-Frank-Schule, Hamburg; 41 M6: Sabine Held; 44 o.: picture-alliance/ZB/© ZB-Fotoreport/Foto: Bernd Settnik; 44 u.: © Dron-Fotolia.com; 45 o.: © Sundikova-Fotolia.com; 45 u.: Maxim Tupikov-shutterstock.com; 52 l. o.: mauritius-images; 55 M3: © Horst Haitzinger; 57 M3: © Gisela Kraus-Wikipedia; 61 M5 o. l., m., u. r.: Spiegel-Verlag, Hamburg; 61 M5 o. m.: © KREUZ VERLAG in der Verlag Herder GmbH, Freiburg i. Br. 2012; 61 M5 o. r.: Rowohlt Verlag GmbH; 61 M5 m. l.: ELTERN/ELTERN family; 61 M5 m. r., l. u.: Family Media GmbH & Co KG; 61 M5 u. m.: Random House Bertelsmann; 62 M2: picture-alliance/dpa/© dpa-Fotoreport/Foto: Andreas Wrede; 63 M6: © Gerhard Mester; 64 M2: picture-alliance/dpa/© dpa-Report/Foto: Heiko Wolfraum; 64 M3: argum/Christian Lehsten; 66 M1: plainpicture/Kathrin Hilse; 71 M2 o.: www.aktion-gegen-armut.de; 71 M2 u.: © Bistum Limburg; 73 M4: © Renate Alf, Freiburg; 74 M2: Spiegel-Verlag, Hamburg; 75 M5: picture-alliance/ZB/© dpa/Foto: Arno Burgi; 75 M6: picture-alliance/dpa/© dpa-Report/Foto: Friso Gentsch; 76 M4: Gutsch Verlag; 78 M2: akg-images; 78 M3: picture-alliance/dieKLEINERT.de/Rudolf Schupple; 79 M4: Marie Marcks, Heidelberg; 80 o.: picture-alliance/dpa/© dpa/Foto: Marcel Mettelsiefen; 80 m.: picture-alliance/abaca/Foto: Mont Servais; 80 u.: © Timo Darco-Fotolia.com; 81 o. r.: © Szerdahelyi Adam-Fotolia.com; 81 u. l.: Henning Schöttke; 86 2. v. l.: © Otto Durst-Fotolia.com; 86 4. v. l.: © Dirk Becker-Wikipedia; 86 5. v. l.: © Eckhard Etzold-Wikipedia; 86 6. v. l.: © Mikhail Shcherbakov-Wikipedia; 86 r.: © Boffy b-Wikipedia; 87 l.: © Stu Phillips-Wikipedia; 87 2. v. l.: © angrylittledwarf-Fotolia.com; 87 4. v. l.: © Arun Kulshreshtha-Wikipedia; 87 5. v. l.: © florisla from Mechelen, Belgium-Wikipedia; 87 6. v. l.: © gillyberlin-Wikipedia; 87 7. v. l.: SchülerVZ-poolworks; 87 r.: © Adam Radosavljevic-Fotolia.com; 92 M2: picture-alliance/dpa/© dpa-Report/Foto: Frank Rumpenhorst; 93 M4: © Reinhold Löffler; 93 M6: Presse- und Informationsamt der Bundesregierung; 94: picture-alliance/dpa/© dpa/Foto: Sebastian Kahnert; 94/95: avero, Berlin/ARD-Foto; 95: ARD/www.tagesschau.de; 98 M1 o.: Ubisoft GmbH; 98 M1 m.: Electronic Arts GmbH; 98 M1 u.: Koch Media, Square Enix GmbH; 99 M6: © 2K Games; 100 M1: picture-alliance/newscom; 100/101 HG: © frentia-Fotolia.com; 100 M5: © Tom-Fotolia.com; 101 M7: Competence Center Neue Technologien, Fraunhofer-Institut; 101 M8: © eyezoom1000-Fotolia.com; 103 M4: © Thomas Plaßmann; 104 r.: © Iznogood-Fotolia.com; 105 M2: © Miguel Fernandez; 106 M2: Sebastian Grote; 110 M1: Mikael Damkir-Fotolia.com; 111 M4: www.handysektor.de; 112: Elke Häußler, Neuenstein; 114 M2/1: picture-alliance/dpa/© dpa/Foto: NDR/Wolfgang Borrs; 114 M2/2: Sven Simon, Fotoagentur GmbH; 114 M2/3: picture-alliance/dpa/© dpa-Report/Foto: Sebastian Widmann; 114 M2/4: picture-alliance/ZB/© dpa-Report/Foto: Martin Schutt; 115 M5: Oliver Widder; 120 o.: © Aifos-iStock; 120 2. v. o.: © Andrey Shadrin-shutterstock.com; 120 m.: iStock;120 2. v. u.: © Geoff du Feu-Alamy; 120 u.: iStock; 122 M1: © TOM; 123 M4: © Jürgen Tomicek; 124 M1: picture-alliance/Bildagentur Huber; 124 M2: picture-alliance/ZB/© dpa/Foto: Martin Schutt; 124 M3/M4: Dr. Jürgen Wießner, Erfurt; 125 M6: BLICK VERLAG ERFURT, Barbara Bremen-Kausch; 125 M7/M9/M10/M11: Dr. Jürgen Wießner, Erfurt; 125 M8: Bombay Erfurt; 127 M5: Elisabeth Köster, Bonn; 127 M6: © Vangelis Pavlidis; 128 M1 o. l.: Corbis/© Owen Franken; 128 M1 o. r.: Corbis/© Richard T. Nowitz; 128 M1 u. l.: Corbis/© Dave Bartruff; 128 M1 u. r.: Corbis/© Owen Franken; 129 M3: picture-alliance/dpa/dpaweb/© dpa/Foto: Franz-Peter Tschauner; 129 M5: agenda/Wolfgang Huppertz; 130 M1: picture-alliance/dpa/dpaweb/© dpa-Report/Foto: Werner Baum; 130 M2: picture-alliance/dpa/© dpa-Bildarchiv/Foto: Karl Mittenzwei; 132 M2: picture-alliance/dpa/© dpa-Fotoreport/Foto: Maurizio Gambarini; 134 M2: Verband für interkulturelle Arbeit – VIA e.V./www.via-bundesverband.de/Phillip Conrath; 135 M3: Iris Neumaier; 135 M4: mauritius-images; 135 M5: Bernd Gerken, Borken; 136: © Mopic-shutterstock.com; 137: Plakat zur Alt-Handy-Sammlung der BUNDSpechte Jüchen, erstellt von Dr. Luzie Fehrenbacher, BUND Ortsgruppe Jüchen, bund.juechen@bund.net; 138 M2: picture-alliance/WILDLIFE/B.Stein; 139 M3 1–6: mauritius-images; 140 M1: © Eric Gevaert – Fotolia.com: 140 M2: Sebastian Bolesch; 140/141: © Petair – Fotolia.com; 141 M9 o.: picture-alliance/dpa/© dpa/Foto: epa Morrison; 141 M9 u.: picture-alliance/dpa/© dpa/Foto: epa Elliott; 142 M1: Jupp Wolter (Künstler), Haus der Geschichte, Bonn; 142 M3: Verlagsarchiv; 143 M4: Deutsche BP, Hamburg; 143 M8: © Horst Haitzinger; 144 M1: picture-alliance/dpa/dpaweb/© dpa-Fotoreport/Foto: Roland Weihrauch;146 M1: www.berlin-sammelt.de; 147 M4: Jürgen Grabowski, Berlin; 147 M5 u.: UBA – Umweltbundesamt; 148 M1: mauritius images/Photononstop; 148 M2: ZVEI; 149 M4: dena/Initiative EngergieEffizienz; 150 M1: ddp images/AP/Marcio Silva; 151 M4: Stefan Eling, www.hanisauland.de, Bundeszentrale für politische Bildung; 151 M5: Spiegel-Verlag, Hamburg; 151 M6: © Gerhard Mester; 152 M1: ddp images/AP; 155 M3: © Thomas Plaßmann; 155 M4: Jürgen Grabowski, Berlin; 155 M6: picture-alliance/dpa/© dpa/Foto: Abaca 112196; 156/157: picture-alliance/dpa/dpaweb/© dpa-Fotoreport/Foto: Federico Gambarini; 156 l.: akg-images; 156 r.: picture-alliance/ZB/© ZB-Fotoreport/Foto: Wolfgang_Thieme; 157: © Karl Heinz Schoenfeld; 159 M2 o. l.: mauritius-images; 159 M2 o. r.: Lucian Coman-shutterstock.com; 159 M2 2. v. o. l.: CORBIS/© Jack Fields; 159 M2 2. v. o. r.: Avenue-Images/Index Stock, Frank Siteman; 159 M2 2. v. u. l.: picture-alliance/Godong/www.relivision.com/Pascal Deloche; 159 M2 2. v. u. r.: mauritius-images;

159 M2 u. l.: mauritius-images; 159 M2 u. r.: paul prescott-shutterstock.com; 161 M4: © Freimut Woessner; 161 M5: © Thomas Plaßmann; 162 M1: dieKLEINERT.de/Martin Guhl; 162 M2: adidas AG; 163 M4: DeliReform-Walter Rau Lebensmittelwerke GmbH; 163 M5: Deichmann; 163 M6: Axel Springer AG; 163 M7: BIFI; 166 M1: ullstein-Archiv Gerstenberg; 166 M2: picture-alliance/© dpa-Fotoreport; 168 M1: picture-alliance/dpa/© dpa-Fotoreport/Foto: Oliver Multhaup; 169 M4: picture-alliance/© dpa-Fotoreport; 170 M1: © Gerhard Glück; 175 M4: picture-alliance/akg-images; 175 M5: Jürgen Schmidt, Berlin; 176 l.: © momanuma – Fotolia.com; 176 M1: The Images Bank; 178 M1: Henning Lüders, Berlin; 178 M2: © Ernst Hürlimann; 178 M3 l.: picture-alliance/dpa/© dpa - Report/Foto: XAMAX; (Bild) 178 M3 r.: picture-alliance/dpa/dpaweb/© dpa/Foto: Kay Nietfeld; (EDEKA) 182 M1: Bernd Gerken, Borken; 183 M1: Caro/Eckelt; 183 M3: © Fritz Behrendt; 184 M1: picture-alliance/chromorange/Foto: Lorenz Timm; 184 M2: Bildarchiv Foto Marburg; 186 M2: CandyBox Images-shutterstock.com; 187 M1: picture-alliance/dpa/Foto: Alexander Rüsche; 188 M2: © Jürgen Fälchle – Fotolia.com; 189 M2: Heinrich-Hertz-Schule/Nadia Linde, Hamburg; 191 M3: Landeszentrale für politische Bildung Baden-Württemberg; 191 M4: bpk; 192 r.: Carlson Verlag; 193 u. r.: Ulrich Baumgarten/vario-press; 196: ddp-images/AP; 198: fotolia.com; 201 M1: Helga Bachmann/Greenpeace; 201 M2: Edgar Reinert, Reutlingen; 202 u. r.: Arco Images; 205: picture-alliance/dpa/© dpa-Fotoreport/Saatchi_&_Saatchi

Nicht in allen Fällen war es uns möglich, die Rechteinhaber der Abbildungen ausfindig zu machen. Für eventuell entstandene Fehler oder Auslassungen bitten wir um Verständnis. Berechtigte Ansprüche werden selbstverständlich im Rahmen der üblichen Vereinbarungen abgegolten.

Illustration: Daniel Hoesch, Matthias Pflügner, Dorothee Wolters
Grafiken und Karten: Dr. Volkhard Binder, Peter Kast